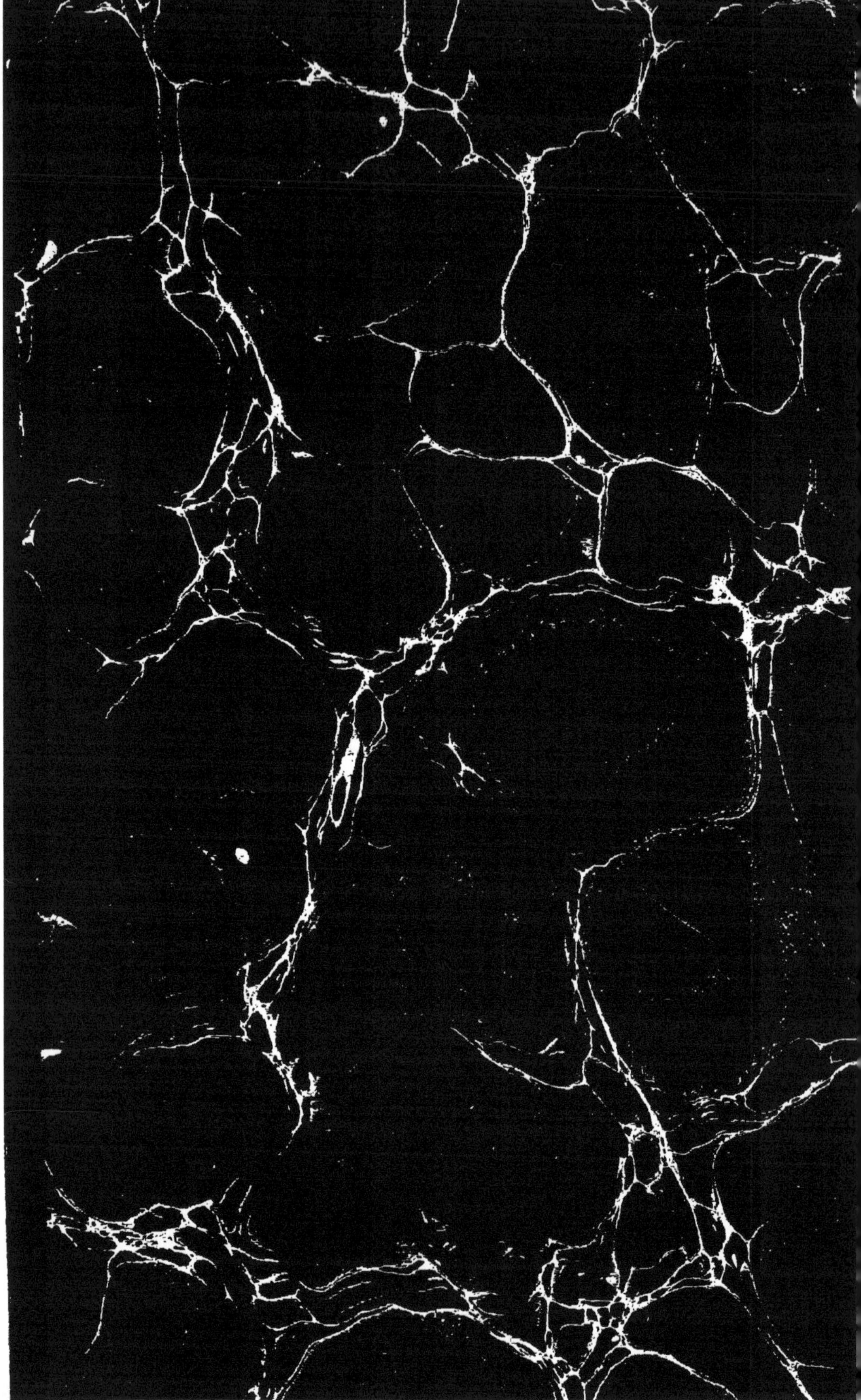

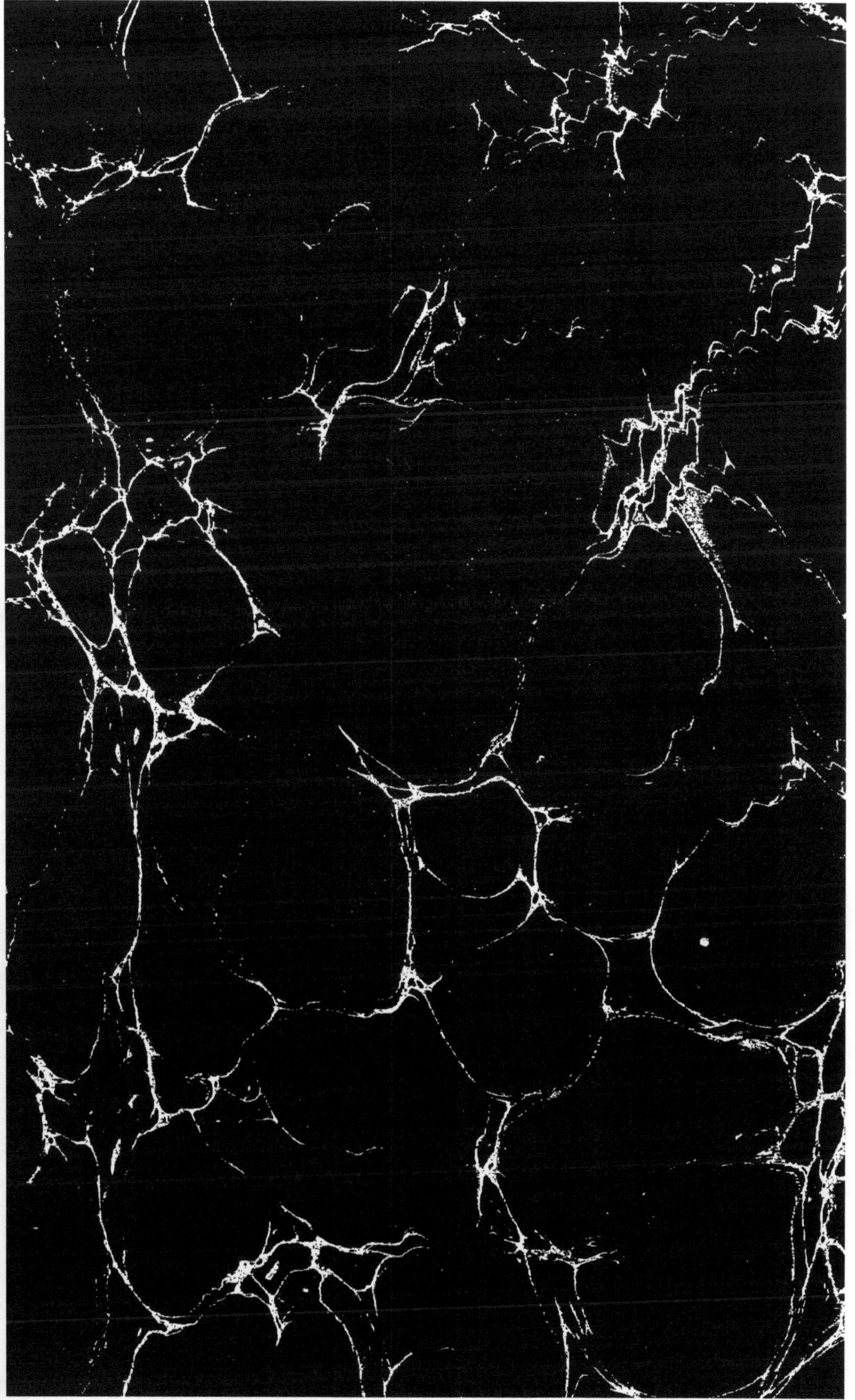

KYSTOLOGIE NOUVELLE

(SYSTÈME KYSTEUX).

Paris. — Imp. de FÉLIX LOCQUIN, rue Notre-Dame des Victoires 16.

HISTOIRE GÉNÉRALE

DES MEMBRANES

SÉREUSES ET SYNOVIALES,

DES BOURSES MUQUEUSES ET DES KYSTES,

SOUS LE RAPPORT

DE LEUR STRUCTURE, DE LEURS FONCTIONS, DE LEURS AFFECTIONS,
ET DE LEUR TRAITEMENT,

AVEC

la Découverte d'un grand nombre de Séreuses et de nouveaux Sièges de Maladies.

PAR LE DOCTEUR Édouard **GELEZ,**

ANCIEN INTERNE, LAURÉAT DES HÔPITAUX ET HOSPICES CIVILS DE PARIS, ET MEMBRE TITULAIRE
DE LA SOCIÉTÉ ANATOMIQUE DE PARIS.

La liberté de penser, c'est la liberté de croire,
Et la liberté de croire, c'est la liberté d'enseigner.
LAMARTINE.

L'anatomie se décrit, mais aussi elle se raisonne.
Prologue de l'Auteur.

PARIS

L'AUTEUR, RUE DU BAC, 38;

GERMER BAILLIÈRE, LIBRAIRE-ÉDITEUR,
Rue de l'École-de-Médecine, 17.

1845

A LA MÉMOIRE

De Bichat et de Dupuytren

A LEURS DESCENDANTS:

L'ÉCOLE DE PARIS

ET

La Société anatomique.

Je me fais un plaisir de remercier ici les médecins distingués qui, dans le cours de mes études, m'ont honoré de leur bienveillance, MM. Horteloup, Blandin, Moreau, Malgaigne, Guérard, Rigaud, Honoré, Laugier, Marjolin fils, Nonat, Serres, Magendie, sans oublier mes bons amis les docteurs Charpentier et Camus.

KYSTOLOGIE NOUVELLE

PROLOGUE.

(An vi-1844.)

Elevé au milieu de l'Ecole et de la Société anatomique de Paris, je ne puis mieux faire, après neuf ans d'études médicales, pour reconnaître ma dette envers ces deux corporations savantes, que d'offrir dans mon premier travail, à leurs honorables représentants, un sujet tout neuf de recherches, et précisément conçu dans l'esprit de notre grand maître Bichat, dont les ouvrages précieux forment encore le programme et le fond de nos cours et de nos discussions.

Qu'elles veuillent donc bien accepter l'hommage de mes premières lignes en anatomie! C'est là mon humble et fidèle contingent. Puisse-t-il être accueilli favorablement, et mériter de laisser sur les bancs où j'ai passé, une légère trace de mon souvenir! Je me réserve toutefois (*in futurum*) de reprendre mon traité et de lui donner tous les développements et les additions dont il est susceptible, afin de le rendre plus digne de l'attention publique et de mes maîtres. La matière est loin d'être épuisée.

Xavier Bichat meurt (1802), mais son héritage scientifique est reçu et gardé religieusement jusqu'à nous par ses nombreux disciples. J'entends encore d'ici les paroles éloquentes de notre jeune professeur Royer-Collard, représentant justement à son auditoire ami l'immense influence exercée par les œuvres de Bichat sur les destinées de la médecine, et l'empire durable de ses idées progressives sur la série des professeurs qui se sont succédé dans les différentes chaires

de l'Ecole de Paris, depuis quarante ans. Et il disait vrai.
Nous connaissons tous le tribut d'admiration payé à notre grand compatriote le jour de l'inauguration de sa statue
à Thoirette (1833), et puis à Bourg (1843), par le même
Royer-Collard, Larrey fils, Bonnet et Brachet de Lyon, Martin jeune, Pacoud et Pariset, qui sont allés la saluer au nom
de la science. L'Ecole du Val-de-Grace, également déposi-
taire de son esprit, s'est aussi montrée dans son enseignement, panégyriste sincère de cet homme de génie. Racon-
terai-je tous ces éloges prononcés sur le hardi novateur par
Husson, Buisson, Boisseau, tous ces discours ont été à la
fois de la biographie et de l'histoire. Il eut des amis et des
disciples, des continuateurs les plus distingués; il suffit de citer
les noms de Roux, Duméril, Buisson; ses ouvrages sont dans
toutes les bibliothèques, les éditions se sont multipliées
comme ses lecteurs; de nombreux commentateurs se sont
empressés de joindre leurs noms au sien si honorable et si
honoré. Tels sont : Hallé, Maingault (1818), Béclard (1821),
Blandin (1830), Miquel, Magendie (1827), Serres, Gerdy
(1835), Huguier, Cerise (1844), H. Bourdon (1844); des tra-
ductions en langues étrangères l'ont fait connaître par tout le
monde. Quel éloge, quel succès; mais aussi quel homme a fait
plus pour la science et en si peu de temps! il était né en 1771.
— Quelle courte carrière, et quelle jeunesse bien employée,
quels titres à la postérité il a laissés. L'Hôtel-Dieu de Paris,
théâtre de ses exploits, lui a dédié, sur l'avis de Napoléon,
premier consul, une tablette funèbre en l'honneur de ses services rendus. Enfin, sous l'habile main de notre grand artiste
David d'Angers, l'effigie du jeune médecin trop tôt enlevé à
son pays, s'est gravée majestueusement sur le fronton du
Panthéon, notre monument de la gloire nationale. La patrie
reconnaissante le lui devait bien et plus qu'envers tout autre.
En est-ce assez? La postérité se forme à son école, c'est encore la plus digne manière d'honorer Bichat.

Rien n'annonce que ce règne si bien mérité, de l'immortel anatomiste et physiologiste, de cet homme providentiel si considérable dans la médecine de France, soit à la veille de s'éteindre; plus d'une génération médicale après la nôtre, baignera dans les eaux de sa saine tradition et y recevra encore son baptême. De longtemps la jeunesse étudiante continuera de s'élever à l'ombre du grand homme qui du doigt lui indique la route de l'avenir?

Qui oserait renier sa généalogie scientifique? notre esprit n'est-il pas nourri du sien? c'est la même consanguinité. Et puis n'est-on pas toujours le fils de quelqu'un, comme disait le spirituel Beaumarchais. Quant à moi, quant à nous, médecins du dix-neuvième siècle, glorifions-nous d'avoir pour père ce roi d'école.

Bichat vivra continuellement dans la mémoire des vrais savants, en dépit de ces froides et envieuses médiocrités qui, incapables de s'élever à sa hauteur, feignent de le rapetisser et l'insultent sans façon; c'est que tout ce qui a caractère de grandeur et de force a le privilège de les gonfler de colère; mais elles auront beau faire, Bichat est la pyramide de son époque, et elles ne pourront guère le saper à sa base, elles n'empêcheront pas qu'on s'anime à se montrer l'appréciateur enthousiaste des qualités et des harmonies de ce rare génie; aussi poétique que positif, et j'ose le dire, l'éloquence des éloges même la plus élevée, est encore pleine de pâleurs en face de lui. Si une chose m'étonne, c'est le silence de Georges Cuvier et de Broussais sur les travaux de Bichat et leur portée. — Le premier se charge d'écrire, à la demande de Napoléon, un rapport sur l'histoire du progrès des sciences physiques et naturelles depuis 1789; et il ne parle pas plus de Bichat que s'il n'eût jamais existé; je laisse à justifier une pareille conduite. Le second, issu de Bichat en pathologie, comme Béclard l'est en anatomie, consacre à peine dans son vaste livre de l'*Examen*, quelques lignes qui nous apprennent que la doctrine de l'irritation, en passant par Glisson, Vanhelmont, Sthal, Hoffmann, Cullen, Brown, J. Hunter, est tout entière dans les propriétés vitales dont l'a extraite Marandel, élève du grand anatomiste comme Coffin, Prost, etc., qui suivirent. — Broussais fait également le muet dans son traité de l'irritation et de la folie. C'est avec un profond déplaisir que tout le monde, comme nous, verra ces rivaux de Bichat affecter de ne point le connaître. Meckel a été plus juste envers notre compatriote, il l'a vengé des dédains de Sprengel qui sans doute n'a pas su le comprendre.

Bichat est toujours debout, malgré quelques réactions doctrinales et quelques résistances isolées de l'Ecole de Montpellier, fidèle à ses derniers hommes, Barthez, Bordeu, etc., notre France médicale est sortie de son cerveau anatomique et philosophique comme lui. Broussais, Dupuytren, Marandel (Essais sur les irritations, 1807), Laennec, Legallois, Cruveilhier (Essais sur l'anatomie pathologique), Larrey, Béclard, Richerand (sa Physiologie), Alibert (sa Thérapeutique et matière médicale), Bouillaud et tant d'autres, à la Faculté et aux Académies, ont prolongé sa domination scientifique. Sa présence est partout au milieu de nous ; c'est lui qui dissèque, expérimente, voit, touche, pense, observe, enseigne, clinique et dirige les traitements avec nous les héritiers de sa méthode et de ses travaux. On peut dire surtout de lui cette mémorable parole de M. de Bonald, qui vaut bien la peine d'être citée : L'homme est une intelligence servie par des organes; et cette autre de Buffon : L'homme, c'est le style, tant il est vrai que ce qui se conçoit bien s'énonce clairement (Boileau). Et Bichat eut le mérite parmi tant d'autres mérites, d'être un écrivain du premier rang.

Est-ce à dire que tout soit parfait dans l'œuvre de Bichat, que rien ne soit à rectifier, à effacer ou à ajouter ; les critiques savantes de ses commentateurs, et les progrès des sciences nous répondent assez hautement à cet égard (1). Quoi qu'il en soit, ses livres seront encore à tout jamais sauvés de cette vieillesse précoce justement attachée à ceux de ses petits détracteurs.

Constamment je me suis proposé pour modèle l'ingénieux auteur du *Traité des membranes*, j'ai mis tous mes soins à reconnaître par quelles routes son esprit avait marché à la conquête de ses chefs-d'œuvre, et de quel guide il s'était servi chemin faisant ; car je désirais procéder comme lui, ne pouvant être son émule, je voulais être son imitateur, je m'y sentais préparé par mon admiration, mes sympathies et une certaine conformité de vues. — Tant le beau ravit toujours et passionne l'ame et lui donne cet accent éclatant et libre qui le lui fait exprimer.

Xavier Bichat a débuté dans la carrière par un véritable coup de maître ; l'importante publication du *Traité des membranes* (1800), précédée de quelques petits mémoires de chirurgie et d'anatomie, fut une heureuse nouveauté, une sorte d'évènement scientifique, ressemblant à une révélation qui devait bientôt grandir dans ses *Recherches sur la vie et la mort* (1800). Cette œuvre fit une sensible rumeur, et présagea de suite à juste raison aux hommes qui ont l'instinct de l'avenir, l'apparition du beau livre de l'*Anatomie générale*, lequel valut à son auteur les honneurs de la proclamation, par Hallé, à la fête du 1ᵉʳ vendémiaire. L'idée était née, elle germa, elle était féconde, il était facile d'en calculer la portée, et cette idée était admirablement conduite par une rectitude d'esprit, un sens méthodique et doctrinal, vraiment remarquables. Le principe des analogies des tissus animaux, voilà l'histologie

______

(1) L'omission du tissu érectile, son anti-humorisme, son anti-chimisme, l'exagération de l'idée des deux vies, sa création des vaisseaux exhalants, etc., lui ont été reprochés, mais il faut tenir compte de l'époque où il écrivait.

tout entière de Bichat. La première intuition de ce principe des rapports des tissus organiques est précisément déjà
contenue dans ce grand travail d'analyse et de synthèse, appelé *Traité des membranes.* De là le brillant éclat de ce
premier fruit de sa conception. Les rapprochements ingénieux qu'il fit en particulier des systèmes séreux, synovial
articulaire, synovial tendineux, des bourses muqueuses et des
kystes, méritèrent à notre conpatriote la réputation légitime
d'un esprit généralisateur : l'on comprit bien que les applications de ce principe aux autres parties de l'organisme, devaient naturellement engendrer l'anatomie générale qui est,
pour employer l'expression de Richerand, un des plus beaux
monuments élevés à la science de l'homme. En effet cette
dernière publication ne tarda pas à suivre (1801). Ce n'est
pas le propre du génie de rester court dans son essor. Un
point d'arrêt en pareille route eût été pour Bichat une anomalie. Voici en quels termes le professeur Serres apprécie
Xavier. (Personne, je ne sache, ne s'avisera de récuser la
compétence, la haute intelligence et l'esprit également généralisateur de ce juge.) Les hommes coreligionnaires par
leurs tendances scientifiques, se comprennent toujours
mieux entre eux que les autres ; pour cette raison je répète
ici son jugement éclairé : « Ce ne fut, dit-il, (Principes d'organogénie, 1840) ni par des dissections plus minutieuses ni
plus habiles, ni par l'application des réactifs chimiques aux
divers tissus, ni même par l'analyse qu'il fit de leurs propriétés, en imitant ce qu'Haller avait tenté pour le système nerveux, qu'il parvint à son but. Ces procédés matériels ne sont
en quelque sorte que l'échafaudage ; le fonds même de la
méthode, c'est l'application des principes linnéens à l'analyse
des organismes. » En effet, si Bichat n'avait eu que l'autorité
d'un habile d'amphithéâtre, d'un vivisecteur adroit, ingénieux,
il n'eût pas été si grand ; il brillait par d'autres qualités intellectuelles, il avait le pressentiment des lois naturelles de

notre microscome vivant, et il semble n'avoir écrit son anatomie que pour rendre hommage aux principes d'investiga-
tions et de classifications scientifiques. C'est là le caractère
de son *Anatomie générale.*

Nous aussi, guidés par son esprit, nous nous efforcerons
de nous présenter avec des idées, des généralisations, des
lois, des principes, des méthodes et des faits, nous qui vou-
drions voir l'anatomie des corps vivants universalisée, rendue et exprimée à l'état de doctrines, d'axiômes, de systé-
matisations ; et au point de vue de l'interprétation des faits
observés qui en relèvent ; l'avenir appartient certainement
à cette anatomie ainsi conçue ; à qui entendra l'indiscrétion
de nos désirs et de nos espérances, nous dirons travaillez à
rassembler les matériaux nécessaires à l'édification de ce
projet, recueillez les pensées des hommes de toutes les écoles
anatomiques ; de tous leurs travaux descriptifs et spéculatifs,
faites un faisceau ; vous cherchez une boussole, vous la
trouverez dans le philosophisme moderne.

Ce philosophisme introduit dans la science de l'organisation, date aussi de Bichat, un des initiateurs qui nous l'ont
octroyé. Son Anatomie générale, où l'esprit de rapports, de
synthèse, de coordination, se signale par jet et si ouvertement
à chaque ligne, en est la page la plus belle autant que la plus
manifeste. Il en est la décoration en même temps que le fondement. Ce n'est pas assurément une anatomie de catalogue,
un sommaire, une compilation de recueils sur l'organisation,
c'est un traité systématique où les idées se lient en doctrines.
Bichat est le centre des travaux les plus importants publiés
sur la législation constitutionnelle des corps organisés ;
aujourd'hui ce genre d'études est goûté, on recherche par
quelles lois hiérarchiques sont régis les faits de l'économie,
de quels principes ces faits sont la représentation, sous la
domination supérieure du principe initial, je veux parler du
pouvoir de la vie, qui est au sommet de l'ordre organique.

Ces tendances philosophiques, dont les fermes soutiens se sont montrés à l'envi en France (mais plus encore au Muséum d'histoire naturelle qu'à la Faculté de médecine de Paris), en Allemagne, en Angleterre, se sont depuis bien multipliées, et de nos jours elles se formulent en notions de plus en plus exactes, en embrassant tous les systèmes de la nature, elles arrivent peu à peu au nec plus ultra du rigorisme rationnel. Si, comme nous venons de le dire, les anatomistes de l'école de Paris ne suivent pas toujours Bichat dans la voie philosophique qu'il leur a frayée, s'ils se laissent même dépasser par les naturalistes du Muséum, cela tient à ce que leurs études sont plus concentrées et ne s'adressent qu'à l'homme ; au contraire, celles des autres savants sont plus étendues et cherchent ailleurs la clef de l'anatomie humaine. C'est que l'anatomie et la physiologie comparées ou zoologiques, la science des monstruosités, l'embryogénie en sont véritablement les bases les plus solides. A notre avis, il n'y a pás d'autre manière d'expliquer et d'enseigner l'homme. La pathologie, la statistique elle-même sont encore à joindre ; en effet, toutes ces sciences ont trop de rapports intimes pour ne pas se prêter mutuellement appui, lumière et progrès, leur entente devient la source d'inspirations ingénieuses qui se traduisent en de fécondes et utiles pensées, et se manifestent soit par la parole, soit par les écrits.

Ces tendances expriment la marche des esprits, frappés qu'ils sont de l'ordre et du gouvernement virtuel et logique des actes et faits dont ils s'occupent, de leurs causes supérieures, de leur hiérarchie, de leur but assigné. Elles sont le symptôme d'un néo-anatomisme, il s'accomplit déjà, rien ne peut plus arrêter ni troubler son énergique évolution. Nous y souscrivons de tout cœur en attendant que l'enseignement universitaire de l'anthropologie, suive cette impulsion dans ses bornes les plus rationnelles, il n'y a plus de temporisation possible, le mouvement des études philosophiques déborde, il est dans notre actualité, il doit nous gagner. C'est peut-être témérité de notre part d'apprécier ce qu'est aujourd'hui l'anatomie (*res anatomica*) et ce qu'elle aspire à être. Notre premier coup de plume n'est pas encore, je le sais, assez viril pour se faire écouter ; mais si les bonnes intentions sont quelque chose, si le même avis a été répété, partagé par d'autres hommes renommés, alors notre assentiment a plus de poids et acquerra plus de titres à l'attention.

Jamais comme aujourd'hui les sciences n'ont été plus solidaires entre elles, les idées comme les intérêts s'allient, s'appliquent, se vulgarisent. L'universalisme de la science est le but senti par l'homme moderne, cet émancipé du jour, l'intelligent dominateur du monde par son esprit et son industrie, notre époque scientifique telle qu'elle s'organise, est en même temps le miroir de notre société.

Enfin, depuis plus de deux mille ans on travaille sur l'anatomie humaine, et cependant l'anthropologie est encore par elle même une science inépuisable, si étroite que soit la place géométriquement occupée par le cadavre d'un homme. C'est un livre constamment ouvert dont on voit le commencement et jamais la fin.

Les matières philosophiques et doctrinales sont à l'ordre du jour et prennent la prépondérance qu'elles méritent, les progrès de la raison en anatomie ont opéré également cette même rénovation dans cette partie de la science universelle. Nous mettrons à profit pour notre travail ce que nous en savons, et ce qui nous sera inspiré, l'on verra si nous en avons fait bon emploi et si nous avons le sentiment de l'anatomie. Ce qui m'encourage dans cette voie, c'est le prononcement de l'Ecole de Paris au dernier concours d'agrégation en médecine (1844). La plupart des questions tombées au sort traitaient des systèmes généraux de l'art de guérir. Je ne serai donc pas étonné de voir prochainement la même Ecole décréter des questions semblables à celles-ci :

— De l'influence de la statistique sur l'anatomie ; — de la

loi centripète dans l'évolution des êtres vivants ; — de la raison en anatomie pouvant servir de fondement à une Ecole anatomique nouvelle ; — etc. Certes ce serait l'augure d'une régénération complète ; jusqu'alors la spécialité, le luxe des détails des petites choses, la description absolue, l'analyse pure, la facile et stérile érudition d'un bouquinage non raisonné, l'interdiction de tout travail original, les exercices de mémoire, la gymnastique de la parole, qui en sont la triste conséquence, étaient le plus souvent le fonds de nos concours, et ont absorbé, abaissé même des intelligences qui demandaient un autre emploi pour se développer et prendre l'essor. Tant il est vrai que la haute direction des études, et des concours surtout, influe profondément sur l'évolution des capacités intellectuelles des élèves et des candidats ! Aussi, de quelle importance est la chaire d'un professeur et quelle responsabilité pèse sur lui ! Heureusement que l'indépendance scientifique si généralement et si fortement ancrée dans le corps médical, sauve le plus souvent de la mauvaise impulsion émanée d'un de nos maîtres, nous n'avons pas, grace à Dieu, de discipline qui nous impose les idées d'un homme quand ces idées sont reconnues dangereuses, ou stériles, ou fausses. Si donc l'Ecole changeait de couleur et de drapeau, si pour favoriser tous les modes de développement des esprits, elle lâchait bride aux travaux de synthèse, de philosophie médicale, de biographie élogieuse ou critique de nos grands hommes en médecine et en chirurgie, etc., elle livrerait passage à plus d'intelligences et préparerait plus de progrès. L'*Examen des doctrines médicales* (Broussais) ; l'*Essai sur la philosophie médicale* (Bouillaud), ne sont pas des livres assez encouragés, les questions de concours n'y sont pas assez souvent puisées. Enfin, l'anatomie attend encore un ouvrage qui résume sa tendance philosophique.

Nous avons dit ce que faisait Bichat, disons maintenant ce qu'il ne faisait pas. Comme Cuvier, il a négligé l'anatomie des fibres, telle que celle que nous a importée Thompson, et celle du microscope : l'une était-elle pour lui trop mesquine, et l'autre trop vulgaire ou trop mensongère ? Je ne sais, mais assurément il n'y a pas de petit moyen d'investigation en science, il faut accueillir tous les genres de travail, tous les procédés explorateurs, aucune activité scientifique n'est indifférente. C'est donc une lacune, une omission ; voici l'excuse : de fait, après Leeuwenhoeck, Swammerdam et Buffon, on avait usé et abusé du microscope : aussi à son époque cette méthode d'investigation était-elle abandonnée, et il n'a pas voulu la faire ressusciter. Aujourd'hui l'engouement pour elle recommence, les instruments sont plus parfaits, les grossissements plus forts, d'accord : mais y voit-on plus clair ? La microscopie durera-t-elle ? Sans doute les hommes d'élite, consciencieux, se défiant de leur propre vision, ont la prudence d'attendre, de répéter leurs opérations avant de formuler leur opinion ; je veux bien croire à la sincérité de MM. Rayer, Donné, Mandl, Andral, Gavarret, etc.; mais à côté de ces sages sont ou seront les observateurs vulgaires, ces inhabiles ou ces faux frères de la science, avides de publicité, par *fas* et *nefas*, impatients d'annoncer des merveilles, qui les imagineront quand ils ne les apercevront pas, sachant que l'erreur est d'autant plus facile à s'insinuer, qu'il y a moins de personnes en position et en volonté de vérifier leurs superstitions ou visions. Qu'on y prenne garde, déjà les théories anatomiques les plus infinitésimales, les plus excentriques, menacent de se produire et paraissent devoir s'accumuler à force d'interprétations vraiment insaisissables. Bientôt au lieu de la fécondité on trouvera le désordre, l'anarchie ; au lieu de bons services, de mauvais services. Il ne suffit pas de posséder un microscope, il faut encore posséder un bon esprit, un bon jugement, un bon raisonnement, une bonne éducation pour se servir des notions plus ou moins parfaites que donne cet instrument. Je conçois qu'on ne doit plus se contenter aujourd'hui d'un examen à l'œil nu, se réduire à ses propres forces visuelles, il importe de pénétrer plus avant dans l'organisation ; mais alors donnez-nous l'authenticité et la constance des observations.

L'Ecole de Paris se laisse peut être trop facilement gagner en ce moment, elle accueille trop vite les conclusions de la microscopie, son entraînement la fait sortir de ses habitudes sévères, de contrôle et de surveillance. Bien loin de moi, si jeune et si petit, de faire la leçon à qui que ce soit ; j'adresse seulement une simple remarque, étant en train d'appréciation ; je continue donc : or, il ne faut pas toujours se modeler sur les Ecoles étrangères, si elles s'égarent en s'avançant, si elles abusent de la pensée comme des sens, la résistance est alors un réel progrès, et si je prévois juste, je crains que les études microscopiques importantes, en elles-mêmes, ne perdent de leur crédit, que leur restauration n'ait pas de durée, car la réaction est proche. On entassera tant et tant d'excentricités (1), que force sera bien de faire encore une fois doute et trève et de passer au triage le plus sévère les produits de la microscopie. Ainsi, après l'emploi, l'abus et le danger ; après l'invasion, l'empiétement et la chute. Sera-ce un mal ? Les élèves retourneront à des études plus pratiques et plus sérieuses ; ils ne consumeront pas leur temps à chercher les infiniment petits d'un monde plus petit encore, si ce n'est même imperceptible, comme les astrologues qui, l'œil appliqué au verre de leur télescope, voulaient lire dans

(1) Ainsi, on n'est pas loin d'admettre des végétaux infusoires chez les animaux, encore dernièrement on parlait d'un cancer épidermique (*Journal de chirurgie*, 1844) : mieux vaudrait dire que l'on ne sait pas ce que l'on voit plutôt que d'inventer des suppositions irraisonnables, contre les lois de l'anatomie connue : et qu'on appelle de curieuses découvertes probablement parce qu'on les conçoit moins.

les astres les secrets de la destinée humaine. Malgré nos respects pour les micrographes intelligents et probes, contentons-nous en ce moment des recherches en grand, de la grosse anatomie telle que la concevait Bichat, et laissons dans ses ténèbres, jusqu'à nouvel ordre, cette autre anatomie nuageuse ou amusante, que certains adeptes veulent élever au delà de cette seconde vision appelée le microscope.

En un mot, la microscopie en est encore à son moyen-âge, qu'elle s'organise donc en silence sur des bases plus certaines et plus sérieuses, et qu'elle paraisse quand elle sera plus sûre d'elle, si elle ne veut pas mourir comme l'homéopathie; si elle désire compter plus de voyants, de convertis ou de témoins, et rendre des services moins hypothétiques à la médecine pratique comme le souhaite M. Monneret (*journal de médecine* 1844). Pour cela qu'elle étudie moins le détail et plus l'ensemble, pour éviter les fausses hypothèses et les spéculations erronées en naissant; la raison est au moins ici très nécessaire pour les contrôler, d'autant plus que les apparences, si difficiles à déterminer, y sont hardiment qualifiées, et passent pour des faits sensibles; que les erreurs sont affirmées avec ce ton qui ne permet pas qu'on doute un seul instant de l'autorité du microscope, ce second scalpel de l'anatomiste, en cela elles sont plus dangereuses; car, l'on répond aux douteux : j'ai vu. *Magister dixit*, et le maître ici, c'est le microscope : un point, une figure, une tache, une raie, une ombre, une ligne, prennent une signification plus ou moins ambitieuse, et deviennent la base d'un échafaudage scientifique; rappellerai-je la raie des cheveux, la raie du blastoderme, la parcelle appelée épiderme dans les parenchymes, etc. L'atome organique est-il donc abordable? En vérité, s'il est intéressant de rassembler toutes les acquisitions véritables, positives de la microscopie, il serait non moins curieux de faire la statistique et la critique de toutes ses illusions grossières et de ses prétentions à tout expliquer. La

chimie organique de M. Raspail (1838, t. Ier), indique la facilité des erreurs dont le récit est vraiment plaisant : « Ne prenez
pas, dit-elle, des bosselures pour des cellules, des bulles d'air
emprisonnées dans le tissu pour des organes, des plis pour
des fentes ou pour les anastomoses d'une vascularité que,
du reste, vous pourriez faire varier de mille manières par
la pression seule, ne placez pas dans l'intérieur d'un corps
un accident qui est au dessous et que l'on aperçoit par
transparence, n'établissez pas qu'un animal ait pénétré dans
un œuf transparent, quand vous le voyez passer par dessous
cet organe, ni qu'un infusoire avale et digère des molécules
colorés qui se fixent sur la surface de son corps. La micrographie est encombrée de pareilles illusions que les compi-
lations recueillent le lendemain de l'annonce académique et
qu'on efface difficilement des pages de la science, » et c'est
un micrographe qui écrit cela !!! Jugez.

Le philosophisme anatomique, déjà plus élucidé, a une
bien autre portée. On aurait tort de soutenir que la nature
ne reconnaît pas de classifications ni de rapports des choses,
car ce serait nier l'évidence ; elle en a certainement établi
entre tous les êtres et tous les objets ; l'étude de ces rapports
est vraiment supérieure à toutes les autres, elle exerce et
agrandit l'intelligence et les vues de celui qui s'y livre. Aussi
l'anatomiste transcendant est-il à l'anatomiste d'amphithéâtre, ce qu'est le séméiologiste au symptômatologiste ;
la comparaison est exacte. En effet, la constatation d'un
symptôme, dit une pathologie générale, est simple affaire
de sensation, il ne devient signe que par une opération particulière de l'esprit ; par conséquent le symptôme appartient
aux sens et les signes au jugement ; le symptôme est appréciable pour tout le monde ; le médecin seul découvre des
signes dans les symptômes, et tout symptôme fournit un
signe quelconque. De même la notion d'un caractère anatomique est acquise par les sens d'un chacun, tandis que

la notion de la hiérarchie ou subordination des caractères
anatomiques, par exemple, notion bien plus élevée que
l'autre, est le résultat d'un travail de l'esprit, et n'est découverte que par un petit nombre d'hommes d'élite. Voyez
nos grands naturalistes, n'ont-ils pas trouvé avec un bonheur
rare de conception le moyen de deviner le dedans par le
dehors des animaux; ne sont-ils pas parvenus à se faire des
attributs des parties les plus apparentes ou externes des
corps vivants, des signes certains pour connaître celles qui
sont les plus cachées. L'intuition de la loi des conditions
d'existence n'a-t-elle pas fait de G. Cuvier le restaurateur
du monde anti-diluvien. Avec un débris, une dent, ne re-
construisit-il pas l'histoire anatomique et physiologique
tout entière d'un animal des espèces anciennes, et même
des espèces perdues, etc. : telle est la différence du simple
anatomiste disséqueur et de l'anatomiste transcendant ou
penseur.

L'anatomie a encore une autre manière de rendre des services réels et de première importance, c'est en devenant
topographique sous la plume de Winslow, Blandin, Velpeau,
Malgaigne, Petrequin ; ses utiles applications à la médecine
et à la chirurgie occupent encore assez les élèves sans qu'on
vienne les en détourner pour les faire controverser sur des
riens, sur des grains de sable.

Bichat ne faisait pas non plus de néologisme, ni modéré,
ni outré. En tirera-t-on une condamnation absolue, sans
appel, contre les nomenclateurs ; les arguments de M. Piorry
en faveur du néologisme sont une réplique de quelque valeur, il faut bien le reconnaître ; ainsi, chose nouvelle demande un nom nouveau qui la consacre. Tout le monde se
plaint des vices du langage et personne n'ose prendre l'initiative pour le réformer ; on dit : ce mot est ancien, usuel,
par conséquent commode, connu et compris de tous. Eh !
bien, malgré son non sens, son insignifiance ou son absurde

étymologie, il doit être préféré au nouveau, surtout en médecine: l'histoire naturelle ne pense pas de même, à ce qu'il
paraît, car ses nomenclatures sont multiples, la synonymie
est devenue même une science indispensable pour les faire
comprendre toutes ; mais à qui la faute? Au faible développement de la science. Cette synonymie est précisément la
mesure de ses phases et de ses efforts. Un jour toutes les règles étant dûment trouvées et consenties, on formulera une
nomenclature définitive, légitime, philosophique, et que les
savants imposeront, comme déjà nous avons vu le système
métrique, appliqué aux poids et mesures, imposé par toute la
France par ordonnance royale (1837). Enfin, quel que soit le
pour ou le contre, on doit s'occuper peu du mot et beaucoup
de la chose signifiée par ce mot. Après tout, quand les idées
enveloppées de leur intention historique, se font difficilement
jour à travers les obstacles du langage, il faut bien y remédier, afin que la parole ne manque jamais à la pensée.
On sait que Chaussier, à l'exemple de Guyton de Morveau
en chimie, a tenté la réforme des mots en anatomie ; et il a
été souvent heureux. M. Raspail lui objecte seulement que
la réforme est trop linnéenne, tandis qu'elle devrait ressortir
aussi de la réforme dans les analogies. D'accord ; mais ne
voyez-vous pas que cette unanimité d'hommes remarquables
à reconnaître la nécessité de la réforme, est positivement
la justification des nomenclatures. Je suis du moins de cet
avis. Si Bichat ne s'en est *pas occupé*, c'est qu'il avait bien
autre chose en tête.

Mais laissons cette disgression et revenons à d'autres considérations ; ce serait montrer Bichat à demi, si nous oublions
de parler de son médicalisme si remarquable. Le souffle de
la réforme, poussé par le philosophisme du dix-huitième
siècle, passait sur notre patrie et commençait à s'élever à ses
hautes destinées. Au milieu de la tourmente révolutionnaire,
un homme, nouvel Archimède, sans s'inquiéter du bruit des

armes, sacrifiait silencieusement sur l'autel de la science. Cet homme était notre concitoyen Bichat. Son œuvre restera dans la main de toutes les générations futures ; mais peut-être plus encore par son anatomisme, sa méthode et son style, que par sa doctrine des propriétés vitales, parce que celle-ci comme toutes les autres est exposée à subir le sort des fluctuations de l'esprit humain. Toutefois, beaucoup lui sont fidèles. Nous n'avons ici ni à la combattre, ni à la défendre en ce moment. Nous n'en cacherons cependant pas l'importance, sans nous laisser complètement influencer par les jugements sévères des professeurs Gerdy et Royer-Collard, qui, il faut le reconnaître, ont fait des remarques d'une grande justesse. M. Royer-Collard écrivait : La doctrine des propriétés vitales est un fait réel ; mais ce fait est précisément l'objet de nos études, et le mot qui le désigne n'apprend rien que leur existence. De deux choses l'une, ou les propriétés vitales ne sont que des états des organes vivants, que ces organes sous telle et telle forme, dans ce cas leur intervention est inutile et peut même devenir nuisible en ce qu'elle arrête et emprisonne la science dans des bornes trop restreintes ; ou bien ces propriétés sont distinctes des organes, ce sont des forces actives, causales, indépendantes des phénomènes qu'elles produisent. Mais qui ne voit alors qu'il s'agit là d'êtres purement imaginaires, et qu'on retombe dans ces archées des siècles passés, dans ce paganisme physiologique, dont une saine philosophie a fait justice.

M. Gerdy imprime de son côté : Les propriétés ne sont en quelque sorte que les conditions sans lesquelles les phénomènes seraient impossibles, ce sont des aptitudes, des facultés dans les organes vivants ; il n'y a rien à étudier pour connaître les phénomènes et les propriétés d'où ils dérivent que les phénomènes eux-mêmes, parce que les propriétés ne se révèlent à nos sens que par les phénomènes. Boisseau donne à entendre aussi, qu'en attribuant aux tissus des propriétés, Bichat ne voyait pas que les unes étaient des fonctions et les autres des qualités douteuses. Telles sont les propriétés vitales jugées en elles-mêmes. D'un côté, on crie presque à l'abstraction ; de l'autre, on accuse encore un défaut de trop généraliser. Ces reproches, cette défaveur, sont-ils mérités ? En profitant des critiques, ne peut-on améliorer la doctrine et la revêtir d'un caractère plus évident et plus véritable ? Faudra-t-il renoncer à toute théorie médicale sous le prétexte qu'un système est toujours une précipitation de l'auteur vers une solution impossible ou prématurée, et par conséquent une illusion ? Faudra-t-il se condamner à ne voir chaque phénomène qu'isolément, de peur de trop généraliser ? — La médecine physiologique ou la doctrine de l'irritation qui est le dérivé du système des propriétés vitales, qui a même son siège exclusif en elles, sera-t-elle aussi une entité ? Que dirait Broussais, le grand ennemi de l'ontologie ? Voudrait-on faire entendre que la doctrine a fait son temps ? Nous le répétons, nous n'avons pas à le rechercher maintenant, seulement nous voulons apprécier l'origine et la portée de la doctrine lorsqu'elle parut. Or, comment philosophe Bichat, que veut-il édifier ? Quel est son système physiologique et patholohique, quels sont ses principes en biologie, en médecine et en matière médicale. Voici ce qui nous intéresse pour montrer complètement l'homme dont nous nous occupons. Je serai bref cependant. Pour lui la physique et la chimie finissent là où la vie commence ; la matière morte est celle qui est privée des propriétés vitales ; que l'organisme soit la condition préalable antérieure, le support, le moyen de manifestations de la force vitale, ou sa condition d'existence à proprement dire ; que la vie appelée ame par Sthal, principe vital par Barthez, archée par Van-Helmont, nature par les anciens, soit indépendante et isolée de l'organisation, mise au-dessus des supports et des stimulus de l'économie, ou bien inhérente et identique à elle et représentée différemment dosée suivant les organes et les tissus, peu lui importe; son premier soin est de faire du sthalisme modifié au lieu de ce principe unique qui est une trop grande multiplicité de causes réunie à une trop grande multiplicité d'effets; il établit une série de propriétés physiologiques, les unes animales, les autres organiques, sensibles ou insensibles, expresses ou latentes; il ne connaît pas les corps sans elles; elles en sont l'essence et l'attribut; exister et en jouir sont deux choses inséparables dans les corps vivants, la sensibilité et la con: tractilité de deux espèces. Voilà en dernière analyse, la cause de tous les phénomènes que présentent les êtres organisés.

La création de cette doctrine vitaliste qu'il oppose à Boer-haave et à Sthal lui-même, ainsi que sa localisation physiologique des propriétés vitales, était une suite nécessaire de ses travaux d'anatomie. La conception de la doctrine générale des deux vies, empruntée aux leçons de Grimaud et fécondée par lui, reflète encore la lumière sur l'ensemble de ces propriétés vitales. La médecine devait en ressentir le contre-coup jusque dans ses fondements. Que devenait en effet la maladie? Voulez-vous le savoir; eh bien pour lui le problème pathologique se réduit à cette simple formule : lésion des propriétés vitales de l'une ou de l'autre vie, ou de toutes deux à la fois. Ainsi ces propriétés sont altérées dans la maladie ; elles sont ou augmentées, ou diminuées, ou perverties. Premier point. Elles répondent à des organes et à des tissus. Deuxième point. Donc on aura des lésions de tissus et de fonctions. Ces propriétés sont dans les solides, donc il se fait solidiste. Mais bientôt l'absolu, l'exclusif lui paraît absurde, un contresens ; alors il vitalise, il anime les fluides ; quelque chose les empêche de se décomposer, sans qu'on puisse dire ce que c'est que cette vitalité des fluides, la vie leur est aussi nécessaire qu'aux solides ; partant, il est moitié humoriste. Autre progrès : l'anatomie des systèmes généraux ou générateurs des organes, a préparé la séparation des maladies d'un même organe. Bichat, dont l'activité s'accroît à mesure qu'il avance, pose bientôt l'anatomie pathologique sur l'histologie. Avant lui les pathologistes ne considéraient un organe souffrant que pris dans son ensemble; ils ne le croyaient pas se composant d'éléments hétérogènes; ces éléments étaient cependant autant de sièges de maladies, soit dans le même organe, soit à la fois dans plusieurs organes éloignés les uns des autres, où les mêmes tissus de même espèce peuvent se rencontrer malades. Ainsi il est des lois de coïncidence, d'exclusion ou de succession, de causalité, que l'observateur établit entre telles ou telles affections et tels ou tels tissus.

Bichat, en homme de génie, a tout vu, tout senti; il semble né pour combler toutes les lacunes de la science; tous les aperçus modernes ont jailli de son cerveau; son dernier cours d'anatomie pathologique recueilli par Béclard en est une nouvelle preuve. Le plan qu'il publie a été depuis suivi en grande partie par tous les nosographes. Il met au-dessus de l'observation des symptômes, l'inspection cadavérique des solides et des fluides, et sur l'examen anatomique il conseille de fonder les définitions et les classifications des maladies; puis il donne le précepte de comparer les lésions aux symptômes; il fait encore cette distinction importante, à savoir que tout le corps ou une de ses parties est malade dans certaines affections: de là les maladies générales, l'inflammation, la fièvre, et les maladies particulières ou de systèmes, celles du système séreux, etc... Il montre la désessentialisation de la jaunisse, des hydropisies, de la consomption, etc., comme résultat des études d'anatomie pathologique. Ce sont les chirurgiens, dit-il, qui recoururent les premiers à l'examen anatomique après la mort; les médecins imitèrent leur exemple. Morgagni, Portal, Vicq d'Azir (*Encyclopédie*) ont le mieux compris la valeur de cette recherche; mais lui, quelle impulsion il lui communique; avec quelle lucidité il développe l'avenir de cette science nouvelle : c'est encore une des plus belles faces par laquelle on peut vraiment contempler cette rare intelligence.

À dater de ce moment, l'école de Paris fut anatomo-pathologique. Les maladies dites autrefois générales, enveloppées du voile de l'essentialité, sont chacune à leur tour démasquées dans leur siége. — Dans ce sens et avec une autre interprétation, Brown à Edimbourg, J. Hunter en Angleterre (1728 à 1793), Rasori en Italie, font concurrence. Broussais simplifie plus encore que Bichat le problème des maladies, et pousse plus loin la localisation nosologique, particulièrement celle des fièvres. Béclard perfectionne, il étudie les altérations dans les formes, l'organisation et le développement des parties; il distingue les tissus accidentels homologues et hétérologues de l'économie, etc. Le professeur Rostan publie la médecine organique; l'histoire des ramollissements cérébraux lui est beaucoup redevable. Le professeur Piorry s'attache à l'étude importante des signes physiques des maladies et y apporte une habileté surprenante. Enfin les localisations se multiplient tant, qu'à peine on peut les compter. L'endocardite et l'oblitération des veines (Bouillaud), la phlébite et la lymphangite (Dance, Maréchal, Blandin, Cruveilhier, Velpeau), les maladies du système nerveux (Ollivier d'Angers), etc. etc. démontrent que le champ de la pathologie est riche de récoltes et attend de nouveaux moissonneurs. L'anatomie contenue dans cet ouvrage ajoutera aussi, je l'espère, quelques localisations nosologiques de plus.

Enfin, imité sur beaucoup de points, objet de réaction sur quelques-uns, Bichat peut se faire pardonner même des erreurs ou des inexactitudes. — Cet auteur a trop négligé les conditions physico-chimiques dans son analyse des phénomènes physiologiques des animaux; c'est vrai; les professeurs Bouillaud (*Essai de philosophie médicale*, 1836), Magendie

(*Leçon sur les phénomènes physiques de la vie*, 1836),
s'accordent à le lui reprocher. En effet, il y a autre chose que
les conditions vitales, dont il faut tenir compte dans la physiologie et la maladie des organes, les bruits qui se développent au sein de l'organisme, les phénomènes chimiques de la
respiration et de la digestion donnent raison à l'éclectisme qui
pénètre aujourd'hui de toutes parts l'école de Paris. Cet éclectisme se manifeste encore par les tentatives de restauration
d'un humorisme moderne. Des médecins distingués de notre
époque prenant en considération plus sérieusement encore
que Bichat la part des fluides dans la production ou la génèse
des maladies, ont consacré leur plume à l'exposition d'un néo-
humorisme (Piorry, Andral, Gavarret, etc.)

On nous demandera maintenant quel était le sytème thérapeutique de Bichat. Il découle de toute nécessité, de sa manière de voir en physiologie et en pathologie ; ce reflux était
inévitable. Tout médicament n'agit qu'en modifiant les propriétés vitales, il doit les faire rentrer dans leur équilibre
naturel, chaque propriété a son genre de remèdes appro-
priés, *ad hoc* ; la modification porte d'abord sur la propriété
et consécutivement sur l'organe ou le tissu siège de la lésion;
et en posant ces propositions, il lui sembla que procédant
des faits, il ne finissait pas par une hypothèse irraisonnable,
que l'on pouvait se guider d'après elle dans le traitement des
maladies. Dans cette pensée il regrettait que les médicaments ne fussent pas connus quant à leur action directe ou
indirecte sur les propriétés vitales : ce qu'Alibert essaya de
faire plus tard. Il critiquait les médicaments désobstruants,
incisifs, astringents, etc., dénominations qui rappelaient
les théories mécaniques, humorales, etc. Ennemi de la poly-
pharmacie, il chercha la simplification des formules, et
voulut asseoir la médecine autant sur la matière médicale
que sur l'anatomie pathologique; toutes ces vues neuves
marquent la puissance de ce génie.

Quand on sait que toutes ces innovations ont été enfantées
par un homme de 30 ans, on se prend à déplorer la mort qui
l'a frappé au milieu de sa vigueur, mais pour nous son nom
est impérissable. On a aussi de lui le *Journal de chirurgie*
de Desault, deux dissertations sur la matière médicale; on
lui doit surtout chez nous la création de la physiologie expérimentale, qu'Haller fondait de son côté au delà du Rhin.
Enfin il projetait aussi une réforme radicale des sciences
médicales à l'heure des agonisants, et certes, s'il eût vécu plus
longtemps, il était bien capable de réaliser ce vaste dessein,
car il avait le moule des belles œuvres.

Quel homme en effet digne de son époque et quelle époque
digne d'un tel homme; quel mouvement! c'était le moment
où tout se constituait, la chimie dans la personne de La-
voisier; l'anatomie comparée et la paléontologie dans Georges Cuvier, la tératologie dans Geoffroy de Saint-Hilaire. Ca-
banis renouait les études physcologiques à l'histoire naturelle, etc., etc. La France elle-même se faisait la manufacture
de ses propres libertés et de ses institutions publiques par la
création de son Code, et c'était le développement politique et
philosophique des esprits qui engendrait toutes ces œuvres.
La révolution était partout; qu'elle continue donc dans cette
voie salutaire, et profitons toujours du plus beau droit de
l'homme qu'elle nous donne dans la liberté de la parole, de la
pensée et de la discussion; le libre examen est à nous, notre
ère révolutionnaire l'a conquis, — il nous reste à nous découvrir devant tous ces annonciateurs de la science qui ont été
l'expression intellectuelle la plus élevée des principes qu'elle
doit sans cesse proclamer et soutenir à la face du monde,
jusqu'aux extrémités de la terre.

S'il fallait nous résumer sur Bichat, nous dirions : il est
la science médicale actuelle, car elle est presque sa person-
nification continuée jusqu'à nous, et lui représente le principe de l'alliance et de la solidarité intimes et indispensables

de l'anatomie, de la physiologie, de la pathologie et de la thé-rapeutique, ainsi que nous le concevons aujourd'hui. Enfin notre honneur national doit être flatté de posséder un si grand nom dans les sciences, un Bichat en un mot. Faible interprète de ses œuvres, j'aurai encore à l'apprécier dans le cours de cet ouvrage.

Mon but a été de m'essayer sur le terrain même où Bichat a fait ses premières armes, j'y cherche un succès comme lui, l'obtiendrai-je? Bien que le sol soit moissonné, il reste encore à glaner. Mon désir de prédilection de creuser le même sillon que lui, me portera-t-il bonheur? *audaces for-tuna juvat*. Mais à lui les grandes batailles et victoires; à moi les petits combats et les petits avantages; or, je me suis exercé à imiter sa méthode, à la faire prévaloir, à soutenir sa doctrine kystologique en particulier qu'on a tenté d'en-tamer malencontreusement dans ces derniers temps, et à dé-fendre les additions que je désire y faire. J'aurais pu traiter d'autres points d'anatomie sur lesquels j'ai bien aussi quel-ques idées personnelles. Les glandes, les organes creux, les muscles, les ouvertures naturelles du corps humain, les trous nourriciers des os, etc., comme nous l'annoncions dans la préface du livre de M. Rigaud (*Cours d'études anatomi-ques*, 1839) m'ont également occupé et auraient pu être déve-loppés en propositions. J'attendrai une autre occasion pour publier les particularités qui m'ont paru intéressantes et neu-ves; ma pensée unique en ce moment s'est tournée vers une mo-nographie de tout le système kysteux, normal et pathologique, à propos de la partie originale de mon travail que j'ai fait précéder de toutes les notions nécessaires pour disposer les esprits à son acceptation; mais cette fois je restreindrai les limites de mon sujet aux généralités présentes. En consé-quence, je me suis chargé de la démonstration du système kysteux en général et de mes séreuses en particulier, et une fois en route, j'ai parlé de tout ce qui pouvait jeter de l'intérêt sur mon sujet, il y avait opportunité et actualité à l'entreprendre. On jugera si j'ai réussi à en faire un petit travail d'érudition, de vérification, d'innovation et de philosophisme.

En cette occurrence, partisan zélé de Bichat, que je considère comme un de nos meilleurs penseurs en anatomie, je m'attends à rencontrer des opinions qui lui sont contraires, et qui par cela même le seront aussi à ma cause, je plaiderai ce que je crois la vérité pour lui et pour moi, bien que Bichat par lui-même se défende assez vigoureusement contre les attaques intermittentes dont il a été le point de mire; mais l'union fait la force; malgré mon faible secours j'oserai entrer en lice, car avant tout je ne veux pas mentir à moi même. « La conscience, dit Mme Staël, en parlant de Schiller, l'illustre poète de l'Allemagne, qui fut aussi, comme Goethe, non moins célèbre, dans le rang des docteurs en médecine; la conscience, dit-elle, fut sa muse. Celle-là n'a pas besoin d'être invoquée, car on l'entend toujours quand on l'écoute une fois. Jamais aucune considération tirée ni des succès, ni de la mode, ni des préjugés, ni de tout ce qui vient des autres enfin, n'aurait pu lui faire altérer ses écrits, car ses écrits étaient lui, ils exprimaient son ame, et il ne concevait pas la possibilité de changer une expression, si le sentiment intérieur qui l'inspirait n'était pas changé. » Tout écrivain si nouveau, si jeune qu'il soit, se doit à lui-même, à l'exemple de Schiller, de s'abstenir de toute concession complaisante en vue des personnes; sans fléchir il marchera droit devant lui, armé de son indépendance scientifique et sourd à l'amitié. *Amicus Plato, sed magis amica veritas*, c'est la devise des franchises de la discussion et de la critique dans les sciences.

Ce qui me fait pousser ce cri d'émancipation, c'est le souvenir encore présent d'un déplorable et indigne procès, terminé heureusement pour les accusés, et qui était lui-même un attentat au libre examen en matière scientifique, chose inouie au dix-neuvième siècle; mais justice a été rendue au profit

de la liberté de discussion. Il faut poursuivre le mensonge
dangereux quand il existe, quand la santé publique est en
jeu, avec la même énergie que l'on doit repousser la mutila-
tion de sa propre raison quand on croit n'être pas dans l'erreur. La résistance au suicide de ses opinions est alors une
qualité. L'histoire n'a-t-elle pas eu à enregistrer dans ses
annales des souvenirs de ce genre. Inutile de rappeler, par
exemple, qu'elle a loué Galilée se sacrifiant au maintien de
la pensée, en soutenant la rotation de la terre autour du so-
leil, malgré le verset du livre de Josué ; qu'elle a loué Co-
lomb, menacé par son équipage, et ne désespérant pas, dans
son audace, de découvrir le nouveau monde, bien que les
livres saints opposés à l'existence des Antipodes fussent en
contradiction avec ses prévisions ; comme elle louera Georges Cuvier qui, sans se préoccuper du dire de la Génèse sur
la création du monde en sept jours, ni des explications
théologiques futures, a conçu par la réflexion que le globe
avait été le théâtre de créations successives et marquées par
de longues périodes de temps : son immense ouvrage sur les
ossements fossiles est resté et restera à juste titre la clef de
la géogénie.

Et pourquoi la colère de la censure religieuse? Ces
célébrités éminentes n'ont jamais eu l'intention d'attenter
aux dogmes de la religion qu'ils respectaient, j'en suis
convaincu, ils n'ont vu que la science. Honneur donc à ces
illustres morts, à ces libres penseurs! qui ont repoussé la
prudence du silence; ils ont bien agi ; d'ailleurs l'accord des
livres sacrés et des progrès des sciences est-il donc si éloigné
même sur les points les plus difficiles. Je conçois plutôt l'alliance que la querelle du clergé et de l'université à notre
époque pour l'éducation de la nation française. Arrière donc
celui qui oserait étrangler le développement progressif de
l'esprit humain ; heureusement son interdit sur l'intelligence
ne durerait pas un instant, car la volonté providentielle ne

l'a jamais voulu, et ne le permettrait jamais. La contrainte des esprits n'est plus possible, félicitons-nous-en ; si je me laissé aller à citer de glorieux modèles, c'est qu'il est toujours bon de se les rappeler. En effet, plus on s'habitue, plus on se complait à contempler les actions et les œuvres des vrais grands hommes, et plus l'on sent leur feu sacré se communiquer. Il en rayonne toujours des traits chaleureux et pénétrants de cette vie, de cette animation qui enflammait leur talent. Heureux ceux qui n'y sont pas indifférents.

Mais me voici bien loin de mon sujet, j'y reviens. Bichat, l'oracle de la nouvelle ère anatomique du dix-neuvième siècle, riche de ses idées et de ses méthodes, déploya principalement, il faut le dire, toute la splendeur de ses vues sur l'immense objet de la kystologie ; il y excella sans contredit, et cependant il fut encore incomplet, comme nos recherches tendront à le prouver. Bichat n'a vu et signalé que les kysto-membranes de glissement ; il les a coordonnées en une grande classe, ce qui est bien. Mais il a laissé dans l'ombre les *kysto membranes d'inclusion*, groupe additionnel collatéral, tout nouveau, qui va se créer sous notre plume avec toutes ses individualités et spécialisations. Là perce l'idée de notre travail, si elle vaut quelque chose, elle pourra devenir la continuation et le complément de l'œuvre de Bichat. Car j'aurais réparé l'oubli commis par cet auteur, et la kystologie aura désormais atteint toute la largeur de son cadre. Le poste était vacant et beau, je l'ai donc pris : telle est ma position, je vais annoncer l'existence de plusieurs membranes ignorées jusqu'alors. On jugera si nous en avons eu le droit. L'idée qui me conduisit à leur découverte et me surprit non sans une intime jouissance de satisfaction, est extrêmement simple. Et c'est le moment d'expliquer le mécanisme selon lequel s'est mue la pensée qui a dicté cet ouvrage, et de montrer sur quel genre de preuves elle s'appuye,

— tant la raison est avide de se rendre compte à elle-même de toutes ses opérations.

Dans le domaine des sciences il y a deux manières d'avancer et de s'éclairer ; les textes suivants vont nous renseigner à cet égard : Voici d'abord M. Andral (*Précis d'anatomie pathologique*). « Sans doute, dit-il, ce ne sera souvent qu'une hypothèse ; mais si elle rend compte de plus d'une circonstance qu'on ne peut expliquer autrement, si de plus on y est conduit par voie d'induction, cette hypothèse me semble devoir être mise au nombre de celles qui méritent quelque examen. Les conjectures doivent être nécessairement nombreuses dans toute science qui n'est point encore achevée. Sans doute un bon esprit ne doit accepter comme vrai que ce qui a été démontré comme tel par l'expérience ; mais là ne se borne pas sa tâche, il doit s'enquérir avec soin de tout ce qui n'étant encore que probable, peut un jour être élevé au rang des vérités. Combien de ces dernières n'ont pas été longtemps de simples vraisemblances. » En effet, quand une hypothèse a donné tout ce qu'on pouvait en tirer, elle est réduite à la stérilité ; c'est alors qu'il est philosophique de chercher à la remplacer par une autre hypothèse. On change ainsi le point de vue des choses, et la fécondité revient, car l'hypothèse est toujours liée à un fait réel ; seulement est-elle cause ou coïncidence? C'est ce qui reste à décider.

« On ne procède pas autrement dans les sciences, dit M. Serres (*Principes d'organogénie*), la philosophie des sciences est toute dans l'ensemble des formules ou des principes qui résument les faits et généralisent les résultats. Les faits sont-ils peu nombreux, indécis, l'hypothèse est le lien provisoire qu'on leur donne. Cet état transitoire peut être appelé période hypothétique des sciences. — Sont-ils multipliés, éclairés par une observation persévérante, le raisonnement saisissant par leur comparaison leurs véritables rapports, de l'ensemble raisonné de ces rapports naissent les principes et les théories qui constituent la période positive. Toute science passe par ces deux périodes successives. L'examen des opinions des temps anciens à celle des temps nouveaux , achève le raisonnement. M. Victor Meunier, dans son intéressante introduction à la *Revue synthétique* (1843), montre parfaitement le même sentiment. Il fait appel à toutes les espèces de travailleurs dont les efforts communs doivent se combiner et converger à l'édification d'une science universelle ; il veut associer toutes les aptitudes, les travaux de détails, d'ensemble, les hommes d'observation et de raisonnement d'*à priori* et d'*à posteriori*, les descripteurs de faits et les inventeurs de systèmes ; tous ces travailleurs se produisent en effet sur le théâtre des sciences. Ils sont tous, sans exception, utiles, et aucun n'est à dédaigner. — Voici en quels termes M. Victor Meunier juge les méthodes scientifiques et fait la part du penseur, de l'expérimentateur et de l'homme à système, l'utilité de chacun n'étant nullement contestable.

« Quelque pénétrés que nous soyons de la vertu de la méthode expérimentale , nous n'avons jamais cru, Dieu merci, que pour bien l'employer l'homme dût faire abstraction de son intelligence et se réduire à l'état de pure sensation ; nous n'avons jamais cru non plus que tout expérimentale que fût notre époque, elle ait renoncé à faire usage du raisonnement en matière de science ; qu'il en ait été ainsi, du moins de la partie saine et forte des hommes de notre temps. Si nous pensions que l'originalité et la certitude de la science à venir, consistent en ce qu'elle reposera sur l'expérience, c'est du judicieux emploi de l'expérimentation que nous entendons parler. Or tout le monde sait que ce matérialisme scientifique qui consiste à réduire le savant placé en présence des faits, au rang d'œil ou d'oreille, et qui pense faire acte d'une excessive tolérance en lui permettant parfois de déduire des faits observés leurs plus prochaines conséquences, n'a jamais eu de partisans parmi les grands expérimentateurs ; tout le

monde sait qu'avant, pendant comme après l'expérience,
ceux-ci ont fait acte d'intelligence. — Quant à l'homme à
système (pur sang), souvent, s'il se livre parfois à l'expérience, il ne le fait qu'en vue de trouver quand même la
confirmation d'une idée préconçue, et que si son idée ne con-
corde pas avec le fait mis à jour par l'expérience, ce n'est
pas l'idée qu'il modifie dans le sens du fait, mais le fait qui
doit se prêter aux exigences de l'idée; au contraire, chez le
grand expérimentateur, l'idée préconçue, l'*à priori*, n'est,
pour parler le langage de Bacon, que le flambeau qui éclaire
la route de l'expérience. Ainsi l'on doit désirer l'emploi si-
multané de l'expérience et du raisonnement; à côté de l'observation matérialiste, c'est à dire la constatation brute du
fait, indépendamment de toute pensée générale : la conception. — Si le plus grand nombre, livré au culte exclusif
des faits, cherche des faits pour les faits sans se soucier de
leur emploi ultérieur, et se défend de faire usage de son intelligence, et enfin n'a aucune idée du plan général ni même
de la possibilité de l'édifice à la construction duquel il concourt à son insu; d'autres par compensation, avant tout, hommes de réflexion, imbus du sentiment de l'ordre, travaillés
du besoin de l'unité, s'élancent à la recherche du principe
général qui domine toutes choses; de la loi souveraine qui les
régit, du lien unique qui les enchaîne, pensant qu'une fois
en possession du principe premier, il leur suffira d'en déduire
de proche en proche toutes les déductions légitimes pour em-
brasser jusque dans leurs moindres détails, tous les faits exis-
tants du tout, de l'ensemble, ceux-ci étant les conséquences de
ce principe. Les uns et les autres se sont, comme on le voit,
partagé les deux grandes méthodes de l'esprit humain, méthodes qui, dans l'ordre naturel des choses, doivent être em-
ployées simultanément et se servir réciproquement de contrôle, et qui, parce qu'elles sont mises en usage à l'exclusion
l'une de l'autre, conduisent de part et d'autre à des erreurs

égales. Ces deux méthodes se rendent de mutuels services. Plus d'une fois une hardie conception à laquelle manque l'appui des faits, deviendra pour l'expérimentateur, l'indication de toute une série de recherches, à laquelle faute d'une idée préconçue il n'eût jamais songé. Plus d'une fois aussi, un fait d'observation viendra confirmer ou modifier les idées des hommes à systèmes. » Ainsi accueil aux analyseurs et aux synthétistes, aux *à priori* et aux *à posteriori*, un but sérieux, une direction sage, féconde, philosophique d'un intérêt général : voilà ce qui entraîne à la conquête des faits.

« En médecine, dit M. Darcet, qui a été le plus heureux de la tendance positive actuelle, ou de la spéculation des anciens ? n'a-t-on pas eu à enregistrer plus de faits devenus faux le lendemain de leur promulgation, que de théories devenues erronnées ? La grande voie, c'est d'être à la fois expérimentateurs et généralisateurs. Les choses vitales ne sont saisissables que par l'intelligence qui les pénètre. »

Toutes ces citations expliquent notre pensée. C'est aussi notre profession de foi, et notre règle. Je n'ai nullement l'intention de tenter ici un cours de logique, bien que beaucoup d'anatomistes auraient besoin de s'en rappeler les leçons, je dis seulement que chacun apporte sa part de concours à l'édification de la science, et que chacun à la fois paye son tribut à la certitude. Oui, l'hypothèse, en particulier, est aussi un levier du progrès scientifique, et il faut l'employer. Je n'entends pas parler de cette hypothèse de fantaisie qui n'a d'existence que celle que lui prête le cerveau en voie de création, et sans autre raison d'être que sa volonté, mais bien de celle-là que Descartes appelle l'évidence d'intuition ou de déduction, laquelle n'est positivement ni les sens, ni l'imagination, mais l'intellection pure; faculté d'invention, de découverte raisonnable ou plutôt raisonnée, et qui est presque toujours une conséquence d'idées appri-

ses et de faits constants; car, selon Kant, nulle connaissance ne précède absolument en nous l'expérience. Enfin,
elle naît du sentiment des rapports, voilà le mot. Combien
de théories hardies, de vues spéculatives justifiées ultérieurement par l'universalité des faits; combien de belles lois
découvertes bien avant qu'on ait eu en main une masse in-
finie de faits à l'appui. Les faits, dit Laplace, ne mènent
l'homme qu'à une simple nomenclature. M. Giraldès entre
dans les mêmes remarques que moi, à ce sujet, et nous ne
sommes pas les seuls. Il m'est avis qu'il est préférable de
faire usage de l'hypothèse conjecturale préconçue, que de
garder le silence, et de rester dans l'immobilité. Un fait se devine, il est de nature à se justifier par d'autres de même espèce,
il faut oser le mettre en avant déjà comme probable, en l'entourant de toutes les armes du raisonnement qui lui conviennent. Puis vient le jour où les observations se multiplient et finissent par lui donner le maximum d'existence,
en lui imprimant le cachet de l'exactitude et du positivisme;
et dès lors, l'hypothèse qui semblait être le *fœtus* d'un fait
s'est développée, agrandie, et est devenue vérité et l'avant-
coureur de l'expérience complète. On sert la science en agissant ainsi, car cette hypothèse, si on ne l'eût pas produite,
on n'aurait pas travaillé sur elle, elle n'eût point été poussée
à un si haut degré d'élévation. Je ne prends donc pas à la
lettre cette parole de Gaubius. « Il vaut mieux suspendre sa
marche que d'avancer au milieu de la nuit des ténèbres, »
car qui ne cherche pas à en sortir, y reste.

M. Coste nous disait dans son cours d'embryogénie au
collège de France (1844) « Si je n'avais pas eu une idée préconçue de l'existence de la vésicule de Purkinje dans l'œuf
des vivipares, je ne l'aurais assurément pas découverte. » Voilà
ce que j'appelle faire de l'anatomie rationnelle, et celle-ci, en
s'élaborant, devient de l'anatomie pratique plus tard. En effet
si la vraisemblance est proche de la certitude, poursuivons-

la. Une idée *a priori*, quelque étrange qu'elle soit au premier coup d'œil, n'a jamais tort quand elle sert de point de départ à l'état d'hypothèse, et couronne l'œuvre comme conclusion, à l'état de vérité, revêtue de la démonstration scientifique, c'est-à-dire à l'état de notion exacte. L'antériorité des idées ne nuit donc en rien ; avec elles seules on peut constituer quelque chose. Le champ où elles se meuvent est infini ; quand elles font appel, il faut les servir, de façon cependant à ce que les faits découverts par elles ne les dépassent pas elles-mêmes.

L'ordre de ma pensée dans mon travail des kysto-membranes d'inclusion, n'a pas été autre. J'ai commencé par un *a priori*, maintenant vérifié quant au fait général qui l'indiquait et quant à la majorité des détails. Quelques uns cependant, faute d'occasion de constatation, m'ont échappé ; mais ils restent dans la ligne des probabilités du rationalisme et de l'analogie, et leur justification ne peut tarder. La loi que j'ai formulée est prouvée en grande partie, cela suffit : en vertu de sa possession, je puis même annoncer qu'elle est vraie jusqu'au bout.

Ainsi je voyais des séreuses destinées à la sérosité, des synoviales à la synovie ; je me mis donc à supposer que tous les liquides séreux normaux auxquels on ne reconnaissait pas d'enceinte en avaient une ; mes recherches ont confirmé cette donnée dans sa plus grande généralité, et raisonnant ensuite les attributs physiques et vitaux de mes nouveaux organes, dans l'intention de les rallier à une classe d'organes déjà connus, j'ai fini par en faire un groupe spécial de kysto-membranes.

En cela, je ne me suis nullement écarté des préceptes de la règle que s'imposait Bichat quand il dit (il s'agissait d'un fait d'anatomie difficile, de l'arachnoïde pariétale) : « La nature intime de la plupart de nos parties échappe presque constamment aux grossiers instruments de nos recherches

(l'ébullition, la macération, l'inspection dans l'eau, la dissolution, l'insufflation, le microscope, etc.), en sorte que,
pour déterminer avec précision quel rang un organe inconnu
occupe parmi les ressorts nombreux de notre machine, il
faut le comparer à ceux dont la nature bien constatée ne
laisse aucun doute dans l'esprit du physiologiste, afin d'établir sur l'analogie ce que les moyens anatomiques ne peuvent nous fournir. Cette méthode de suppléer par toutes les
formes possibles du raisonnement au défaut des sens dans
nos recherches sur l'organisation, est surtout applicable à
l'arachnoïde, que son extrême ténuité dérobe à presque
tous nos moyens mécaniques, et en procédant par cette
voie, je prouverai, je crois, d'une manière évidente que,
par sa nature intime, l'arachnoïde se rapproche des nombreuses séreuses, si j'établis que la texture sensible, les propriétés vitales, les fonctions, les affections morbifiques sont
à peu près les mêmes que les leurs ; car, semblable à elles
par les résultats de l'organisation, comment pourrait-elle
être différente par l'organisation elle-même ? »

Si Bichat eût écrit sur mes kysto-membranes, il ne se fût pas
autrement exprimé. Rien de mieux pensé, qu'on ne se mé-
prenne donc pas sur l'intention qui a dicté ces règles ; elles
ne sont pas des précautions, des artifices oratoires maligne-
ment employés pour embaucher la crédulité publique ; c'est
le raisonnement sévère d'un esprit qui, dans la recherche
de la vérité, veut au contraire suppléer à la faiblesse des sens
physiques par le sens intellectuel qui est en lui : et quand on
n'a que celui-là à sa disposition, il faut s'en servir, s'y livrer.
Or Bichat en a tiré le plus beau parti. Une imagination sensée,
non pas cette autre appelée la folle du logis, porte toujours
ses fruits et reprend son empire légitime.

Ainsi, je suis parti d'une hypothèse pour en venir à des
faits, ici le raisonnement a heureusement précédé l'expérience ; ce qui ne veut pas dire que la marche inverse ne soit

pas plus sûre et meilleure : une présomption ne valut jamais une certitude, mais elle peut y conduire ; en cela elle doit être respectée jusqu'à nouvel ordre, jusqu'à preuve du contraire. C'est encore le raisonnement qui, lorsqu'un certain nombre de faits ont répondu à l'hypothèse, légitime ceux dont la nature échappe aux sens. En résumé, on a recours à plusieurs genres de preuves, preuves physiques, preuves rationnelles, ajoutons les preuves négatives ; avec ces armes je me charge de défendre mes kysto-membranes d'inclusion comme Bichat défendait l'arachnoïde pariétale, la synoviale chondrale, etc...

Voyons maintenant les principes d'exécution de Bichat. Il a mis tout en œuvre, l'expériment de Bacon, le doute philosophique de Descartes, premier degré de la vérification, l'analyse, la synthèse, la comparaison, la généralisation, l'induction, la déduction, la méthode descriptive, etc. Il poursuit par tous les moyens qu'il a en son pouvoir les problèmes compliqués de la vie, et organise la foi scientifique.

La philosophie des sciences se recrée de tous côtés en Bichat, c'est elle qui s'établit en fondant des méthodes, des classifications, des principes. Aujourd'hui elle constitue un corps de doctrines, elle se fait le pourvoyeur des données transcendantes, car elle s'occupe plus de lois que de faits, juge ceux-ci plutôt qu'elle ne les décrit et laisse souvent le récit pour dogmatiser et systématiser ; salut donc à l'école moderne, son avenir est grand comme le monde :—en Bichat que voit-on ? sans cesse la procession du particulier au général et du général au particulier, l'inconnu relié au connu, et la propagande rationnelle se réalisant ; toutes les forces vives par lesquelles l'esprit s'élève jusqu'à *l'ultima ratio*, la maistresse cause de Montaigne, il en dispose, il en a soif.

Si l'anatomie se décrit, elle se raisonne aussi. Et il l'a compris ; il était convaincu d'une chose, c'est que la nature organisatrice se dirige toujours dans ses œuvres d'après des principes qu'il reste à saisir ; chaque conformation physique

a en effet son cachet particulier, un sens implicite qui pro-
phétise même les organisations annexes.

La raison en anatomie est aussi un procédé classique
de démonstration, elle voit souvent mieux et plus loin que
le scapel, elle s'exerce *à priori* et *à posteriori*, elle est la
contr'épreuve de l'observation ; combien de prétendus faits
observés tombent devant la plus simple réflexion, le bon
sens, le pur raisonnement. Elle prévient d'affligeantes erreurs, elle produit des aperçus d'une heureuse fécondité ;
n'écrivez jamais sans elle, car sans le sentiment anatomique
vous ne ferez rien qui vaille pas plus que vous ne pourriez
rimailler malgré Phœbus. On a besoin d'elle, c'est elle qui
donne la parole et la vie aux faits, qui plane au dessus des
lignes mortes, arrache plus d'un secret à la nature, qui
découvre les lois et les notions les plus intéressantes. Sans
la vouloir souveraine, et au dessus de tous les autres témoignages, personne ne doit souffrir qu'on l'encellule et la
condamne à l'inaction. Quiconque s'efforcera au contraire
de comprendre les harmonies et la composition de la nature organique avec son aide, devant lui s'ouvrira un long
sillon d'idées, si non capables d'être toutes aperçues par
les sens, au moins fondées sur un rationalisme radical et
irréprochable : en s'appliquant à des faits matériels que chacun peut le plus souvent constater et vérifier à sa volonté, la
raison court moins le risque de dégénérer en abus, elle est
alors un moyen puissant d'épurer les choses de l'observation, et d'interpréter leur signification et leur légitimité. La
faculté de penser est un don rare, et sagement exercée, elle
mène au devant de la découverte des principes. Elle a donc
un beau chemin à faire, en elle j'ai confiance, sa hardiesse
est de la richesse, une force secrète l'anime et force à consentir à ce qu'elle indique, elle insinue le soupçon des choses
dont la démonstration est difficile autrement, elle persuade
si elle ne convainc pas dans le premier moment, plus tard

elle satisfait les plus exigents ; elle donne des preuves de présomption approximative, quand les preuves directes de la démonstration sont incomplètes ou impossibles. Enfin, il convient d'invoquer la raison en anatomie, car souvent à elle seule elle rétablit aux yeux du savant l'uniformité des plans de la nature et équivaut presque à une affirmation matérielle. Bichat avait recours à cette puissance.

Le principe de la règle lui paraissait également important, il n'acceptait que ce qu'il pouvait expliquer et coordonner en règle commune : c'était justice.

Après la méthode d'analyse, il caressait la méthode des analogies qui ressort de la comparaison des similitudes. De tous les moyens propres à parvenir à une notion vraie, l'analogie était pour lui un des meilleurs éléments de preuve, de conviction. Beaucoup de nos connaissances humaines lui doivent leur origine, elle est sujette à recevoir même une plus juste appréciation dans les sciences anatomiques qu'en médecine proprement dite, car les théories médicales trahissent souvent l'abus et l'inintelligence des analogies, et l'on conçoit que Baglivi les craignait et les considérait dans bien des cas comme des obstacles aux véritables progrès : « *Falsum analogiarum genus*, écrivait-il.» Sans doute quand les analogies sont forcées, et conduisent par un raisonnement en désordre à des conséquences fatales, elles sont un fléau, un mensonge dangereux ; mais aussi combien elles agrandissent les régions de l'esprit, les idées et les connaissances de l'homme, quand elles sont exactes, rigoureuses, elles éclairent alors au profit de la science, et de l'humanité ; combien l'on doit s'en louer. Bien appliquée avec ses conséquences logiquement déduites, cette méthode mérite d'être recommandée ; c'est elle qui trace les classifications, comme nous allons le voir.

La méthode naturelle est, en effet, le produit immédiat du principe des analogies. Marche classique, excellente, pour les études, habituant les esprits à l'ordre, à la synthèse, à la recherche de l'évidence, de la certitude; elle a un haut degré d'utilité comme moyen de daguerréotyper l'ensemble du sujet, tout en ayant l'avantage d'initier le commençant par degrés et analytiquement à la connaissance du tout. D'autant plus parfaite que la science sera plus avancée, cette méthode, conçue par le botaniste Adanson (1763), étendue et appliquée par Bernard de Jussieu (1768), perfectionnée encore en 1778, par Antoine de Jussieu, consiste à établir des familles ou groupes naturels d'après la majorité des analogies les plus éminentes; disciplinées selon leur ordre hiérarchique. On prend en considération la fixité, l'essentialité, l'importance de certains caractères de préférence encore au plus grand nombre de caractères semblables et distinctifs, et l'on arrive ainsi à créer des cadres séparés, justes, fidèles au plan de la nature; ainsi le système de familles naturelles représentant la somme intégrale des attributs des objets, se place au dessus d'eux, parce qu'il les résume tous et est en accord avec eux, puisqu'il dérive d'eux; il les met en relief et apprend à rechercher les genres par les espèces, comme aussi les espèces par les genres. Bichat ne pouvait négliger cette méthode scientifique; encouragé par les essais du même genre de Pinel en nosologie, il l'introduisit dans son anatomie hystologique; les affinités, l'analyse, la décomposition des organes, le rapprochement de leurs parties analogues furent les procédés de son investigation anatomistique. Une fois en travail d'idées, son esprit original allait loin, il sut discerner les motifs des constitutions matérielles l'une par l'autre, comme il aurait fait des inconnues à dégager d'une équation algébrique, il sut attribuer à chaque fait la pondération qui lui appartenait de droit; aux uns, il reconnaissait une importance supérieure, dominatrice; aux autres, une subalternité qui les mettait au second rang; il saisissait leurs degrés de rapports, leur fréquence, et les élevait à leur puissance légitime, par le souffle de la coordination. Ce qui fait la supériorité d'un caractère, c'est sa constance ; et le degré de constance indique ordinairement son omnipotence relative, sous les rapports statique et dynamique dans l'économie, d'où il résulte qu'un caractère en rappelle un autre, et Bichat le savait. Enfin, comme le dit F. Cuvier, la constance des phénomènes est l'unique base de la vérité, l'autorité en histoire naturelle.

Or, personne n'ignore combien les caractères nosologiques se sont heureusement reflétés dans l'intelligence et la coordination des faits anatomiques ; Pinel, qui dans cette voie avait donné la plus forte impulsion, se sentait déjà dépassé par Bichat, et il l'avouait dans les notes de la réimpression de sa *Nosographie philosophique*.

En résumé donc, comme le disait M. Royer-Collard, dans l'œuvre de Bichat, il y a trois choses ; des faits en grand nombre, une méthode toute philosophique, et une doctrine médicale que le temps jugera ; nous venons d'insister sur ces divers points, nous y reviendrons encore dans le cours de l'ouvrage ; c'est de lui que nous avons appris à mener et à considérer ces trois choses de front. Et, sous ces trois rapports, Bichat est un vrai modèle à méditer.

Voici maintenant mon histoire de quatre ans. Dès 1839, l'idée primitive de mon opuscule m'a été inspirée par l'observation d'un fait réel que j'ai généralisé et vérifié. Une note abrégée devait être imprimée dans le livre de M. le professeur Rigaud qui l'approuvait, le second volume de son *Cours d'études anatomiques* n'a pas encore paru, ce qui fait qu'aujourd'hui je reprends la publication de cette idée qui, par le travail, s'est depuis grandement développée ; à la fin de 1839, j'avais aussi présenté mon manuscrit à M Laurent de Toulon, rédacteur des *Annales d'anatomie et de physiologie* ; même approbation, de plus conseils d'étendre mon idée en recherchant ses réalisations dans la série animale où elle promettait d'avoir du succès. Néanmoins, on trouva la rédaction trop longue, puis trop prématurée, puis la forme trop spéculative, enfin, sa couleur trop médicale; et par cela même, je devais l'adresser de préférence à un journal de médecine.

Lassé de ces fins de non recevoir, nommé interne sur ces entrefaites, préoccupé des soins de ma santé profondément altérée, espérant aussi pouvoir plus tard donner plus d'extension à mon travail, je conservais mon manuscrit dans mes cartons pour y dormir. Depuis cette époque, les ouvrages publiés en anatomie n'avaient en aucune façon abordé la question que je traitais moi-même, et lui avaient laissé toute sa nouveauté; à peine si la *Physiologie* de Burdach, et l'*Encyclopédie anatomique*, ont jeté une lueur sur quelques points de mon sujet; d'autre part, j'étais encouragé par mes amis, et c'était de bon augure; enfin, le besoin de faire une thèse inaugurale qui puisse me faire honneur; tous ces motifs, dis-je, me déterminèrent à exhumer mon manuscrit alors fort peu volumineux, et de le reproduire avec de nouveaux développements : —une autre cause de stimulation m'y poussait. Il m'a semblé que la forme de mon travail rentrait parfaitement dans le genre de ceux que M. le professeur Cruveilhier, dans son discours d'ouverture de la Société anatomique (février 1844), désire voir se créer au sein de la Société, avec la coopération de ses membres. Je l'offre donc encore comme exemple de la réalisation de ce projet.

Enfin, quelle sera au total l'utilité de mon livre ? Celle-ci : la réhabilitation et la conservation de la kystologie; la consécration des principes qu'on doit suivre en anatomie; l'addition d'une classe particulière de nouvelles séreuses, formant autant de sièges nouveaux de maladies; la rectification d'une foule de petits détails d'anatomie; à ce résultat ont tendu mes efforts. Quant au plan de la rédaction, il sera exposé à mesure que nous avancerons, en imitant toujours

la marche de Bichat. Je finis en demandant à mes lecteurs
leur indulgence pour un faible début ; des circonstances ma-
jeures en ont malgré moi pressé le jonr. Ils y auront égard,
je l'espère. Dans un second volume, je mettrai fin à cette
kystologie poursuivie daus tous ses détails. Heureux si j'ai
pu par mon exemple, exciter plus de goût et de faveur pour
la littérature anatomique dont l'utilité est si incontestable.

KYSTOLOGIE NOUVELLE.

Première partie.

PLAN.

Notre prologue indique déjà ce qu'étaient Bichat et son École, comment au moyen de la méthode naturelle on arrive à fonder un même système d'organes, comment aussi il faut procéder pour déterminer un organe nouveau, et quel genre de preuves démonstratives il convient d'accumuler dans les recherches anatomiques qu'on entreprend ; car hors de là point de succès. Nous nous en souviendrons. Aussi, pour assurer celui de notre kystologie nouvelle, avons-nous senti la nécessité de l'entourer de tous les faits et arguments puisés dans la nature propre du sujet. Or, il est deux questions fondamentales qui dominent la kystologie générale et autour desquelles gravitent les autres. Je fais en ce moment allusion 1° à la question de la membranisation du système kysteux ; 2° à celle de la continuité des membranes de ce système. Nous les adoptons et défendons avec Bonn, Bichat, Béclard, etc.,—certains auteurs ont douté de la continuité membraneuse sans toutefois nier la membranisation organique (Magendie, Rigot).—Un seul s'est évertué à supprimer, à annihiler les organes désignés sous le nom de membranes, sans nier à son tour la continuité, qui cette fois est attribuée à des surfaces anatomiques (Velpeau). Mettons-nous en œuvre de réfuter ces antagonistes sérieux. Ce sera l'objet de cette première partie ; en voici le programme : 1° Parallèle des doctrines des auteurs opposants ; 2° appréciation et défense du système kysteux au point de vue de l'anatomiste, du physiologiste, du pathologiste et du thérapeutiste.

CHAPITRE PREMIER.

DOCTRINE DU SYSTÈME MEMBRANEUX EN GÉNÉRAL.

Membranæ expansiones vocantur. (HEISTER.)

Les anatomistes, comme nous l'apprend Bichat lui-même, désignaient avant lui sous le titre de membrane une certaine forme de la matière organique : la forme lamellée ;—les mots lames, pellicules (Winslow), expansions (Heister), etc., l'expriment encore chez les anciens. « La membrane animale simple est celle que le scalpel ne peut dédoubler. Quant à l'atome qui constitue la substance membraneuse, on peut dire jusqu'alors qu'elle est d'une désespérante homogénéité pour la chimie de l'anatomie microscopique (Raspail). » Cependant l'ensemble et la composition de chaque espèce de membranes offrent des caractères objectifs et subjectifs très différentiels. Ce système anatomique est disséminé pour ainsi dire dans tous les autres dont il diffère, concourant à la structure du plus grand nombre, ayant rarement une existence isolée, et enfin pourvu d'une texture propre, résultant des combinaisons de la fibre ou cellule fondamentale multipliée un grand nombre de fois. Jadis le défaut de perfectionnement des méthodes descriptives ne permettait pas de l'examiner isolément des parties respectives auxquelles il est annexé. Son histoire était associée à celle de ces parties, à titre d'enveloppe. L'exposition anatomique du corps humain que Winslow enseigna durant le cours des trente dernières années de sa vie (de 1750 à 1760), est encore l'expression de ce mode de descrip-

tion dont le vice fut surtout compris par Bichat (an VII —
1799), qui remit l'ordre où était la confusion.

Pour le dire en passant, il est une partie assez remarquable de son ouvrage qui me paraît être un premier essai d'anatomie topographique, sous le titre fort simple de *Traité sommaire des parties* (ou régions) *du corps;* il y fait le dénom-
brement et le fractionnement des muscles, des vaisseaux, des
nerfs, etc. d'une même localité, mais sans y joindre aucune
considération médicale ou chirurgicale.

La chronologie nous force à intercaler ici, afin de suivre les
progrès que faisait déjà la doctrine de la membranisation, le
nom de l'auteur d'une des plus belles thèses anatomiques que
j'aie jamais lues, mais trop oubliée même parmi ses compa-
triotes. Les vues en sont capitales. Cette thèse est de Bonn;
elle est intitulée : *De Continuationibus membranarum*
(Amsterdam, 1763). Je ne saurais exprimer le plaisir que sa
lecture doit causer à tous les penseurs qui aiment à reporter
leurs regards vers les temps antérieurs, afin d'y découvrir les
traces des méditations et des idées de l'époque contemporaine
où ils vivent eux-mêmes, cet heureux patrimoine de la philosophie de la science dont ils s'occupent. Entre toutes elle brille,
parce qu'elle contient le germe de beaucoup de considérations
les plus élevées, du premier ordre, qui ont été développées
postérieurement. Ainsi les rentrées tégumentaires, le système
enveloppant du corps (Blainville); le système des gaînes aponévrotiques (Blandin, Velpeau, Gerdy, Cruveilhier); celui des
synoviales et des membranes séreuses des cavités splanchniques, arachnoïde, etc. (Bichat); le phanère dentaire, l'iter
dentis, le passage de la conjonctive sur la cornée, la constitution des vésicules pulmonaires par la muqueuse trachéale
prolongée en cœcum, fait déjà entrevu par Morgagni, puis
combattu par Helvétius et Haller, et plus tard repris par
Reiseissen ; toutes ces vues sont abordées, et le fil conducteur
qui a servi à faire ces découvertes ou à consacrer celles qui

étaient déjà du domaine public, quel est-il? qui pouvait le donner ? La pensée de démontrer la continuité des membranes.

Sa thèse est ainsi semée d'une foule de détails de bonne
anatomie. Il n'est pas jusqu'à l'utilité de l'embryogénie dans
les études du corps humain, que Bonn n'ait aussi devinée.
(*Ad veram corporis humani fabricam perquirendam te-
nerior subjectorum ætas non minùs ac adulta requiri-
tur.*) Il semblait donc prophétiser les services que cette
science commence à rendre. Je ne résiste pas au désir de présenter ici quelques citations de cette thèse ; je traduis quelques passages. Le système membraneux, si différent des autres parties organiques, os, cartilages, muscles, viscères,
nerfs, etc., si différent de lui-même dans les diverses régions
qu'il occupe, par les proportions, la consistance, les inser-
tions, l'éparpillement, se distingue par dessus tout à l'aide
d'un caractère commun : la continuité. En effet aucune membrane n'est à proprement parler perforée, à peine interrom-
pue pour le passage de vaisseaux et des nerfs ; ou bien elle se
modifie et se transforme en une autre, ou bien elle se termine
en cul de sac. La transition entre deux membranes est même
telle, que l'on ne peut reconnaître où l'une commence et l'autre
finit. Le changement n'a pas lieu brusquement. *Continuatâ
serie, sensim mutata quam neque in his saltum facere
videmus.* » Cela est vrai de la continuité de la peau et des
muqueuses, des communications des kysto-membranes entre
elles, ou avec les muquenses, ou avec le tégument externe.

Sans rechercher si toutes les membranes naissent d'une
seule, ce qu'il y a de certain, c'est que la même continuité se
remarque chez l'adulte et le jeune enfant ; et peut-être est-elle
plus évidente encore à cette jeune époque de la vie. La composition des organes membraneux varie, il est des membranes cellulaires, d'autres fibreuses, etc., le tissu cellulaire les lie
toutes ensemble. Parti de ces généralités, Bonn se met à décrire le trajet des membranes, et suit un ordre topographi-

que. Voici son classement : « 1° membranes tégumentaires : peau et muqueuses ; 2° membranes placées sous la peau : gaines des muscles (*membrana musculorum quod vagina vocatur*) ; périoste, enveloppe générale du squelette, périchondre, ligaments ; puis, membranes synoviales (*in omni articulo datur membrana quædam interna lævis et cellulosa à tegumento capsulari distincta*) ; 3° membranes des cavités splanchniques : A. Dans la tête, dure-mère, arachnoïde, pie-mère et plexus choroïdes et autres expansions.—B. Dans le thorax, péricarde et la membrane interne du cœur continue dans toutes les voies circulatoires, les plèvres.—C. Dans l'abdomen, péritoïne, tunique vaginale, canal de Nuck. »—Dans ce petit compte rendu, on surprend un esprit plus méthodique dans les descriptions (classe et trajet des membranes) qui se fait jour en même temps que celui des notions d'anatomie topographique et transcendante ; seulement tous ces aperçus sont incomplets, vagues, ils ne s'élèvent pas même à leur véritable hauteur où les porteront les systématiseurs de l'âge suivant, à grand renfort de formules doctrinales et de développements savants empruntés à toutes les branches perfectionnées de la médecine. Cet exposé de la thèse de Bonn nous ramène à parler du traité des membranes de Bichat.

De quelque part, de quelque pays que vienne la vérité, on doit toujours hommage à l'auteur qui l'a mieux formulée. Bonn est antérieur ; il paraît presque avoir produit à l'état d'ébauche ce que notre Bichat, plus anatomiste que tous les anatomistes, et plus accoutumé à observer, a achevé, si même il n'a pas tiré tout de son propre fonds. Car de son naturel, peu amoureux d'étalage d'érudition bibliographique, il ne serait pas étonnant, il est même sûr qu'il a ignoré les travaux de description de l'anatomiste hollandais ; il était trop loyal pour ne pas les citer, s'il les eût connus ; d'ailleurs tout homme instruit pense ; dès lors l'esprit de deux savants

peut se porter sur les mêmes objets, et puis Bichat a travaillé la même matière avec une telle supériorité, il a multi-
plié et systématisé tellement les points de vue du sujet, que
son *Traité des membranes* (1799) peut être considéré à bon
droit comme sa propriété entière : il n'y a même pas de doute
à cet égard, si l'on examine la manière de penser des deux
auteurs. Là apparaît la ligne de démarcation entre eux.
Bonn n'a vu que le principe de la similitude du trajet, il ne
s'est attaché qu'à un caractère anatomique général des membranes quelles qu'elles soient. C'est déjà beaucoup, et il l'a
bien décrit, surtout pour le temps ; mais il ne va pas au delà.
C'est un point unique de l'histoire des membranes, un jalon,
Bichat s'en servira. Mais il y a loin de cette thèse à la doctrine complète et systématique des membranisations organiques classées d'après la méthode naturelle, dont les premiers essais en botanique, dus à Adanson et à Bernard et
Antoine de Jussieu (1763-78), ont été ensuite appliqués par
Cuvier à la zoologie, et par Pinel à la nosologie (1797). Bichat définit, dénomme, dénombre, distingue, rapproche,
groupe, non par régions ni par fonctions, mais par espèces
matérielles et d'après la sécrétion. Il indique les formes, les
différences, les analogies, les genres de toutes les membranes, leur nature, leur tissu, leurs propriétés et fonctions,
leurs affections et sympathies, leur développement enfin ; il
les envisage sous toutes les faces, en fait un corps de doctrine
et se le rend propre par ses recherches, il l'édifie à l'aide des
procédés anatomiques, des faits, de l'observation, de l'expérience, de la philosophie qui lui enseigne les ressources
de l'analyse, de la comparaison, de l'analogie et de la génération, et il en a bien profité. Son travail est un chef-d'œuvre
de logique. Ainsi il rassemble d'après l'analogie les parties
les plus éloignées, en constitue un même et seul tout, et fait
de l'anatomie physiologique. Ainsi doit procéder l'histologie :
« rechercher les parties similaires dans les organes diffé-

rents, les comparer ensemble et leur assigner des caractères qui conviennent à toutes (Henle). »

Bichat a réalisé dans sa vaste pensée la grande vue de Bordeu sur les départements organiques, en un mot il a créé l'anatomie générale. Jusqu'à lui les organes composés n'avaient été étudiés que les uns après les autres, sans lien aucun, dans l'ordre de leur nature et de leurs usages. Il était temps d'en enseigner les éléments immédiats.

L'unique coïncidence qui existe entre les travaux des deux auteurs porte donc sur l'histoire du trajet et de la continuité des organes membraneux. Chronologiquement, la priorité appartient à Bonn, mais pas autrement. Sans doute, son œuvre sort de la plume d'un réel talent; la description de la continuité de la synoviale et de l'arachnoïde en particulier pouvait servir à Bichat, mais celui-ci n'en avait pas besoin; son génie anatomique le faisait arriver par d'autres voies au même but; et ce qui prouve encore qu'il n'a pas profité du travail de Bonn, c'est que dans le reste de ses écrits, les mêmes coïncidences touchant d'autres points que la kystologie, ne se rencontrent point; enfin pour tout dire, il existe entre eux la même différence que vous trouveriez entre deux botanistes, dont l'un ne s'attacherait qu'au seul caractère des plantes, la forme des feuilles je suppose, et l'autre qui aurait été notre Jussieu, à la grande gloire de notre pays. La doctrine de la membranisation organique en général et la systématisation des tissus fibreux, kysteux, etc., émanent réellement du cerveau de Bichat, et sont des doctrines françaises, et nous pouvons nous en enorgueillir. Enfin Bichat est supérieur à Bonn, parce qu'il a généralisé la distinction des tissus et l'a appliquée à la physiologie, et puis à l'anatomie pathologique.

Est-ce à dire que notre compatriote n'ait pas été précédé dans la carrière et inspiré par des hommes couverts d'illustration, qui ont aussi touché de leur doigt révélateur le même objet, mais par une face opposée. Bichat est le premier à le confesser.

Ainsi Haller a représenté toutes les membranes-tissus comme une modification d'un seul et même organe, l'organe cellulaire ; il promulguait par cette pensée le principe de la filiation ou de la génération et subordination des tissus, principe adopté par nos systématisateurs modernes, qui de leur côté ont proclamé le principe de l'unité, de l'homogénéité et de la variété dans le plan de l'organisation. Mais Haller ne s'est tenu qu'à son point de vue, sans sonder au delà ; il n'a pas cherché à séparer dogmatiquement les divers tissus membraneux par leurs caractères organiques.

Bordeu, déjà connu par ses recherches anatomiques sur les glandes (1752), publia à peu près les mêmes idées qu'Haller dans son *Traité du tissu muqueux* (*cellulaire*) (1767). Il considère également les gaînes aponévrotiques et les membranes séreuses comme des départements de ce tissu. En même temps que vigoureux athlète, il combattait les doctrines mécaniques et chimiques de l'école de Boerhaave, il donnait à comprendre qu'on ne peut étudier un organe sans le comparer à ceux qui lui sont analogues, véritable méthode de procéder dans l'analyse animale.

Pinel, de son côté, dans sa *Nosographie philosophique* (1797), avait également apprécié le principe des parties similaires, en observant l'analogie des maladies des tissus de même espèce ; il reconnaissait que l'état morbifique plus que l'état sain faisait ressortir la différence des organes entre eux, et pouvait servir à leur classification. La diversité d'affections des parties membraneuses le portait à conclure à la non-identité de leur structure. Je cite de lui ce passage remarquable : « L'idée heureuse de fonder la distribution des maladies internes sur la structure anatomique des parties, n'a jamais paru aussi féconde en résultats utiles que dans les phlegmasies dont la doctrine forme un ensemble des plus réguliers. L'état inflammatoire a en effet des propriétés communes, quelle que soit la partie qui en est attaquée, et ces points de contact sont d'autant plus marqués qu'il y a plus d'analogie dans les tissus et les fonctions organiques des parties; mais aussi que de diversité si l'organisation des parties est différente. Qu'importe que l'arachnoïde, la plèvre, le péritoine, résident dans diverses régions du corps humain, puisque ces membranes ont des conformités générales dans leur structure. N'éprouvent-elles pas des lésions analogues dans l'état de phlegmasie, et ne doivent-elles pas être réunies dans le même ordre, en formant seulement des genres différents. » Ainsi les affections étant variées, Pinel concluait à la différence de structure des organes membraneux du corps humain, il pressentait d'après la diversité des maladies, celle de l'organisation. Voilà une première et belle leçon d'anatomie pathologique appliquée à l'anatomie hystologique. Toutefois Pinel confondait encore sous le nom de membranes diaphanes les membranes fibreuses et séreuses.

Dans ses appréciations, Pinel me paraît au niveau de Sauvages, l'auteur de la *Nosologie méthodique*, quoi qu'en dise M. Raspail, qui fait du dernier le premier en mérite et en utilité pratique. « Sauvages, dit-il, fut novateur en classant les maladies comme Linnée avait classé les êtres de la nature par classes, ordres, genres, espèces, variétés et sous-variétés. Il recueillit dans les ouvrages toutes les descriptions complètes des maladies, à chacune il imposa un nom spécifique et une place numérotée sous la rubrique d'une classe et d'un genre. D'autre part, Pinel, en médecine théorique, esprit plus classique que novateur, écrivant au milieu de l'engouement qui se formait pour le système de familles naturelles que les Jussieu s'efforçaient de détacher, à leur profit, de l'auréole d'Adanson, systématisa en familles naturelles, comme Sauvages qui avait écrit à l'époque de la plus grande vogue du système Linnéen, avait classé d'après le cadre du système naturel. Pinel n'a fait qu'une classification, il n'a pas créé une théorie proprement dite, il est éclectique et nullement inventeur, pas même dans les formes de la démonstration et du langage. » Cette appréciation acerbe où l'on voit les colères de M. Raspail contre l'Université impériale, qu'il accuse de retourner à l'ancien régime, et de résister à toutes les innovations, n'est pas scientifiquement méritée ; n'y aurait-il que le passage de la Nosographie philosophique que j'ai rapporté plus haut, il suffirait pour donner à M. Pinel des titres honorables et des droits à être mieux traité par M. Raspail. D'autre part, le système des familles naturelles, est aujourd'hui préféré par tous les savants dans les diverses branches des sciences naturelles, et certainement, sans esprit de parti contre le système Linnéen. En effet, il n'est pas seulement analytique comme ce dernier, mais aussi analogique, reposant moins sur l'artifice, et plus sur la nature, sur l'ensemble et les rapports du plus grand nombre de caractères ; ce mérite incontestable, quoique emprunté, n'en est pas moins reflété dans les descriptions de Pinel, qui a eu aussi le travail de l'application de ce système, et dont il faut lui savoir gré. Sa nosographie est basée sur l'anatomie pathologique en grande partie et déjà sur l'histologie ; sous ce rapport, Pinel a avancé plus que Sauvages le progrès des sciences médicales, et il lui est supérieur ; Bichat rend cette justice à son maître, et lui-même s'est élancé dans le champ que Pinel venait de découvrir ; ce n'est donc pas de l'arbitraire en classification, ni de l'ordre typographique à la place d'une classification philosophique. La classification à force d'être naturelle ne brise donc pas le fil de tous les rapports naturels entre les choses semblables, et ne réunit pas les dissemblables, elle ne morcèle pas au lieu de grouper. Cuvier et Bichat ne lui ont pas reconnu ce vice, puisqu'ils l'ont adopté; pourquoi ne l'accepterions-nous pas nous-mêmes?

Voilà, certes, bien des éléments scientifiques de bon aloi, épars dans des écrits de genre bien différent, ils attendaient le génie qui était prédestiné à les rendre plus fructueux pour l'humanité. Ce génie fut Bichat, nourri qu'il était de la pensée de ces illustres prédécesseurs; il ne s'en cache pas, il leur rapporte candidement la première idée de ses ouvrages; mais comme le dit M. le professeur Magendie (1827), « par la manière dont il étend et féconde cette idée, il montre assez qu'il était en état de ne la devoir qu'à lui-même. » Et au milieu de toutes ces élucubrations, ce qu'il y a surtout à admirer, ajoute M. Husson (1801): « C'est le mutuel concours de l'anatomie et de la médecine, l'un trouve au lit du malade ce que l'autre confirme dans ses recherches sur le cadavre. » Bichat avait parfaitement senti cette heureuse alliance sans laquelle il n'y a pas de véritable anatomiste.

La logique habile de ses démonstrations anatomiques repose donc sur les principes d'analogie de trajet ou de continuité (Bonn), de filiation hystogénique (Haller, Bordeu), de maladies (Pinel), principes qu'il paraît avoir plus ou moins réellement empruntés; mais qu'il a surtout su faire valoir, en y ajoutant tous ceux qu'il indique lui-même pour compléter l'étude d'un organe donné.

J'avais donc raison de montrer Bichat comme le principal représentant de la doctrine de la membranisation organique. Il mérite autant ce titre que celui de fondateur le plus important de la médecine organique, physiologique et anatomo-pathologique de nos jours, médecine qu'il dévoilait dans les membranes-tissus comme dans toutes les autres parties du corps humain. Bichat, enfin, ainsi que le dit Buisson (1802), eut justement tout l'honneur de l'invention, quoique avant lui les vérités qu'il annonçait n'eussent pas été absolument inconnues.

Son Traité des membranes (an VII) se compose de la manière suivante : 1° membranes naturelles ; 2° membranes pathologiques ou accidentelles. Les premières sont simples : ce sont les muqueuses, les séreuses, les synoviales et les fibreuses ; ou bien composées, telles les fibro-séreuses, les fibro-synoviales, les fibro-muqueuses, les séro-muqueuses ; les secondes ou membranes anomales, contre nature, sont les kystes et les cicatrices ; 3° enfin, membranes non classées (*incertæ sedis*), les vaisseaux ; je ne sais pourquoi la peau ne paraît pas dans cette ébauche de classification, les anciens l'avaient cependant mise au nombre des parties membraneuses du corps.

Ce fut son travail le premier en date, puis il le confondit bientôt dans la grande doctrine histologique connue sous le titre d'*Anatomie générale;* en effet, derrière la forme organique était le tissu qu'il appela aussi système ; ces mots lui paraissant représenter le fond de l'organisation , ils furent entièrement substitués au mot membrane qui n'indiquait qu'un caractère morphologique, accessoire, de moindre importance. Alors vinrent se ranger les éléments organiques qui n'étaient pas des membranes, tels les tissus nerveux, musculaire, osseux, cartilagineux, glanduleux, etc. « L'idée de rapprocher les uns des autres par des caractères communs les tissus membraneux qui composent les organes, devait naturellement se généraliser, dit Buisson, et s'appliquer aux autres tissus primitifs (non membraneux), qui partout dans l'économie servent d'éléments à l'organisation.» Il s'agissait de ramener l'organisme, à un certain nombre de tissus doués de propriétés vitales, physiques et chimiques , il classa donc vingt-un systèmes. Déjà la méthode naturelle le servait mieux ici que dans son Traité des membranes; mais pas encore assez, parce qu'il n'avait pas vu le principe de la subordination ou hiérarchie des divers systèmes. De là certaines rectifications nécessaires qui se sont

produites depuis l'impression de l'*Anatomie générale*, encore
ne sont-elles pas toutes bien consenties. On a commencé par
rompre la synonymie des noms : tissus et systèmes, et l'on
a rédigé un autre programme d'hystologie, que je ne me
charge pas en ce moment de louer ni de blamer. On devait
appliquer le premier nom aux tissus vraiment simples, élémentaires, primitifs, génériques et générateurs des autres,
qui n'en sont que des modifications en raison de leur dépendance de l'usage qu'ils sont appelés à remplir, et diffèrent
suivant le point de l'échelle histologique et zoologique d'où
on les considère ; tels : A. le tissu cellulaire duquel dérivent
les tissus 1° *scléreux* (fibreux, tendineux, ligamenteux, aponévrotique, fibro-cartilagineux, cartilagineux et osseux) ;
2° *kysteux* (séreux, synovial, gaînes tendineuses, bourses
muqueuses), ajoutez le jaune élastique et le dartoïde de
M. Cruveilhier, tissus de transition. B. Le tissu musculaire
des deux vies. C. Le tissu nerveux animal et organique. Le
second nom devait être appliqué aux associations plus ou
moins complexes des tissus précédents, tels le système vasculaire, le système tégumentaire (muqueux et dermoïde),
y compris les systèmes glanduleux et phanérique (épidermoïde, pileux, etc.) qui sont des modifications du tégument
interne ou externe et donnent lieu à des sécrétions, soit organiques, soit inorganiques. Enfin, il y aurait une dernière
classe celle des tissus ou systèmes intermédiaires ; tel le
séro-muqueux de M. Blainville (cours de physiologie comparée, rédigé par Hollard, 1829), que j'admets dans les vaisseaux sécréteurs, les vésicules bronchiques, la matrice et sur
la cornée. De même que les systèmes représentent les combinaisons des tissus, de même aussi les organes (estomac, etc.),
représentent celles des systèmes et les appareils (diges-
tifs, etc.). Ainsi se constitue l'économie animale ; ainsi,
le traité des membranes s'est transformé en anatomie générale ou de texture. Celle-ci paraît déjà insuffisante à

la classe des micrographes, qui dans les tissus similaires cherchent encore les particules primordiales, les formes similaires, les monades atomiques. Alors viennent les vésicules (Raspail), les cellules primitives, les globules, les granules, les noyaux, les nucléoles, les cystoblates, les liquides des cellules, de plus l'ambition de bâtir avec tout cela l'organisme, sa fonctionalité et ses maladies, enfin un diagnostic anatomo-microscopique.

Quoi qu'il en soit, tout ce qui précède prouve combien l'importance des faits est inhérente à leur harmonie, point qu'il ne faudra jamais perdre de vue.

Je reviens au sujet principal de la discussion, nous allons insister maintenant sur les caractères qui fondent la membranisation du tissu kysteux en particulier, caractères qui ont aidé Bichat à rassembler toutes les dépendances de ce tissu. On se rappelle que nous nous proposons de démontrer aussi une nouvelle classe de kysto-membranes ; on comprendra facilement l'intérêt que nous avons à prendre la défense de Bichat, qui sera aussi la nôtre contre les opinions subversives de M. Velpeau ; nous nous fortifierons donc contre ce professeur de toutes les armes de la logique anatomique.

En résumé, comme on vient de le voir, il y a plusieurs espèces de membranes organiques et entre autres l'espèce kysteuse. Il nous suffira ici de la distinguer elle seule pour la différentier de toutes les autres. Son existence va être prouvée.

CHAPITRE II.

DOCTRINE DE LA MEMBRANISATION DU TISSU KYSTEUX EN PARTICULIER. SON EXISTENCE. (Bichat.)

Ce sujet a été décrit avec une telle supériorité par Bichat, que Béclard, Ollivier (d'Angers), n'ont pu éviter de reproduire presque la même rédaction ; il y avait donc à craindre aussi pour moi de tomber dans les mêmes répétitions, et dans ce cas, il valait mieux renvoyer le lecteur à l'ouvrage de Bichat lui-même. Cependant, il fallait ne pas désespérer, et à force d'y songer, j'ai cru trouver le moyen d'aborder le même sujet sans être obligé de passer par les mêmes nécessités et le même écueil. Mandl a pu intéresser, me suis-je dit, en y mêlant ses recherches de microscopie. J'intéresserai à mon tour par la forme, le plan, le mode d'exposition, l'addition de nouveaux détails, et l'agrandissement du cadre de la rédaction, enfin par la correction de certaines erreurs ; on jugera si la défense a beaucoup perdu en passant par notre plume. J'entre maintenant en matière.

La kystologie a pour objet la connaissance des membranes séreuses, synoviales des articulations, synoviales des tendons, des bourses séreuses sous-cutanées et inter-organiques. C'est là tout le tissu kysteux, nom générique, employé par M. Laurent, Blainville et Burdach, pour exprimer cet ensemble particulier de l'organisme, et répondre à son unité dont le kyste est le type. Voici ma distinction : il est des espaces inter-organiques libres où s'effectuent des mouvements ; d'autres où s'exhalent et se massent des liquides normaux, différents du sang, mais analogues à son sérum ; et

tous ont pour parois des membranes d'une nature particulière, que nous devons déterminer, je veux dire kysteuse.
De là deux classes importantes que j'appelle : 1° kysto-
membranes de glissement (celles de Bichat et de ses co-re-
ligionnaires) ; 2° kysto-membranes d'inclusion (les miennes).
Cette kystologie générale est fondée sur la considération et
la comparaison des divers points essentiels de leur histoire.
Développons ce thème, il est complet et régulier ; mais auparavant intercalons encore une troisième classe de kysto-
membranes mixte, tenant le milieu entre les deux précédentes. La séreuse circulatoire s'y range, elle est en effet à la
fois kysto-membrane d'inclusion et de glissement.

Le tissu kysteux existe donc à l'état de membranes et par
lui-même, et ces membranes, qui sont au nombre des solides
du corps des animaux, présentent des caractères matériels,
des propriétés, une finalité physiologique, une kystogénie
et une pathologie propres à toutes et uniformes. C'est par là
qu'elles révèlent leur présence et se définissent. Ces caractères se traduisent partout les mêmes sans exception, et
sont autant de points de ralliement, qui vont nous guider
dans la détermination du tissu. Ne perdons pas de vue,
comme le commande l'observation des faits, que le genre
ou l'espèce, c'est le tissu kysteux ; que les variétés, ce sont,
les membranes séreuses, les membranes synoviales, etc.

Or, voici la série des signes sur lesquels reposent leur diagnostic anatomique, leur séparation dans le cadre hystologique, et la nécessité de cette division spécifique de l'organisme.

Caractère tiré de la forme.

Les kysto-membranes sont des organes creux, se montrant sous la forme d'une vésicule fermée de toutes parts,
d'un sac complet, non interrompu, sans ouverture, sans
issue aucune directe ou indirecte, avec l'atmosphère (à part

quelques rares exceptions); l'essence, le radical de la membrane séreuse ou synoviale est donc le même pour toutes : une vésicule.

L'accessoire de la vésicule, c'est la diversité de configuration et de grandeur ; et la configuration et la grandeur sont accidentelles, et empruntées aux organes que ces membranes revêtent extérieurement ou intérieurement (Bichat, Serres). Bordeu avait déjà dit : l'organe cellulaire forme dans certaines places des poches ou des ballons; ces poches closes, lisses et polies au dedans (lame ou membrane interne du péritoine, de la plèvre, etc.), tenant par leur surface externe moins membraneuse , plus cellulaire aux parties voisines (lame ou membrane externe du péritoine et de la plèvre, etc.), servent de gaîne particulière aux organes adjacents et particulièrement de leur côté le plus sujet aux frottements ; ces vessies cellulaires fermées et polies à l'intérieur, voilà le caractère de ces dépendances ou départements du tissu muqueux de Bordeu. Elles répondent aux kysto-membranes de glissement ; les autres poches cellulaires non closes ni polies, que ce même auteur distingue , représentent les membranes scléreuses (aponévrologie).

La forme mère est la sphère creuse, celle-ci se modifie par son déploiement et ses adhérences aux parties voisines, qui sont dissimilaires et diversement configurées. Ainsi la membrane kysteuse s'attache à toutes les inégalités des organes enveloppés qui font saillie vers son centre, sans pénétrer dans sa cavité. Elle suit tous les accidents de leur étendue, de leur grandeur, de leur accroissement ; elle-même forme quelquefois à l'intérieur des replis, des lames flottantes (ses appendices), des valvules, des épiploons, des cloisonnements, des adhérences; mais cette diversité de forme ne peut dissimuler les analogies de toutes les variétés de l'espèce kysteuse ; elles ont beau être simples ou multiloculaires, sphériques, digitées ou ramifiées, être repliées sur elles-mêmes, plus ou moins isolables, former des pédicules, des gaînes, des arrière-cavités, des prolongements ; tout cela n'altérera pas leurs ressemblances , la structure et les fonctions restant les mêmes.

On conçoit, d'après la configuration cystiforme des kysteuses, la possibilité d'enlever de dessus les organes embrassés par elles leur sac tout entier et intact. On comprend aussi facilement que certains organes (l'ouraque, les ligaments inter-articulaires, le cordon ombilical), qui en apparence traversent leur cavité , sont pourtant au dehors d'elle , contenus qu'ils sont dans une gaîne particulière qu'elles leur forment par leur réflexion ; de même le fluide qu'elles contiennent ne peut s'échapper. Bichat, d'un seul mot, à l'aide d'une comparaison triviale autant que juste, exprime la forme et les rapports du sac séreux, il le figure à la manière de ce bonnet de nuit, impénétrable, double, dont on se coiffe la tête ; il montre la séreuse se repliant, enveloppant la partie sans s'ouvrir pour la recevoir et accompagnant sous la façon d'une gaîne, tous les vaisseaux et nerfs afférents et efférents.

Nous n'avons pas en ce moment à mettre en cause l'origine de la vésicule kysteuse ; la question de savoir comment la matière animale, quasi liquide, amorphe, anhiste, procède ensuite par l'état globulaire ou vésiculaire à sa transformation en tissus et organes nouveaux ; nous disons seulement que le type morphologique de la kysto-membrane, c'est la vésicule, et que si elle n'est pas toujours exactement sphérique, à centre géométrique, cela tient à des causes étrangères qui l'ont commandé. Enfin, la forme est plutôt un résultat d'organisation que le produit et l'influence des mouvements. Les kysto-membranes sont essentiellement cavitaires et vésiculaires.

Caractère tiré de la continuité.

La forme vésiculaire qui appartient aux kysto-membranes emporte avec elle l'idée de la continuité du tissu. A l'exemple de la membrane périostique, de la membrane tégumentaire, etc., qui enveloppent dans leur loge respective, soit la première toute le squelette, soit la seconde le corps tout entier, toutes les variétés du tissu kysteux circonscrivent des cavités closes, à parois membraneuses continues, nullement perforées, pas même pour le passage des vaisseaux. Aucune ne fait réellement exception. Les généralisateurs se sont empressés de faire valoir l'universalité et la vérité de cette loi de conformation commune. Pourtant on a douté de la continuité de certaines kysto-membranes avec elles-mêmes; la synoviale des articulations et l'arachnoïde sont dans ce cas; pour cette raison nous allons en parler.

De la synoviale articulaire. — Winslow (1732) place les synoviales au nombre des ligaments de première classe, et les appelle ligaments capsulaires destinés à contenir la synovie qui humecte continuellement les articulations mobiles, et il ajoute : « Ce ne sont cependant pas, à proprement dire, des ligaments, ce sont plutôt des toiles ligamenteuses très minces attachées de part et d'autre immédiatement autour de l'articulation et aux extrémités articulaires des os, et qui servent de capsule à cette liqueur et en empêchent l'écoulement; elles sont ordinairement environnées des autres vrais ligaments, collées qu'elles sont à la face interne de ceux-ci, et ressemblant plutôt à des membranes; la synovie vient à la fois des glandes mucilagineuses (paquets synoviens), dont elle est exprimée par pression, et des pièces solides de l'articulation et des pores de la surface interne des ligaments capsulaires. » Winslow entrevoit donc la synoviale qu'il cherche à distinguer des ligaments fibreux, et admet trois sources de la synovie, l'excrétion glandulaire, la transsudation des os et l'exhalation de la membrane à laquelle il fait allusion.

Bonn (1763) est plus précis touchant la capsule synoviale et sa réflexion *continue* sur toutes les parties de l'articulation, il lui attribue même certaines maladies des jointures. Je me hâte de transcrire son texte afin qu'on en puisse juger. « Periosteum ergo non solum ossa vestit, verum etiam connectit et firmat articulos; datur autem in quovis articulo præter illud periosteum alia membranacea expansio, quam vocant capsam articuli, ligamentum capsulare; dicitur oriri ab uno osse, ubi epiphysis ipsi ossi apponitur et in altero osse inter epiphyseos et ossis agglutinationem inferi, inter hæc duo articulum ambire ita ut periosteum suprà illud ligamentum continuetur, totam capsam ambiens et illi per cellulosam junctum. Pro parte sic inveni accedere tamen aliquid præterea, *non minus notabile, nimirum, membranam illam (ut ita vocem) internam articuli ibi non oriri neque desinere, verum continuari in superficiem cartilagineæ epiphysis in junioribus, in adultis in ipsam cartilagineam quæ ossa intra articulos obducit.* In omnibus idem inveni et separare potui. Periosteum firmabat articulum, intus membrana lævis, nitens, plus minusve lata, ratione mobilitatis articuli, continuabatur in cartilagineam ossis superficiem, prehendens cartilagines inter-articulares, et reflecta circa ligamenta inter articulos et periosteum integens. Quia nuper idem in omni vero articulo invenitur et vere membranaceam naturam ostendit, in qua vasa, et ostiola glandularum (Havers) quæ synoviam et rorem continuo fundunt et resorbent quibus laxatis hydrops, quibus obstructis et inflammatis dolorifici morbi oriuntur, *non immerito potius ad membranas illas debere referri credo quam ad ligamenta aut ad periosteum.* » Le fait est donc bien énoncé dans la thèse de Bonn.

Les vues de Bichat eurent encore une plus grande portée. Ce grand anatomiste s'approprie en quelque sorte la découverte de la membrane synoviale des articulations par l'étendue et la variété des détails et des preuves. Sans doute elle est déjà connue quant à sa présence et à son trajet ; mais Bichat complète ces données, il la montre dans sa structure, ses propriétés et son classement. Après avoir prouvé que le fluide articulaire ou synovie n'était fourni ni par des glandes, ni par la transsudation de la membrane médullaire, il érige la membrane synoviale en organe chargé de son exhalation, de là même le nom qu'elle porte et qu'il lui donne. Il la reconnaît unique, en forme de capsule ou poche non ouverte, partout continue, déployée sur tous les organes de l'articulation, sur les cartilages diarthrodiaux, la face interne des ligaments latéraux ou orbiculaires, sur la totalité des ligaments et fibro-cartilages interarticulaires, lorsqu'ils existent, sur les paquets graisseux saillants dans l'intérieur de certaines cavités articulaires. Enfin, il la dit propre aux articulations mobiles ; quelques unes parmi les ginglymoïdales n'ont presque qu'elle seule pour capsule et moyen d'union. De plus, considérant à part le fluide et l'organe membraneux, il signale les rapprochements naturels, qu'il trouve entre la sérosité et la synovie, entre le synovial et la séreuse, d'où leur classement dans le système kysteux.

Il revient sur la continuité des synoviales et y insiste. « Quelque fortes que soient, dit-il, les adhérences de la membrane synoviale, on parvient à les détruire sans solution de continuité par une dissection lente, ménagée avec soin, et commencée à l'endroit où la membrane se réfléchit de la capsule sur le cartilage. La macération longtemps prolongée permet aussi de l'enlever par lambeaux. Elle existe seule et libre quand il n'y a pas de capsule fibreuse, quand le ligament orbiculaire est présent comme dans les énarthroses; elle lui adhère et comble les intervalles de ses fibres parfois éraillées, de façon à empêcher la synovie de s'écouler. A chaque injection d'eau ou d'air dans l'articulation, on la voit se soulever à travers ces espaces, et présenter une texture toute différente de celle de la capsule. Ses altérations la font également ressortir des parties sous-jacentes, son poli est manifeste. Les articulations sans mouvement en sont dépourvues, aussi ne trouve-t-on que rugosité, sécheresse, quand on les ouvre. »

Ces considérations sont concluantes, elles ont été acceptées par Boyer, Béclard et une foule d'anatomistes et de physiologistes. Béclard disait : « Soulevez une lame mince d'un cartilage diarthrodial avec un bistouri, et achevez de la séparer par fracture, le cartilage de nature cassante se rompt seul, tandis que plus flexible la synoviale qui recouvre celui-ci résiste et maintient encore les parties réunies. »

Dernièrement M. Jarjavay, mon collègue et ami, voulant séparer le fémur de l'os iliaque, réunis seulement par le ligament interarticulaire, produisit un arrachement, et décolla de dessus le cartilage un lambeau qui lui a paru être la synoviale. Le cartilage était dépoli dans la place où le lambeau avait été enlevé. Nous reviendrons sur ces faits.

En résumé à titre de membrane organique la synoviale a une organisation, des propriétés, des usages, un mode de développement incontestables. A titre de vésicule elle est continue et s'épanouit sur toutes les parties de l'articulation quelles qu'elles soient : dans toutes les articulations les mêmes dispositions générales se rencontrent.

De l'Arachnoïde. — Bichat, dit Buisson, augmente le nombre des séreuses par l'addition de l'arachnoïde dont il fait voir les replis à la base du crâne, la réflexion et la continuité sur la dure-mère, l'introduction dans les cavités centrales de l'encéphale et la détermination de l'espèce. C'est peu en effet d'avoir constaté son existence, il faut encore déterminer la nature, suivre le trajet et les rapports, assigner les fonctions de cette membrane ; c'est ce que Bichat a fait.

L'existence de l'arachnoïde a été signalée par les anciens d'abord comme feuillet externe de la pie-mère, ensuite comme membrane distincte (Blasius, Stadus, Kina, Swammerdammus (1665) Van Horn, Ruysch). Puis on lui compara la lame interne de la dure-mère, Winslow s'exprime à ce sujet en ces termes : « Cette lame interne de la dure-mère glisse sur la lame externe de la pie-mère ou arachnoïde, elle est lisse et polie comme elle, humectée de rosée, a peu près comme la face interne de la plèvre et du péritoine. »

Que d'indications déjà ! enfin la distinction de la pie-mère et de l'arachnoïde continue et achève de se préciser dans la thèse de Bonn qui décrit leur trajet et généralise aussi mais vaguement leur nature. « Distinguuntur a se invicem eo quod dicta arachnoïdea toti cerebro continua obducatur et anfractus cerebri colligat, pia mater omnes illos sulcos intret et quasi tot septis dividat quæ superficies intestinulas refert et per piam matrem innumera vasta decurrunt, quæ tandem substantiam corticalem cerebri intrant, ex hac in medullam : naturæ ergo est veræ cellulosæ. Arachnoïdea vasis undiquè destituta est, hoc autem cum omnibus laminis membranarum superficialibus commune habet. Distinctæ tamen vix apparent in parte superiore cerebri, nisi in locis sulcorum ubi sola archnoïdea supra venas et arterias majores decurrit, item in inferiore parte ubi nervi ex cerebro oriuntur in fasciculos colligit et arctè complectitur. Maxime distincta est separabilis et liberrima arachnoïdea circa medullam oblongatam et spinalem in toto specude vertebrarum. » Voilà comment il indique la continuité de l'arachnoïde sur la lame superficielle de la dure-mère. C'est par l'intermédiaire des carotides et des artères vertébrales ainsi que par le moyen des veines et des nerfs craniens et spinaux qu'elle a lieu, la membrane arachnoïde n'est donc pas perforée par eux, pas plus que la dure-mère. Ces deux membranes leur forment au contraire à chacun une gaîne infundibuliforme (*tunica adscititia*), la première en' dedans du crâne terminée en cul de sac au niveau des trous de conjugaison correspondants où elle se réfléchit sur le canal fibreux, la seconde hors du crâne. « Unde fit quod eadem arteria quæ in ipso canali aut foramine cellulosam superficiem nerveæ (fibrosæ) tunicæ ostendebat; nunc lævi membrana obducta compareat, mox in arachnoïdeam, explicatur. Vaginæ parvas pelliculas inveni, dissectâ tali membranulâ, vidi esse arachnoïdeam quæ suprà truncos venosos, arteriosos, et nervosos continuatur versus duram meningem tandemque in laminam ejus internam superficialem explicatur : ubi ex durâ meninge ad piam vel ex illa vice versâ in duram migrant, semper continuatâ vaginulâ recipiuntur, lævitas superficiei hanc continuationem indicat. Intrà species vertebrarum idem. » Ce passage est explicite, positif. L'auteur fait encore remarquer la même continuité sur la tige pituitaire, partie nerveuse, périphérique du cerveau et particulièrement enveloppée comme un nerf; de même aussi sur les ligaments dentelés du canal vertébral. Des dessins accompagnent cette démonstration et en même temps il décrit avec planche la tente de la glande pituitaire. M. Jarjavay dans son concours d'aide d'anatomie, l'a montrée dans son grand jour sur une préparation anatomique fort remarquable. Enfin l'auteur poursuit la continuité des méninges jusque dans l'œil, et là s'occupe avec perspicacité de la membrane de l'humeur aqueuse (1763).

Or, je le demande, de tous ces détails à la constitution complète de l'arachnoïde, il n'y a que la distance d'un mot, d'un nom, et c'est Bichat qui le prononce en écrivant : « Arachnoïde pariétale, » laquelle tapisse la dure-mère comme l'arachnoïde viscérale répond à la pie-mère.

Ailleurs, nous aurons bien à faire quelques rectifications quant au trajet sous-arachnoïdien des vaisseaux et nerfs auxquels nous reconnaissons une troisième gaîne, autre que la gaîne arachnoïdienne et celle de la dure-mère.

Ainsi marche vers le progrès la kystologie ; mais, en même temps que Bonn publiait sa mémorable doctrine de la continuité des membranes et des séreuses en particulier, paraissait un autre livre non moins intéressant, et l'expression des pensées du grand Boerhaave, depuis une trentaine d'années (*De morbis nervorum*, 1762). Des détails, à peu près analogues, sur la non perforation des méninges y sont consignés ; mais on n'y voit pas la généralisation doctrinale de la continuité des membranes. Le même fait est examiné ici seulement à un point de vue différent, sous le rapport des fonctions. La dure-mère cranienne et spinale qu'il assimile au périoste, présente du côté des cavités vertébrales sa lame interne composée de vaisseaux, *vasa quæ in ejus superficie sunt, halituosum liquorem emittunt et recipiunt.* Ce sont les mêmes vaisseaux qu'il admet dans l'arachnoïde viscérale où ils deviennent également visibles par les maladies et il désigne la qualité de ces vaisseaux. « *Congeries arteriarum exhalantium et venarum imbibentium.* Voilà une phrase bien courte, la révélation d'une doctrine physiologique complète qui a survécu jusqu'à nos jours, touchant les agents de l'exhalation et de l'absorption. Certains liquides des centres nerveux ont aussi occupé son attention, nous y reviendrons plus tard. On remarque dans ce livre que l'auteur emploie déjà une méthode descriptive plus régulière, plus rapprochée de celle de notre siècle, qu'il a un genre de démonstration que nous avons également imité. Ainsi quand il veut spécialiser la tunique arachnoïde, il l'étudie sous ses trois rapports essentiels, les procédés de l'art, la nature et les maladies ; il prend donc en considération l'insufflation aérienne, l'inspection, la dissection des parties et la locali-

sation des hydropisies. Cette exposition montre combien
d'efforts coûte la description parfaite d'un organe qu'on a
l'intention de déterminer.

Que restait-il à faire à Bichat? Il se confia de plus en
plus à la logique, aux résultats des expériences, à l'observation de la différence de trajet, de fonctions, de maladie,
c'était bien trouver le joint de la question, les vrais motifs
de la séparation de la dure-mère et de l'arachnoïde; son argumentation est vive et concise : L'arachnoïde pariétale appliquée à la dure-mère est exactement semblable à l'arachnoïde viscérale, ensemble ces deux feuillets forment un sac
complet, lequel est séreux. La dissection au jeune âge, le
décollement partiel que procure la macération, l'interposition des épanchements séreux ou sanguins (*voyez* hémorrhagies méningées, Boudet, Legendre), épanchements que
M. Baillarget dit exister plutôt à l'intérieur, d'une pseudo-
membrane intra - arachnoïdienne, cas qui certainement
peut se rencontrer, l'interposition enfin d'autres matières,
prouvent l'isolement des deux membranes, dont l'une est
séreuse et l'autre fibreuse. La doctrine de la localisation
des fonctions dont l'esprit pénétrant de Bichat entrevoit
déjà l'utilité comme moyen de détermination en matière
anatomique, juge aussi la question. Voyez-le l'appliquer.
La dure - mère, dites - vous, (il s'adresse à ses prédécesseurs) est une membrane fibreuse, elle est brillante et
polie par l'une de ses faces, elle sécrète de ce côté,
mais pourquoi, depuis quand, par quelle exception, du
tissu scléreux jouirait - il ici de la faculté de sécréter,
tandis qu'il n'en fait rien ailleurs. Vous avouez une modification de nature dans la dure-mère; et avec elle l'étrangeté
d'une fonction de sécrétion, et vous n'apercevez pas un
rapport entre ces deux circonstances. Cette lame interne
n'a-t-elle pas les conditions et par conséquent les propriétés
d'un autre tissu, le tissu séreux; le liquide sécrété n'est-il pas

de la sérosité, mais comparez donc et convenez que la lame externe ou la vraie dure-mère est étrangère à la lame interne ou feuillet pariétal de l'arachnoïde, et à sa sécrétion. Le même liquide peut-il venir de plusieurs organes évidemment différents? Où avez-vous appris que le tissu fibreux fût poli par lui-même? Pourquoi une même membrane fibreuse n'est-elle pas polie dans toute sa longueur? Les adhérences empêchent-elles les deux membranes accolées l'une à l'autre, de vivre et d'être malades chacune à leur manière? Et la jonction de l'arachnoïde pariétale avec la viscérale, ne peut-on la suivre avec le scalpel?

Il n'était pas possible de répliquer à ces considérations, ni de les récuser. Tout le monde s'y conforma, aussi la doctrine de la continuité des membranes est justifiée en kystologie; et de toutes les espèces kysteuses nulle ne fait exception à la loi, pas même la synoviale et l'arachnoïde, comme nous venons de l'indiquer.

Caractère tiré du poli.

Le tissu kysteux est une terminaison lisse du tissu cellulaire général. De tous les caractères sensibles, celui-là est *sui generis*; c'est un attribut particulier. Par lui les kysteuses se distinguent des autres membranes. Tous les organes nés coiffés par la séreuse paraissent luisants, ils empruntent ce poli à leur enveloppe kysteuse, comparez plutôt les portions de foie, de vessie, de cœcum, de cartilages costaux, de ligaments, de tendons, qui sont ou ne sont pas recouvertes de la séreuse; ce poli des kysto-membranes est un résultat manifeste de leur organisation, comme les papilles, les villosités, les follicules, les glandes, dépendent des modifications de texture des membranes tégumentaires internes ou muqueuses dont ces parties dérivent. Ainsi, les organes qui présentent du poli du côté des cavités closes, ne le tirent pas de leur

propre substance, car ils ne sont pas lisses par eux-mêmes;
il leur est donné. Si donc tous les organes polis sont couverts d'une séreuse, toutes les fois qu'ils ne peuvent être
séparés par la dissection de cette membrane, il n'en faudra
pas moins conclure que celle-ci existe sur eux, puisque de
plus elle se continue à une autre portion plus facile à isoler,
tel est le cas de la synoviale chondrale. En effet, un lambeau
de cette membrane, si petit qu'il soit, suffit pour être analysé
et distingué des tissus sous-jacents; la partie prouve le tout.
Enfin les séreuses, je le répète, doivent ce poli qui les caractérise, à leur propre structure, elles seules le possèdent,
il est très visible à l'air et sous l'eau. Le mouvement ne le
donne pas plus absolument qu'il ne donne la forme ou la
double faculté d'exhaler et d'absorber. Les kysto-membranes d'inclusion prouvent cette dernière assertion.

Caractères tirés de l'organisation.

(Caractères organographiques.)

1° *Siège*. — On pourrait reconnaître deux plans occupés par les séreuses, un plan superficiel, celui des séreuses
sous-cutanées; un plan profond, celui des séreuses sous-
aponévrotiques. Le lieu d'élection est presque constamment
entre des surfaces frottantes, situées qu'elles sont entre des
organes qui se meuvent les uns sur les autres, elles sont ordinairement disposées à leur extérieur, on les rencontre
autour des organes des deux vies, et particulièrement autour de ceux qui sont les plus essentiels à l'existence. Tantôt
on voit une séreuse pour plusieurs organes, ex. : le péritoine;
tantôt on voit une séreuse pour un seul organe, exemple : la
bourse synoviale de chaque muscle radial externe. Le système kysteux est segmenté, disséminé partout où il se passe
quelque frottement continuel, naturellement ou même in-

solitement, partout aussi où il y a une masse ou collection de liquide nécessaire à conserver. Ajoutons quelques réflexions pratiques.

Les séreuses annexées aux os, aux réservoirs sanguins, etc., ont à craindre la fracture des premiers, ou à souffrir de la rupture des seconds. Il est important de bien connaître la position de ces organes membraneux, pour ne pas blesser l'un quand on veut entrer dans un autre ; il faut aussi bien savoir les changements de leur position, quand les viscères sont pleins ou vides ou sont transposés, etc.

2° *Nombre*. — Il est grand, et si l'on calculait l'étendue de surface de toutes les membranes kysteuses réunies, on verrait au total qu'elle atteint des proportions équivalentes et même supérieures à celles de l'étendue si considérable déjà des muqueuses et de la peau. Ce nombre varie selon les âges, les espèces animales, les réunions ou séparations de ces membranes, et selon le nombre des pièces ou surfaces frottantes. Au point de vue de la quantité des matières sécrétées, cette étendue est vraiment remarquable. Le nombre de leurs nuances et variétés est aussi très grand.

3° *Symétrie*. Rien de fixe à cet égard, car elles appartiennent autant aux viscères insymétriques qu'aux symétriques.

4° *Etendue*. Les unes sont très petites et les autres très grandes. Le péritoine a le maximum de surface. Cette étendue est subordonnée au volume et à la subdivision des parties. J'ai vu dernièrement, dans une autopsie à l'Hôtel-Dieu, une rate de proportion ordinaire accompagnée d'une multitude d'autres rates de tous calibres, isolées et indépendantes, situées sur le trajet des vaisseaux spléniques. Toutes ces rates satellites, éparses, étaient enveloppées de péritoine. — Dans certains cas pathologiques, leur étendue augmente par le fait de l'hydropisie, de la kystéose, etc.

5° *Epaisseur*. Elles sont toutes minces, ténues et transparentes, aussi les a-t-on appelées *toiles diaphanes;* en certains points elles sont doublées et soutenues par une lame fibreuse si fine qu'on a fait des deux une membrane unique.

6° *Couleur*. Elles sont incolores, blanchâtres; elles laissent apercevoir la couleur de leur contenu ou celle des parties adjacentes.

7° *Densité*. Elles sont généralement assez résistantes.

Nous reviendrons sur ces détails en analysant les propriétés de l'organisation de ces membranes et leurs rapports avec elles-mêmes, entre elles, et avec les autres cavités du corps.

Continuation des membranes kysteuses avec des membranes étrangères.

Le système kysteux est un système enveloppé, quoique parfois il communique avec le système enveloppant, qui est d'une nature bien différente. Il est le plus généralement clos partout; s'il lui arrive d'être ouvert dans les cavités extérieures, avec issue au dehors, ce n'est qu'accidentellement. Depuis longtemps l'on connaît la contination du péritoine avec la muqueuse génitale; des stylets, des injections peuvent facilement passer de la cavité de l'oviducte dans la cavité séreuse, on connaît aussi les ouvertures des sinus veineux utérins à la surface muqueuse de la matrice. Cela est vrai.

On a déduit des conséquences de cette structure, une fois admise. Ainsi l'on a craint que les liquides injectés jusque dans la matrice ne refluassent dans le péritoine; la grossesse utérine prenait son siège au milieu d'un sinus utérin qui est aussi une surface kysteuse (Breschet); l'absorption, selon les lois vitales et mécaniques, faisait pénétrer par ces orifices les matières en contact avec eux, etc. La zoologie possède beau coup de connexions analogues. Il n'y a rien de contraire aux lois générales de l'organisation dans cette continuité, dit M. Flourens. (*Voyez plus loin* Anatomie comparée.)

Quant aux abouchements ou orifices béants des vaisseaux lymphatiques, des veines, aux surfaces libres kysteuses, de l'arachnoïde ventriculaire avec le prétendu tissu cellulaire sous arachnoïdien, en supposant que toutes ces dispositions fussent réelles, je déclare que ces ouvertures ne sont que des perforations d'une partie d'un même système dans l'autre, ou plutôt une continuité entre elles.

Continuation des membranes kysteuses avec elles-mêmes; et leur séparation. — Mécanisme des ouvertures et des clôtures.

Les kysto-membranes ont entre elles tant de ressemblance, quant à leur structure et à leur produit, qu'on les voit presque aussi souvent se séparer que se réunir naturellement ou accidentellement, sans qu'il en résulte aucun inconvénient, aucun trouble manifeste et direct. Ce sont généralement celles dont l'espèce est la plus voisine qui s'associent. Ces changements ont lieu pendant le cours de la vie. Tantôt une membrane séreuse, primitivement unique, se cloisonne, se divise, s'isole de ses prolongements par oblitération, de manière à les rendre indépendants eux et leur sécrétion. Ainsi l'espèce se segmente et se multiplie; tantôt, au contraire, et comme par compensation, deux membranes kysteuses, placées près l'une de l'autre dans la même région, s'adjoignent, se confondent, communiquent ensemble et mêlent leurs produits; car les fluides séreux, en changeant de réceptacle séreux, ne se conservent pas moins dans leur nouvelle localisation ou élection de domicile. Il convient de connaître tous ces détails, qui importent à l'exactitude de l'histoire de ces membranes. Ces changements semblent souvent avoir un but (ex. : dans l'œil); d'autres fois ils dépendent d'agents extérieurs (ex. : la compression); il en est dont on ignore la raison. Il en est aussi qu'on doit attribuer à des vices de conformation (ex. : la cyanopathie. Dernièrement, M. Blanche a montré à la Société anatomique une valvule du trou de Botal très ample, flottante entre les deux cavités auriculaires, et trouée comme de la gaze en vingt points différents pour le moins). Enfin on compte un certain nombre de séreuses qui, quoique très voisines, restent toujours ce qu'elles ont été dès le principe; elles ont de l'indifférence pour la réunion à leurs congénères, comme aussi pour la séparation ou décomposition d'elles-mêmes.

Le mécanisme de ces deux états anatomiques vers lesquels tendent certaines séreuses n'est pas sans intérêt; il a été mieux encore étudié pour les séreuses pathologiques que pour les séreuses naturelles; ainsi, on s'est beaucoup occupé des divers modes de cure radicale des hernies. Mon collègue et ami M. Demeau (thèse 1843), a considéré l'oblitération du sac herniaire comme étant un rétrécissement spontané, une opération de la nature, un épaississement et une transformation du tissu cellulaire sous-séreux en tissu contractile, puis fibreux. M. Roustan, partageant les idées de M. Malgaigne (*Journal de Chirurgie*, 1843), s'est appliqué à démontrer que le collet du sac se fermait à l'aide d'adhérences, tantôt par une lymphe plastique, pseudomembraneuse, produit d'inflammation, agglutinant non seulement les plis froncés du péritoine au niveau du collet, et produisant les cicatrices ou stygmates de M. J. Cloquet, mais encore en formant des unions d'un côté à l'autre de l'anneau séreux; tantôt aussi par un desséchement de la surface séreuse ou subinflammation. Quant à l'oblitération qui s'établit dans le collet de la tunique vaginale, dans le canal de Nuck son analogue chez la femme, si bien décrit par Bonn, puis dans le canal arachnoïdien, on manque de documents authentiques, et la théorie a carte blanche. Est-ce par retrait successif et transformation celluleuse, ou par agglutination comme par réunion immédiate des faces opposées de la séreuse qu'elle s'effectue, nous ne saurions trop dire. En tous cas, c'est un travail de l'ordre vital.

Les disparitions et les oblitérations maladives, ou naturelles de veines et d'artères présentent encore d'autres procédés, et résument les précédents. La thèse de M. Huguier (1835), nous l'apprend : rétraction lente des parois vasculaires, épaississement interstitiel de ces mêmes parois, adhérence primitive par contact immédiat de la membrane interne, adhérence secondaire de cette membrane après épanchement dans le vaisseau d'une lymphe coagulable ; enfin cicatrisation, si le vaisseau a été divisé. La coagulation du sang et ses transformations organiques sont encore un moyen. Qu'on se rappelle les artères ombilicales, le canal artériel, le canal veineux, les varices, les anévrysmes, les plaies des vaisseaux et leurs phlegmasies.— Si nous passons au mode de communication, de deux kysto-membranes voisines, mêmes obscurités le plus souvent ; et les hypothèses donnent en plein. Les uns admettent un travail de résorption, de raréfaction, d'atrophie du tissu, une déchirure ou une tendance à la réunion en vertu d'une force comparable à celle que signalent les actes de la loi centripète (Ex : la déhiscence de la membrane pupillaire); d'autres admettent une usure mécanique par pression (ex. : la perforation des fibro-cartilages interarticulaires), ce qui parait moins probable.

Tous ces points sont à examiner de nouveau : c'est une histoire qui promet d'être intéressante. Il est encore assez important de saisir le degré de constance de ces conditions anatomiques ; c'est ici que la statistique en anatomie aurait beau jeu. Déjà Camper a commencé à l'appliquer ; ainsi il a voulu calculer le nombre de fois où la communication péritonéale de la tunique vaginale a lieu à la naissance , et cela dans une vue pratique ; selon lui, elle persiste à cette époque de la vie des deux côtés sur près de moitié des sujets environ, à savoir du côté droit sur près d'un quart, du côté gauche sur près d'un huitième. Connaissance qui se lie à l'histoire des hydrocèles et des hernies congéniales. (Malgaigne : *Leçons cliniques sur les hernies* , recueillies par M. Gelez, 1839-1840.) Enfin on observe que le plus grand nombre de kysto-membranes communicantes se rencontre chez le vieillard (Mecke).

Isolement de la plupart des kysto-membranes adossées l'une à l'autre , et par suite indépendance de leurs sécrétions respectives.

Il est notable que deux kysto-membranes adossées l'une à l'autre, et sans communication , non seulement ne mêlent pas leurs produits, mais que ceux-ci sont et peuvent devenir très différents l'un de l'autre , quoique leurs sources soient au point de contact. Si M. Andral s'étonne de voir dans les kystes multi-loculaires les cloisons exhaler de leurs deux surfaces des liquides si variés, du sang d'un côté, de la sérosité de l'autre, du pus dans une troisième loge, etc., c'est qu'il n'aperçoit pas dans un kyste multiloculaire, une réunion de kystes, comme dans l'ovaire il y a agrégation d'ovules, kystes indépendants, séparés en réalité, pouvant être affectés isolément et modifiés plus ou moins dans leur texture. Si la différence des produits est à peine appréciable dans l'état normal de deux kysto-membranes voisines, même en présence de l'analyse chimique, elle se prononce davantage dans l'état pathologique.

Je tiens surtout à démontrer qu'une même membrane ne sécrète pas par ses deux surfaces externe et interne, que le liquide soit identique des deux côtés, chose rare, ou différente, cas beaucoup plus commun. Cette différence témoi-

gne même en faveur de ce que j'avance. J'ajoute ce corollaire à ma première proposition : toute membrane kysteuse
qui paraît sécréter par ses deux surfaces est nécessairement
double, c'est le résultat de l'adossement de deux séreuses;
ainsi, pour moi, les cloisons complètes d'un kyste, dit
multiloculaire, sont chacune l'adossement des deux kystes les
plus rapprochés. Ainsi, l'arachnoïde viscérale est l'adossement de l'arachnoïde proprement dite, et de ma cérébro-
séreuse, ou de ma médullo-séreuse sous-arachnoïdienne.
L'amnios pariétale, dans le commencement de la grossesse,
est l'adossement de l'amnios proprement dite, et de mon
ovo - séreuse sous - amniotique; absolument comme la capsule cristalline est l'adossement en avant de cette membrane et de mon oculo- séreuse de la chambre postérieure de
l'œil, en arrière de cette membrane et de la capsule vitrée
ou hyaloïde. J'en dirai autant de certaines synoviales articulaires adossées à des synoviales tendineuses, et qui toutes
rapprochées qu'elles sont au point de contact, n'en fonc-
tionnent pas moins chacune pour leur propre compte.

Fractionnement du système kysteux.

Si donc les kysto-membranes forment des sacs limités,
complets, nombreux, séparés des autres tissus, réunis ou
non entre eux, très rarement en communication avec les
surfaces tégumentaires, leur système est fractionné, selon
l'idée de M. Rigaud, professeur à la Faculté de médecine
de Strasbourg. Voici ce qu'on lit dans la préface de son Cours
d'études anatomiques (1839) : « Nous avons remarqué que
tous les systèmes constituants du corps pouvaient être divisés en deux groupes, les systèmes fractionnés et les systèmes continus. Dans les premiers, chaque partie est indépendante des autres; les systèmes continus ne peuvent au contraire être scindés dans aucun point de leur étendue, et servent en même temps à réunir les différentes parties des pre-

miers en un seul tout. Les os, les ligaments, les muscles, peuvent être considérés comme indépendants de leurs segments; l'action propre de l'un d'eux peut s'exercer sans le concours des autres, tandis que les vaisseaux et nerfs forment un ensemble complet dont il est impossible de considérer les portions comme isolées. » Les membranes kysteuses, en raison de ce même fractionnement, sont étudiées par régions, au tronc et aux membres; et toutes ces fractions ou divisions kysteuses font, je le répète, en même temps partie du système enveloppé tel que le conçoit M. de Blainville.

Rapports avec les tissus ambiants.

Les kysto-membranes ont des connexions avec presque tous les organes, si différents qu'ils soient; elles les tapissent, mais souvent elles en sont séparées par une lame fibreuse qui forme la capsule de l'organe; d'autres fois le contact est immédiat. C'est donc avec le tissu scléreux que le tissu kysteux s'associe le plus souvent; il le recherche, s'accole à lui, et lui oppose sa surface adhérente. Ce sont, en effet, les deux modifications les plus voisines du tissu cellulaire et les plus répandues. Beaucoup sont sous-muqueuses; en effet, par une sorte de prédilection, elles s'annexent aux muqueuses qui constituent fondamentalement les viscères de la vie organique, et elles les accompagnent dans une grande partie de leur étendue.

En résumé, dans leur développement, les kysto-membranes contractent des rapports avec les cartilages (soit phanériques, d'inscrutation ou squelettiques), les tendons, les aponévroses, les muscles; avec le cœur, et l'extérieur de certains vaisseaux, avec beaucoup de nerfs et les masses nerveuses centrales, etc. Il n'y a guère que les kysto-membranes d'inclusion qui aient leurs parois écartées, sous-tendues par les adhérences de leur face externe et par l'accumulation du fluide intérieur, et appliquées aux corps environnants par toute leur surface extérieure ; car les kysto-membranes de glissement offrent plus particulièrement des replis flottants en dedans et n'ayant pas d'autre rapport qu'avec la séreuse à laquelle ils appartiennent.

Par une exception unique, certaines kysto-membranes se développent dans les cavités muqueuses : je veux parler de l'œuf ; mais hâtons-nous de le dire : La muqueuse génitale au point de greffe a les caractères d'un tissu mixte, appelé par M. de Blainville séro-muqueux ; de sorte qu'on conçoit l'anomalie apparente. Le développement des glandes, tel que le décrivent aujourd'hui les Allemands, pourrait bien encore, si le fait est constant, nous expliquer comment il arrive qu'une séreuse se continue avec une muqueuse ou se transforme en une muqueuse.

Adhérences aux tissus ambiants.

Le degré d'adhérence aux tissus ambiants est variable, suivant l'âge, l'espèce d'organe et l'animal, le jeu de la partie, etc. Généralement l'adhérence est d'autant plus intime que la surface juxtaposée est plus compacte et l'âge plus avancé ; nulle part elle n'est plus serrée que sur les cartilages et les ligaments, avec lesquels elle s'identifie et fait corps, partout dissécable, énucléable, isolable, excepté sur les points où elle s'applique fortement, ex. : les fibro-séreuses, autre pendant des fibro-muqueuses ; ailleurs, l'adhérence est plus lâche. Quant au prétendu décollement de l'arachnoïde viscérale, je ne l'admets pas comme une adhérence à distance (*voy.* les médullo-séreuses). Enfin, attachées par toute leur circonférence aux parties voisines par du tissu cellulaire plus ou moins abondant, certaines kysto-membranes ne sont pas tellement adhérentes qu'elles ne puissent se déplacer ; tel organe sujet à des alternatives habituelles de contraction et de resserrement, se couvre plus

de la séreuse dans un temps que dans l'autre; l'organe prend-
il plus de volume et d'espace, la séreuse est attirée de dessus
les parties voisines sur lui et s'y déploie; l'organe, au contraire, revient-il sur lui-même, il se dérobe en grande partie
à la séreuse qui se retire : ex., la matrice en état de grossesse et après l'accouchement. L'épiploon est tour à tour,
comme l'a très bien observé, Chaussier, membrane flottante dans le bas-ventre et tunique de l'estomac; ce qui
montre, dit Bichat, que les divers organes peuvent exister
isolément de leur membrane séreuse; de même l'observation d'une ligne de démarcation bien réelle dans les affections de la séreuse et de l'organe correspondant se joint à la
précédente, et fait conclure ainsi qu'elle à la quasi-nullité de
connexion intime entre leur organisation réciproque. Si les
membranes fibro-séreuses, dites composées à cause de
l'accollement intime de la séreuse au tissu fibreux, offrent
beaucoup de difficultés au scalpel pour être dédoublées, la
maladie les distingue plus visiblement, et établit la séparation entre la couche superficielle et la couche profonde.
L'union n'empêche cependant pas la séreuse d'être tout aussi
bien que son autre portion qui lui fait suite, et sans adhérer
autant à la partie voisine, car l'union ne fait pas la confusion.
Enfin, je ne reconnais pas de kysto-membrane isolée des deux
côtés, à deux surfaces libres; il y a toujours deux séreuses
adossées l'une à l'autre dans ces cas.

Indépendance des tissus ambiants.

Quel que soit le lien de la kysto-membrane à l'organe
qu'elle revêt, leur vie à tous deux est presque étrangère
l'une à l'autre, leurs connexions, d'ailleurs fort changeantes
eu certains points, n'engagent à rien; en effet, les parties hétérogènes d'un même organe, vivent, sentent, se nourrissent
d'une manière différente sans avoir besoin l'une de l'autre.
Enfin il se passe de chaque côté une sorte de digestion en

abrégé, selon l'expression de Bichat ; ceci rappelle le fœtus qui est un être vivant dans un autre être ou animal. Cet isolement n'est cependant pas tel qu'il arrête invinciblement la propagation des maladies ; un tubercule fait adhérer les deux parois et les traverse. Les liens vasculaires d'ailleurs expliquent pourquoi cet isolement n'est pas absolu. Ainsi, les séreuses ne constituent pas un système d'enveloppes ou de membranes viscérales complètement tutrices.

Trajet de la kysto-membrane.

La méthode descriptive de notre temps a rendu facile l'explication de ce trajet. Elle distingue d'abord à la poche kysto-membraneuse le dedans et le dehors, la face interne, libre d'adhérence, unie, reluisante, polie, contiguë et se correspondant elle-même, partout en contact avec elle-même, et partout uniforme ; puis la face externe, celluleuse, contractant des unions avec les organes adjacents, et présentant des doublures sous-séreuses, tantôt une musculeuse (ex. : le péritoine intestinal et le péricarde cardiaque, etc.) : celle-ci ne lui est pas propre, la sortie de son fluide intérieur s'opérant par un autre procédé que par la musculation ; tantôt une couche graisseuse épaisse ou rare (ex. : les épiploons, le long du bord inférieur du cœur, dans les sillons interventriculaires antérieur et postérieur, autour des vaisseaux cardiaques, les franges synoviales, etc.), tantôt enfin une membrane fibreuse, ce qui est le plus ordinaire (ex. : le fascia transversalis). Le feuillet membraneux des séreuses, clos de toutes parts, non seulement s'applique dans son déploiement aux organes adjacents, mais encore les quitte pour se replier sur lui-même et former du côté de la cavité des prolongements ou duplicatures aplatis, flottants, particulièrement vis à vis des organes qui doivent varier de volume par leur ampliation intermittente ; ce sont des espèces de valvules conniventes à leur intérieur, le plus souvent capricieusement

figurées ; d'autres fois régulièrement déterminées (ex. :
les replis mésentériques, les valvules vasculaires, etc.). Partout ailleurs ce feuillet général suit tous les accidents de
configuration des organes, il se moule exactement sur eux ;
le côté où les organes ne sont pas recouverts par lui, est leur
hile où pénétrent et sortent les vaisseaux et nerfs. Pour
quelques kysteuses on remarque des brides naturelles traversant leur cavité, des espèces de cloisons incomplètes ; en un
mot, celles-là sont multiloculaires.

Le feuillet que nous décrivons a encore été subdivisé en
portion viscérale qui est refoulée, renversée sur elle-même
et déployée sur l'organe lui-même ; et en portion pariétale qui
répond ordinairement aux parois de la cavité splanchnique
où se trouve renfermé le viscère ; la portion intermédiaire
est le cul de sac de réflexion ou la circonférence de la kysto-
membrane. Il résulte ensuite de la contiguïté des deux portions pariétale et viscérale que l'organe semble entouré d'une
double capsule ou bonnet de nuit, comme disait Bichat, et y
fait son nid : tel est en effet son enveloppement, je dirai
même quelquefois sa suspension. C'est au point que des auteurs ont appelé freins, ligaments, des portions de séreuses qui
fixaient les viscères aux parois des cavités splanchniques.

Maintenant que nous avons examiné la topographie, la
circonscription, la distribution, le trajet, les connexions
et rapports, la multiplicité, l'étendue, le mode de cohésion
et d'enveloppement, le degré d'indépendance, la configuration des kysto-membranes, passons à leur structure particulière.

Structure. — Homogénie hystologique.

La structure anatomique des kysto-membranes est homogène dans toute son étendue : selon les micrographes, une
séreuse se composerait de plusieurs couches, la première
inorganique est l'épithélium (*voyez ce mot*) ; la seconde, le

corps de la séreuse, selon l'expression de Winslow, est le chorion ou derme, espèce de tissu scléreux sous-jacent, peu épais, dense, à fibres serrées, à mailles rhomboïdales ; la troisième est la doublure celluleuse ou tissu cellulaire sous-séreux. (*Apophyse celluleuse de Winslow*), trame plus lâche, servant d'union aux parties voisines. Somme totale, une kysteuse est une membrane molle, de nature celluleuse, un composé d'emboîtements indéfinis de cellules, pour parler le langage de M. Raspail.

Bichat a insisté sur cette texture. Les séreuses sont si bien une condensation du tissu cellulaire, qu'on retrouve entre ces deux trames l'identité de nature, de fonctions, de propriétés, de maladies ; les réactifs chimiques produisent sur elles les mêmes effets (l'ébullition, la dessiccation, la coction, l'alcool, les acides, le calorique, l'insufflation, la macération). La composition chimique est semblable.

Quand on les éraille, la lame membrane présente une multitude de fibrilles feutrées cellulaires, entrecroisées en tous sens. Les kysteuses n'ont donc pas un tissu propre, *sui generis*, une matière caractéristique différente des autres, telle que la fibrine dans un muscle. Tout est dans l'arrangement de la trame. Notons ceci : Il s'en faut que tout tissu cellulaire lamelleux soit kysteux ; et là où il se refait du tissu membraneux, ce n'est pas non plus toujours du tissu kysteux.

Le tissu cellulaire, appelé séreux par M. Cruveilhier, s'en rapproche le plus ; il y a ainsi une graduation parmi les séreuses, depuis la bourse sous-cutanée, jusqu'à la séreuse splanchnique : c'est attesté. Le tissu kysteux existe tout aussi bien que le tissu fibreux, qui est aussi une dépendance du tissu cellulaire, seulement ce dernier n'y est semblable à nul autre ; il y est modifié, condensé, disposé en couche membraniforme constituant une grande cavité, étendue sur la surface des organes contigus et mobiles les uns sur les autres, qu'il doit circonscrire et envelopper.

Dance allait jusqu'à dire que le tissu cellulaire était une séreuse un grand nombre de fois repliée sur elle-même. Sans scruter à fond cette question, je dirai seulement que la cellulosité comme caractère d'organisation est au tissu cellulaire ce qu'est la membranosité aux séreuses. De part et d'autre l'organisation et la vie y sont réduites à la plus simple expression. Je hasarderai encore cette opinion : les cellules du tissu cellulaire sont aux séreuses ce que les cellules du tissu adipeux et médullaire sont aux synoviales.

Je rappelerai que la séreuse pénétrant dans les voies génitales, ou appliquée à la face interne de la cornée, aux cartilages, etc., se modifie encore, et paraît presque s'identifier avec les tissus auxquels elle s'accole intimement. Quant aux villosités simples, vues sous l'eau, leur observation, selon M. Ollivier d'Angers, a sans doute été faite sur des portions de membranes qui avaient été le siège d'une inflammation chronique. Cependant si l'on en croit les micrographes, à l'état sain, la surface unie des séreuses présenterait des cils en très grand nombre. On les a surnommées membranes villeuses simples. Enfin les éléments communs de la vie, tels que les vaisseaux, arrivent dans les kysto-membranes par leur partie périphérique.

Ce point de structure nous amène à nous expliquer sur le système des vaisseaux exhalants et absorbants de Bichat ; leur théorie est déjà ancienne. Ces capillaires incolores qui sont les affluents et les efférents du liquide des kysto-membranes, sont les vaisseaux décroissants du grand Boerhaave. Cet auteur a même fondé sur eux sa fameuse loi mécanique de l'inflammation. Par erreur de lieu, les globules rouges de sang s'engageaient dans ces canaux et les obstruaient, de cet engorgement résultaient les maladies ; de même les menstrues, les hémorhagies par exhalation devaient résulter de la désobstruction de ces vaisseaux. Théorie et vaisseaux sont en grande partie disparus dans le conflit des doctrines médicales publiées plus tard. Les vaisseaux exhalants de la sueur ont été remplacés par les glandes sudorifères (Cooper, Breschet et Roussel de Vauzème). Béclard a laissé de côté les exhalants comme étant hors des limites de notre savoir. La quantité et la nature du sang qui les parcourt font uniquement que ces parties sont naturellement blanches ou colorées. Car l'inflammation les rougit comme les injections artificielles de Ruysch; d'ailleurs où prendrait-on ce système de vaisseaux blancs ou séreux (*vasa serosa*) admis par Boërhaave? N'est-il pas un ordre de vaisseaux continus aux autres capillaires sanguins? ce n'est pas une espèce à part, et elle n'est pas plus à certifier que leurs porosités latérales (Mascagni), et leurs terminaisons en bouches béantes et intelligentes (Bichat), pour expliquer le mécanisme de l'exhalation qui restera longtemps encore inconnu. Il est donc admis par ce dernier auteur, par pure spéculation théorique; aussi se garde-t-il d'en donner la pathologie. Quant au système absorbant il n'est pas imaginaire comme l'exhalant, surtout si on ne le place pas hors du rang des veines et des vaisseaux lymphatiques.

Nous ne reconnaîtrons donc pour exhalants ou exportants, que les extrémités des artères et pour absorbants ou inhalants, les radicules veineuses ou lymphatiques; sans oublier que l'exhalation et l'absorption ont lieu aussi avec l'intervention du tissu qui contient ces vaisseaux, car il se passe en lui une action vitale où, selon MM. Recamier, Trousseau et Pidoux, sont en jeu la sensibilité, la contractilité, la plasticité et la caloricité. Cette pensée avait sans doute poussé Hunter à surnommer ces vaisseaux les séparateurs du sang, les fabricateurs ou fournisseurs du corps, les ouvriers de la nature vivante. — En résumé, ce sont des capillaires presque aqueux, invisibles à l'œil nu, transparents, clairs à l'état normal, tels ils sont probablement dans la portion de la séreuse, dite à tort inorganique par certains auteurs; c'est peut être la raison qui les y a fait nier. — Plus loin, dans le derme ou chorion de la séreuse, ces vaisseaux extrêmement fins, au lieu de contenir seulement le sérum du sang, commencent à renfermer de distance en distance quelques globules rouges du sang ; dans l'inflammation, la quantité de ces globules augmente, dilate les canaux, les rougit et les rend plus apparents, car on ne suppose pas qu'ils soient de nouvelle formation. — Enfin, dans la doublure celluleuse de la séreuse existe le vrai réseau sanguin où les veines et les artères commencent à se dessiner en figurant de grandes mailles oblongues et arrondies (*plexus vasculosus dendriticus de Berres*) et se terminant en anses. Cette manière de voir montre qu'il est illusoire et inexact de n'admettre que des artérioles, des veinules et des lymphatiques sous séreux. La distinction des exhalants et absorbants, vaisseaux incolores du premier plan et celle des vaisseaux sanguins du second plan des séreuses me paraît être une simple question de calibre de ces canaux acceptant telle ou telle partie du sang ou le liquide séreux. — Selon l'espèce kysteuse, les vaisseaux sanguins et lymphatiques sont en plus ou moins grand nombre.

Quant aux nerfs, ils sont, dit-on, plutôt supposés que démontrés, leur sensibilité en est seule la preuve dans les cas d'inflammation. Nous pensons également qu'il est extrêmement difficile de suivre dans aucun tissu la terminaison des nerfs, car il est un moment où le nerf se perd dans la trame organique sans qu'on puisse savoir comment il s'y comporte. Si donc il n'a été possible jusqu'alors de ne poursuivre les nerfs des séreuses que dans leurs surfaces adhérentes, rien ne défend de penser qu'ils ne se prolongent plus loin. — Le scalpel, après tout, ne rend pas des arrêts à lui seul ; — les nerfs ganglionaires s'y rendent presque seuls. — Ce qui complète la structure des kysto-membranes, c'est leur doublure (graisse et tissu cellulaire sous-séreux) ; nous en avons déjà parlé. — Nous reviendrons à l'article pathologie, sur le tissu cellulaire sous-

séreux auquel on fait jouer presque tout le rôle des actes
propres de la séreuse.

Caractère tiré du pigmentum des kysto-membranes.

Les pigments sont dans la série animale, de couleurs très
différentes ; ils se rencontrent sur ou sous les séreuses
comme sous l'épiderme et dans la peau ou combinée avec
les productions phanériques ou calcaires. Exemple : le pigmentum noir sous-péritonéal des reptiles, le pigmentum nacré
sous-arachnoïdien des poissons, le pigment des écailles, des
poils, des plumes, des tests et coquilles. (Thèse de M. Laurent
de Toulon.) Ajoutons l'urée ou pigment des oculo-séreuses, etc. — Les pigments sont donc propres aux séreuses et
aux muqueuses seulement. Les taches mélaniques sont toute
autre chose. Enfin, ces couches de matière colorante sont
plutôt déposées et localisées. Il est aussi des pigments accidentels; tel celui qui se montre par places sur la peau des
blancs. — Cette matière, accidentelle ou naturelle, n'a pas
d'appareil sécréteur spécial. — Elle peut compter pour un
caractère de kysto-membranes.

Caractère tiré de l'épithélium.

L'École allemande a introduit dans la composition anatomique des kysto-membranes ce nouvel élément de structure. Est-il réel ? est-il comparable à la couche épidermique
du système tégumentaire, surface également exhalante et
absorbante ? C'est ce qu'il faut discuter. Déjà l'opinion ancienne, assez généralement répandue, s'était prononcée pour
la supposition d'une portion épidermoïde propre au tissu
kysteux ; l'on distinguait deux surfaces ou lames à chaque
espèce kystéuse : l'une interne, serrée, en quelque sorte
compacte, polie, humectée et sans vaisseaux apparents ; (c'est
même cette dernière circonstance qui a donné origine à cette
division); l'autre externe, évidemment plus aréolaire, plus

molle, siège positif des vaisseaux visibles, plus vivante et
par cela même plus disposée aux altérations de nutrition ;
l'ensemble de ces deux lames constituant toute l'épaisseur de
la membrane kysteuse. Le microscope est venu confirmer,
dit-on, cet aperçu des anciens ; seulement, au lieu de deux,
on a cru devoir admettre trois feuillets distincts, l'un superficiel, épidermique, inorganisé et polissé ; le second ou
moyen, de nature fibreuse, dense, recevant des capillaires ou
derme de la kysto-membrane ; l'autre ou troisième tout à fait
cellulaire et vasculaire.

Si l'aspect microscopique de la surface interne des membranes kysteuses, décrit par les auteurs, est exact, nous ne
le refusons point, et nous concevons même qu'il puisse devenir par sa constance un caractère d'organisation ou de
texture de plus ; mais ce que nous n'acceptons pas, c'est
qu'on l'appelle un épiderme, ce qui est bien autre chose.
D'abord, qu'est-il cet épithélium séreux ? Montrons quelques incohérences des auteurs modernes à son sujet. — C'est
disent-ils un épithélium pavimenteux (en pavé ou mosaïque)
à cellules, à noyaux, un épithélium à cylindres, un épithélium vibratile (à cils) ; il est à une ou plusieurs couches, il se
montre par plaques, dans une place et pas dans une autre sur
la même membrane ; il n'est pas propre à toutes les membranes, car quelques unes en manquent, selon Mandl : telles
les bourses muqueuses des tendons, des muscles et des couches sous-cutanées, la membrane ventriculaire du cerveau,
la membrane de Demours sur l'iris. Il n'est pas différent de
tout autre épithélium. Meckauer affirme que les cellules superficielles aplaties des cartilages diarthrodiaux ressemblent
identiquement aux cellules épithéliales de la membrane synoviale ; les kysteuses sans épithélium se dépolissent comme
celles qui en ont ; elles le regagnent ou non quand il a été
une fois détruit.

Tous ces détails irréfléchis m'indiquent qu'il se glisse

quelque erreur dont il faut se défier. Sur le nombre de formes d'épithélium, sur le nombre de ses couches, sur son absence ou sa présence sur certaines membranes et même sur certaines portions de la même membrane, nul accord.

Aussi les objections se pressent : expliquez-moi pourquoi ce qui aujourd'hui paraît des cellules épithéliales, à une autre époque paraissait des globules de la matière kysteuse, solide vivant, et des atomes vivants et non épidermoïdes. M. Milne Edwards a même formulé l'opinion suivante : « Les globules de tous les solides et liquides sont toujours les mêmes, quel que soit l'organe ou l'animal dont on examine les tissus ; ils ne diffèrent que par la longueur plus ou moins grande, la direction plus ou moins sinueuse des séries qu'ils forment. » Un spécimen de leur grosseur (le microscope grossissant 200 fois le volume) accompagne cette déclaration ; et en particulier il en est un qui représente la membrane interne des artères. — Ce point de vue est bien différent.

Chose assez singulière, le même aspect, le même poli, se rencontrent pour les membranes revêtues ou non du prétendu épiderme. — Autre particularité assez embarrassante à expliquer dans l'opinion germanique, c'est l'admission de cavités closes dont les parois sont purement et uniquement épithéliales ; exemple : la membrane ventriculaire de l'encéphale. Il me semble qu'avant de dire : l'épithélium du derme séreux est une conquête de la microscopie, il se compose de lamelles, il se desquame, tombe par écailles, il est de telle forme, il se renouvelle continuellement, on en retrouve les traces dans la sérosité, il s'y dissout et y disparaît, sa chute et sa non reproduction amène le dépolissement de la séreuse, il conviendrait d'être fixé sur le sens à donner à l'épithélium, dont on tait soigneusement l'origine, trop difficile à découvrir sans doute. Je vois l'épiderme des membranes tégumentaires, et je me dis : c'est une limite morte, une matière excrétée, cornéide, excrémentielle, de la surface du corps animal, — sa production est.le caractère des organes enveloppants ; et comme tout produit sécrété est toujours adjacent à son organe sécréteur, je retrouve dans l'épaisseur de la peau les glandes qui le fournissent. (Appareil blennogène de Roussel de Vauzème et de M. Breschet.) Ensuite cet épiderme est caduc, comme les liquides sécrétés des mêmes membranes sont excrémentiels, aperta, c'est-à-dire rejetés au dehors de l'organisme.

J'examine d'autre part les kysto-membranes, et je ne retrouve pas les mêmes conditions; ce sont des organes enveloppés, vivants, à sécrétions liquides, incluses, recrémentielles, contenant quelques exsudations floconneuses prises sans doute pour des écailles épidermiques, et à glandes particulières introuvables.

L'épithélium supposé est donc douteux, d'ailleurs il n'a été vu, ni soulevé, ni décollé par la vésication, l'insufflation, la macération etc., une endermie séreuse est impossible. Sa protection est si faible, qu'elle ne fait obstacle aucun à la rapidité de l'exhalation et de l'absorption des séreuses, comme l'épiderme de la peau, l'enduit muqueux ou épithélium des muqueuses, en apporte dans ces membranes; et puis dans les vaisseaux les débris de la desquamation ne seront-ils pas une cause de danger Mais, dit-on, ils sont résorbés; sait-on si les matières inorganiques du corps sont resorbés ? — Le dépolissement, dites-vous, tient à la chute de l'épithélium, et qu'en savez-vous ?

Mais voilà le plus fort, vous faites tant, tant, que la séreuse se réduit pour vous à l'épithélium, vous le privez même de son support séreux, des vaisseaux qui pourraient contribuer à sa formation, vous l'appliquez immédiatement sur des parties nerveuses, fibreuses, contact vraiment surprenant; et malgré ces données si peu satisfaisantes, M. Mandl s'empresse de fonder deux classes de kysto-membranes, dont la première se compose des vraies séreuses, c'est à dire de celles qui réunissent épithélium, derme et vaisseaux ; et la deuxième des fausses séreuses, ou incomplètes, qui ont en moins dans leur constitution ce précieux épithélium.

Cette classification me paraît avoir jusqu'alors une importance vraiment microscopique ; d'ailleurs elle n'a pas de fondement assuré, car plus loin il est écrit, remarquez-le bien : « Les bourses muqueuses sont sans épithélium, par conséquent des pseudo-séreuses, à moins de communication avec des synoviales articulaires qui sont de vraies séreuses. » Quel changement ! Après cet aveu était-il donc si nécessaire de vouloir scinder le tout analogique, si naturel et si logique élevé par Bichat. Le besoin d'une classification nouvelle était-il si pressant ! Elle n'est pas bonne enfin, car il est impossible de s'y reconnaître ; et comme preuve, je demanderai où l'on classera les membranes kysteuses dont une portion est représentée avec épithélium et l'autre sans épithélium. Je n'ai point l'intention de rabaisser l'utilité de la microscopie ; toutefois, comme beaucoup de circonstances peuvent entraîner à des illusions, il ne faut admettre comme exacts que les faits qui auront été vérifiés un certain nombre de fois, et par la majorité des personnes compétentes, et sachant éviter les défauts de l'instrument. En résumé, je crois à la plupart des observations sur l'épithélium, seulement je diffère quant à l'interprétation. Ma conclusion est celle-ci, il existe un aspect kysteux épithélial, qui est la vue des cellules ou des globules de la matière de la membrane, mais non pas un épiderme kysteux. M. Magendie est de cet avis (1836) : « Les membranes séreuses, dit-il, ne sont recouvertes par aucune couche inorganique, et sa preuve était l'observation de la rapidité de l'absorption des séreuses. » J'ajouterai ce corollaire : « Partout où les micrographes constateront un aspect épithélial séreux, je m'autoriserai de leur affirmation pour dire il y a en ce point une séreuse : car c'est bien elle intégralement corps et ame, matérialité et forces ; comme dans une

7

autre formule, j'ai dit : Partout où il y a un liquide séreux,
il y a également une séreuse.

Si je me prononce ainsi, c'est que les auteurs, par une
bizarrerie inexplicable, ont pris à tâche de signaler des épi-
théliums séreux sans séreuse, comme des liquides séreux
sans séreuse. Au total ce caractère microscopique d'anatomie
graphique, quoique n'étant pas commun à toutes les kysteuses, servira au moins à déterminer l'organe lui-même, lorsqu'on déclarera avoir trouvé un épithélium dans une cavité
close. Je n'en dirai pas plus long sur la découverte microscopique de l'aspect épithélial des kysteuses.

Caractère tiré de l'action des réactifs et du mode de putréfaction.

Ce caractère de l'action identique des réactifs et de la putréfaction sur les kysto-membranes, a été peu étudié (*Voyez*
plutôt Bichat), nous attendrons de nouvelles recherches de
la part des anatomistes et des médecins légistes.

Caractère tiré du développement.
(Kystogénie, communications et pigmentum, etc.)

L'évolution des kysto-membranes est subordonnée aux degrés et périodes de formation des organes que l'embryogénie et
l'anatomie comparée font connaître ; le développement de chacune d'elles aura donc quelque chose de particulier, celle-ci
se comportera comme l'organe lui-même, symétrique s'il l'est ;
double s'il l'est, anormal s'il l'est encore, etc. Hâtons-nous de
déclarer que le feuillet séreux du blastoderme ne prend aucune
part immédiate à leur formation, sauf à celle de l'amnios. L'é-
volution kysto-membraneuse a un cachet spécial, et partout
le même ; seulement son mécanisme a été différemment expliqué, la multiplicité des variétés du tissu kysteux a peut-
être prêté à ces diverses explications. Toutefois, je crois à
l'identité de cause, tant il est difficile de la refuser à l'espèce

de communauté qui lie la généralité des dépendances du système.

Qu'on le sache bien, le fait principal est le développement du tissu kysteux à l'état de membranes, développement corrélatif avec les formes primitives, transitoires ou fixes des organes ; il est dû particulièrement au *nisus formativus*, à la force de formation qui les produit à la manière des autres organes, et au moins en même temps qu'eux ; quelques auteurs seulement ont attribué leur origine à des causes mécaniques. Voyons les théories suivantes.

A. *Théorie mécanique.*

Pression et frottement, tassement, préexistence du liquide, dilatation de la cellule, toutes ces expressions désignent divers modes de développement qui peuvent être rangés dans la même catégorie. Bordeu a supposé que la compression des couches du tissu cellulaire, et leur frottement répété étaient capables de donner naissance aux kysto-membranes, et de plus, selon lui, celles-ci se forment dans le principe par fractions, partiellement, et se convertissent ultérieurement en une vaste membrane générale étendue à plusieurs organes. Voici du reste ses paroles, quand il traite du péritoine, la membrane séreuse la mieux connue des anciens : « Ce n'est pourtant pas à dire que le péritoine ait toujours été, en effet, une seule et même poche, qu'on pourrait imaginer avoir été appliquée sur tous les viscères ; cette manière de concevoir le péritoine n'est qu'imaginaire, il n'a été tissu que de plusieurs lambeaux de substance muqueuse (tissu cellulaire ou kysto-blaste), qui couvraient intérieurement les muscles du bas ventre et les viscères eux-mêmes ; ces lambeaux d'abord séparés, étendus en feuillets, se seront réunis de bonne heure intimement, et auront été polis et aplatis par les compressions des parties voisines. » (OEuvres complètes, édition Richerand.)

Nous verrons plus loin M. Velpeau adopter les vues de Bordeu, moins cependant sa membranisation et ses poches cellulo-séreuses, cellulo-synoviales, cellulo-péritonéales. A. Meckel pensait aussi que les cellules séreuses étaient primitivement ouvertes et se fermaient ensuite. Qu'est-ce, en effet, qu'une membrane séreuse, s'écrie M. Andral, si ce n'est une grande vacuole du tissu cellulaire, et le tissu cellulaire n'est-il pas lui-même selon Dance, du tissu séreux?

Outre cette action, les kysto-membranes ont une autre origine également probable, dit-on : elle consiste dans la dilatation graduelle et excentrique d'une cellule de l'organe cellulaire, par le dépôt primitif, successif et croissant d'un liquide intérieur. La première gouttelette fait le premier espace, le fluide, incompressible qu'il est, augmente, agrandit mécaniquement le réceptacle qui le contient, l'étale, en refoule la paroi contre les cellules voisines, les tasse, les aplatit, comprime la surface interne, lui donne la forme sous laquelle elle s'offre à nous. En un mot, il devient le principe formateur de la cavité kysteuse où il est renfermé. Mais ce n'est pas un creusement, c'est plutôt l'agrandissement d'une cavité naturelle.

Ces questions sont posées dans les mêmes termes, pour le développement du tissu cellulaire lui-même. Il s'est trouvé des auteurs croyant aussi que le dépôt de graisse, ou de serosité créait les cellules du tissu cellulaire, de même qu'on produit des séreuses artificielles, à l'aide d'insufflation d'air ou de gaz (Bernard). Dans ces cas, il reste à décider si la cellulosité est bien le résultat factice ou traumatique de la violence exercée sur le tissu, ou bien si la force qui dépose le fluide est la même force qui forme la membrane. Ainsi cependant parlent les auteurs partisans à la fois de la kystologie, et des idées mécaniques. Quant à moi, person" nellement, je suis loin d'être convaincu. Le mouvement ou l'accroissement d'un liquide sans origine formelle, ne me paraissent pas des causes créatrices ; le mouvement ne peut quelque chose que comme cause déterminante ; il excite le travail d'organisation de la séreuse, mais ne la produit pas à la manière du polissage des métaux, et aux dépens des parties déjà existantes. L'opinion suivante me paraît plus juste.

B. *Préexistence de la membrane.*

Bichat a une autre formule, il admet que la matière se dispose, de manière à représenter presque en même temps une cavité, une paroi membraneuse et un liquide : la membrane paraît même préexister, et est prête à l'avance ; c'est une ampoule déposée, elle est le résultat d'un travail organique précédent et particulier, une création matérielle spéciale et spontanée, un produit végétatif. Aussitôt elle sépare du sang le fluide séreux qui écarte les deux parois de la cavité kysteuse, elle se dilate activement, elle se caractérise en se formant suivant les lois, qui sont celles de l'accroissement général du corps. Puissance distributive, force d'expansibilité des organes creux, attraction élective des matériaux spécifiques et nutritifs, en sont les mobiles. Toutes les dépendances du système naissent et croissent de même, de toutes pièces, de tous côtés à la fois. La loi centripète et la loi centrifuge des développements organiques ne se montre pas dans cette kystéose. M. Serres en observant le détail de la formation des kysto-membranes conjointement avec celui de la formation des organes qu'elles embrassent, trouve la confirmation du principe de l'origine isolée et indépendante des organismes, « chaque vésicule kysteuse, synoviale ou séreuse est d'abord séparée de l'organe qui lui correspond ; par la marche des développements l'organe s'en rapproche, il se met en contact avec elle, puis il s'y enfonce graduellement jusqu'à ce que

toutes ses parties en soient revêtues et tapissées. Il suit de là
que la vésicule en adhérant à l'organe prend la forme de
celui-ci, dont elle répète nécessairement toutes les saillies
quand il y a des saillies, tous les enfoncements quand il y a
des enfoncements, toutes les inégalités, en un mot, qui doivent se rencontrer à la surface extérieure. La marche de ce
phénomène général d'enveloppement des parties par les membranes séreuses, est surtout remarquable lorsque l'organe à
envelopper et la vésicule enveloppante sont d'abord à distance l'un de l'autre, comme le sont d'une part l'ovule chemi-
nant dans l'oviducte, et de l'autre la membrane caduque formée à l'avance par l'utérus pour recevoir et protéger le
produit de la conception. » Les organes sont donc dans un
état primitif de nudité, c'est aussi l'époque où ils sont le plus
fractionnés. La même théorie a été appliquée à l'explication
de la cellulosité du tissu cellulaire ; les cellules séreuses et
adipeuses sont considérées comme préexistant à leur contenu
ou exhalation. Des circonstances vitales et non physiques
contribuent donc à cette contexture. Le frottement, souvent
invoqué par certains théoriciens, est simplement une cause
d'excitation organique ; de là la naissance de certaines membranes. Il n'agit pas autrement, et encore est-ce contestable, car on voit les kysteuses formées antérieurement à
tout mouvement, à l'époque fœtale. Ce qu'il y a de positif,
c'est qu'elles se forment là où elles doivent être, et jamais
elles n'y ont manqué. Il y a donc un autre régulateur de la
formation ; le mouvement est plutôt en définitive le but final
de leur existence, que sa raison mécanique efficiente.

Ces vues sur le développement et la morphologie corréla-
tive des kysto-membranes sont bien différentes de celles de
Bordeu, en ce que, selon ce dernier écrivain, les kysto-
membranes se formeraient mécaniquement, par autant de
fragments qu'il y a d'organes tapissés par elles. Tandis que
ces membranes débutent à l'exemple des autres organes,

elles commencent et se développent avec eux , elles forment
des cavités libres , des interstices préparés à réunir le liquide
qui s'y épanchera et dont les parois s'écartent. Le nisus
formativus organise chacune des parties à sa place ; souvent
il y a succession dans le développement de deux parties d'un
même système ou de deux systèmes différents; mais l'un
n'est pas toujours pour cela l'origine , l'aliment, la matière ,
l'efflorescence de l'autre , surtout entre solides. En résumé,
les kysto-membranes naissent au milieu des organes environnants , constituent un élément anatomique spécial , une
production organique indépendante.

Terminons par cette remarque : malgré les dissidences des
auteurs et la variété des procédés de la nature formatrice, on
s'entend sur le fond de la question, je veux dire sur la constitution membraneuse des kysto-membranes.

C. *Dépendance de la théorie précédente.*

Auditeur du cours de M. le professeur Bérard, j'ai entendu
dernièrement une leçon sur la théorie cellulaire des Allemands. Comme elle n'est pas étrangère à l'explication du
commencement du monde kystologique, pour cette raison je
vais en raconter ce que j'en ai pu comprendre.

Née de la micrographie végétale et animale, détrônant la
théorie globulaire, elle porte haut ses prétentions. Voici son
plan ; c'est un système complet. Toutes les formations organiques dérivent de la cellule multipliée par elle-même. L'embryon de neuf jours n'est qu'un composé de cellules avec ou
sans noyau , baignées d'une liqueur plasmatique apte à les
reproduire, lesquelles subissent des changements chimiques,
physiques et vitaux, et forment des tissus; elles naissent,
meurent, se remplacent ou persistent; elles ont des âges, des
fonctions, des maladies ; les espèces individualisent les tissus
sains ou morbides. La différence des tissus est dans la différence des cellules. Les surfaces interne et externe du

corps sont des limites de cellules. Il y a génération continue de la matière vivante organique sous forme cellulaire.
Les liquides n'ont pas d'enceinte propre, ils s'écoulent entre
les limites cellulaires des organes ; bien plus, les humeurs
sont de nouvelles formations de cellules, tantôt physiologiques (pigmentum, épiderme, mucus, etc.), tantôt pathologiques (pus, virus) ; ce sont des tissus coulants.

Inoculer un liquide virulent, c'est inoculer des cellules vivantes qui ne demandent qu'à être transplantées dans un organisme nouveau pour s'y développer et propager la maladie
(rage, syphilis, variole, vaccin).

Les altérations pathologiques des solides et des liquides,
les transformations de tissus malignes (cancer, tumeur fibreuse), sont des altérations de la formation cellulaire ; le
sang est vivant par ses cellules ; la nutrition comme la sécrétion est cellulaire, les anomalies, les monstruosités, sont encore des déviations de la formation cellulaire ; les tempéra-
ments, les âges et sexes sont des prédominances de telle ou
telle espèce de cellules. Enfin les opérations de la génération
présentent le type de ces créations, le plasma suffit à toutes
les fécondités kystologiques ; il est le champ d'où elles s'élè
vent. La mort et la putréfaction indiquent l'arrêt, l'effacement
ou le changement de l'état chimique des cellules. Tout le
reste de la physiologie, innervation, sensations, sympathies,
musculations, etc. seront des jeux des organes nés de la
cellule fixe et des fluides nés de la cellule mobile agissant
les uns sur les autres ; l'absorption, la circulation, les sécrétions, seront également des jeux des organes sur les fluides qui, pour la plupart sont dans la théorie des cellules
libres en puissance de développement, et circulant partout.
La cellule est postérieure en naissance à l'eau organique de
laquelle elle procède. — Voilà toute une doctrine médicale,
fondée sur un aperçu exagéré, et qui n'a pour elle que la
nouveauté de la forme et du langage, et le désavantage de

reculer les difficultés au lieu de les vaincre. L'atome ou la matière organique (végétale et animale) du système de Buffon en disait tout autant ; la théorie globulaire de même, et puis l'on attribue à la cellule ce qui est au tissu cellulaire lui-même, dont elle est une partie. —Quoi qu'il en soit, cette théorie admet des séreuses et explique leur formation de la manière suivante. Tantôt les cellules goupées à la file et s'ouvrant l'une dans l'autre, constituent les canaux vasculaires ; tantôt elles se placent en cercle et s'ouvrent toutes par les côtés où elles s'entreregardent. Cette fois la séreuse n'est plus une seule cellule dilatée, c'est la réunion de plusieurs, s'opposant réciproquement leur surface interne après leur déhiscence du côté central. La kysto-membrane est alors une cavité intra-cellulaire. Enfin, voici qui est moins sûr et logique : les cellules formées dans leur groupement laissent entre leurs séries un espace vide et se correspondent par leur face externe ; ce serait alors une séreuse intercellulaire.

Nous ferions une injustice à M. Raspail si nous omettions de parler de sa théorie ou loi vésiculaire. Selon lui tout tissu a besoin de se reproduire et de se rajeunir. Cette régénération se comprend par la formule d'une vésicule mère, qui engendre à l'intérieur d'autres vésicules, et ainsi de suite d'une manière indéfinie par emboîtements concentriques et successifs. Le hile est le point de la vésicule mère où se développe une vésicule plus jeune ; car la substance animale est organisatrice. Avec une vésicule qui aspire, assimile, transforme, l'auteur se charge d'expliquer le monde organique. Les séreuses multiloculaires lui sembleraient en particulier composées par agrégation, par emboîtement ; ex. : la membrane hyaloïde. Nous admettrions plutôt cet exemple que celui du cristallin proposé également par l'auteur.

Mais passons vite à de nouveaux détails plus précis : ici nous profiterons des recherches embryogéniques de M. Velpeau.

La place qu'occuperont les cavités kysteuses n'est pas libre dans le principe, remplie qu'elle est par une substance
albumineuse, vitriforme, homogène, diffluente, glaireuse.
Elle tarde à se dessiner. Aucune n'est apparente avant la fin
de la troisième semaine. Pendant les six premières semaines,
les autres organes membraneux eux-mêmes, tels l'intestin,
la peau, les vaisseaux, forment encore une couche unique,
sans qu'on puisse y distinguer la séparation des couches futures. La solidification commençante des kysto-membranes
ne date guère que de la fin du deuxième mois; elles s'établissent alors peu à peu autour et entre les organes mobiles;
elles n'apparaissent cependant pas toutes vers le même
temps; l'ordre d'apparition par rapport aux organes qu'elles
doivent recouvrir est encore difficile à déterminer; ce n'est
qu'à partir du troisième ou quatrième mois qu'elles se spécialisent complètement. Les cavités viscérales sont les premières qui se laissent apercevoir, et en particulier la séreuse cérébro-spinale ou arachnoïde; le péricarde, les plèvres
et le péritoine viennent ensuite, se membranisent, s'orga-
nisent et se polissent en se séparant de la gangue commune.
Les cavités articulaires sont évidentes seulement après le
quarantième jour, et encore se montrent-elles en très petit
nombre; elles se succèdent sous forme de fissures légères,
de fentes indiquant l'interligne ou brisure des segments du
système squelettique. La matière qui s'y trouve est d'abord
glaireuse, visqueuse, puis devient séreuse, puis plus ou
moins onctueuse; plus tard, la surface interne de ces cavités
prend de la régularité, le poli, l'aspect lisse qu'on leur connaît. La cavité semble commencer par un centre, et puis
s'étendre; les parties qui entourent l'articulation représentent bientôt une gaîne complète qui se spécialise ensuite en
ligaments, cartilages, synoviales, etc. C'est alors (fin du
troisième ou du quatrième mois) qu'elles sont distinctes,
dans le lieu où elles doivent se maintenir toute la vie

avec leur liquide inter-articulaire propre. Ainsi, presque autant de poches synoviales que de solutions de continuité dans la substance du squelette dont les pièces sont plus ou moins nombreuses suivant telle ou telle espèce de la série animale. Il y a aussi des articulations sans surfaces articulaires et sans synoviales. Ex : certaines amphiarthroses. Quand l'articulation est compliquée par l'inter-position aux deux segments squelettiques d'un fibro-cartilage, dit inter-articulaire, il y a lieu à formation de deux cavités et de deux membranes kysteuses, dont la communication quelquefois s'établit par un travail organique de résorption.

L'époque d'apparition des cavités ou bourses tendineuses n'est pas déterminable. La précocité des fonctions du tendon qu'elles doivent avoisiner est la cause probable de celle de leur naissance; bien entendu que la forme propre à chacune d'elle dépend et de la forme, de la longueur, de la position du tendon, de l'étendue et de l'espèce de mouvement qu'il exécute, de ses rapports avec les os, les ligaments, et autres tissus fixes. Les cavités ou bourses sous-cutanées n'ont point davantage de période fixe d'apparition; elles sont très variables en nombre, en forme, en étendue; elles ne se montrent pas avant le quatrième mois, et beaucoup ne se voient seulement qu'après la naissance.

Vous le remarquez, les kysto-membranes suivent en général dans leur développement les progrès des organes qu'elles entourent; par un fait de coïncidence, plus les organes sont distincts et précisés, plus le mouvement dont ils jouissent leur est propre et plus les membranes kysteuses sont apparentes. Chacune d'elles s'édifie et est la machine, le laboratoire de ses propres matériaux. De très bonne heure on les trouve chez le fœtus, et développées à proportion des organes correspondants. De très bonne heure aussi elles forment, en se renversant, ces replis qu'on voit à l'abdomen (replis mésentériques). Enfin, « Les vésicules séreuses, dit

M. Serres, avant de s'associer aux organes, sont des espèces de zoonites qui deviennent après leur association aux organes, des organites. Les séreuses accidentelles sont et restent quelquefois des zoonites. »

L'évolution des kysto-membranes comprend, non seulement leur développement, leur accroissement, mais encore leur décroissance ; aussi combien de dispositions différentielles pendant cette période d'évolution ascendante ou descendante. On voit les unes disparaître ou persister, se réunir ou se séparer ; les autres apparaître anormalement. De là des kysto - membranes constantes ou temporaires, normales, accidentelles ou nouvelles. Toutes les variétés de forme, de nombre, etc., selon les âges, les parties des corps, les sexes, les espèces animales, les maladies, se montrent alors. Ainsi, indépendamment des différences individuelles chez les sujets de même âge, les séreuses peuvent différer encore d'elles-mêmes, aux divers âges ; on trouve plus de grandeur, mais plus de sécheresse, et moins de transparence de la membrane kysteuse chez les vieillards, etc. En effet, des changements s'observent à mesure que vieillit la séreuse : pour l'étendue, la quantité de sécrétion, l'épaisseur, la résistance à la macération et à l'ébullition, la production de gaz intérieurs lors de la putréfaction ; le degré d'adhérence aux parties voisines, la manière de se comporter avec les causes morbifiques, le nombre, etc. L'âge en particulier a une influence marquée sur les maladies du système, selon M. Gendrin (thèse 1840).

En résumé, les membranes kysteuses ont un développement propre et spontané. Et si l'on pouvait établir des degrés entre elles, l'on dirait que les plus rudimentaires sont les sous-cutanées.

Anatomie comparée des kysto-membranes.

L'étude du système kysteux dans la série animale est peu avancée ; c'est à peine si chez les vertébrés l'on s'en occupe. Qu'il nous suffise de signaler cette lacune. La kystologie comparée est encore à faire. Voici certaines particularités qui ont bien leur côté de curiosité, mais aussi leur importance comme moyen d'éclairer certains points d'organographie humaine. A défaut de détails plus complets, donnons présentement les suivants :

1° *Péritoine et plèvres.* — Ces deux membranes séreuses du tronc, sont distinctes l'une de l'autre chez les animaux pourvus du diaphragme , cloison membraneuse qui forme la limite mitoyenne du thorax et de l'abdomen. S'il leur arrive de communiquer, ce n'est que dans les cas pathologiques, ou tératologiques ; l'absence de ce muscle entraîne la fusion du péritoine et des deux plèvres qui, par leur réunion, se changent en une seule et même membrane. Les reptiles, les poisons, en offrent le curieux exemple. Chez les oiseaux cette disposition a encore lieu, de plus on remarque que cette grande séreuse du tronc est subdivisée en cellules aériennes communiquant avec la muqueuse des bronches. Fait étonnant et qui joint à celui d'une pareille continuation entre le péritoine et la muqueuse génitale, chez les vivipares et les mammifères en particulier, donne à méditer. Il montre que la séparation entre les membranes kysteuses et les membranes tégumentaires n'est pas aussi tranchée que le croyait Bichat, peu versé d'ailleurs en anatomie comparée, puisqu'il y a continuité de tissu et mêmes impressions des stimulants extérieurs, l'air chez les oiseaux, et l'eau chez les poissoins, comme nous allons le dire.

En effet, on remarque que la cavité du péritoine s'ouvre chez plusieurs poissons, soit immédiatement au dehors, derrière l'anus (saumons, lamproies), sans intermédiaire de muqueuses, soit dans le cloaque (sélaciens), l'ouverture est plus ou moins extérieure. Ces derniers poissons présentent même une ouverture qui met en communication la cavité du péritoine et celle du péricarde. Cette embouchure permet au milieu ambiant de se répandre dans toutes ces séreuses (Duvernoy). Voilà donc que les kysteuses se rapprochent sous ce rapport des membranes tégumentaires. — Il est encore d'autres prolongements du péritoine qui s'isolent ultérieurement de la membrane-mère, mais sans issue au dehors. Je rappellerai la tunique vaginale, vésicule distincte ; tous les mammifères dont les testicules se retirent hors de la cavité abdominale où ils sont primitivement contenus la possèdent. Cette séreuse du scrotum manque chez les oiseaux.

On rencontre encore deux prolongements semblables ou cavités étroites, le long de la verge jusqu'à son extrémité libre, chez les mâles des tortues (Duvernoy) et chez les crocodiles (Is.-G. Saint-Hilaire et Martin Saint-Ange). M. Perrot de l'Ecole d'Alfort m'assure que les deux plèvres communiquent chez le cheval du côté du médiastin postérieur, et la communication des deux plèvres postmédiastines a lieu par une multitude de trous qui lui donnent l'apparence d'une gaze légère à larges mailles. On conçoit, d'après cette disposition anatomique avec quelle facilité peuvent se transmettre d'une plèvre à l'autre les épanchements, les phlegmasies, etc. — La physiologie doit aussi profiter de toutes ces données de l'anatomie comparée, afin de déterminer et de généraliser avec raison les usages des tissus.

N'oublions pas de citer les colorations particulières des séreuses ; la matière pigmenteuse ne se rencontre pas seulement dans la peau, mais encore dans les kysto-membranes, ce sont de vrais pigmentums et non pas des ecchymoses, des taches mélaniques ; ainsi le péritoine est noir et argenté chez les reptiles et les poissons.

2° *Péricarde*. —Cette cavité membraneuse, suspendant le cœur comme dans un hamac, se maintient dans le plus grand nombre des vertébrés indépendante et isolée; ce n'est donc que chez les poissons sélaciens qu'on la voit en communication avec le péritoine; après la plèvre, c'est elle qui communique le moins.

3° *L'arachnoïde* présente chez tous les vertébrés, est peu prononcée chez les poissons, elle se retrouve chez les céphalopodes.

4° *Synoviales*. Elles communiquent ensemble comme les séreuses splanchniques entre elles. Plus un animal a de pièces squelettiques très mobiles, plus il a de diarthroses et par conséquent plus de synoviales. — Aussi, ne sont-elles propres qu'à la classe des vertébrés ou névro-squelettozoaires.

5° Selon M. de Blainville, les entomozoaires manquent de kysto-membranes, les malacozoaires céphales ou mollusques supérieurs en ont encore dans l'œil, autour du cœur et de l'intestin, puis plus rien; les organes sont nus, moins distincts, moins flottants dans le parenchyme général, car il n'y a plus de mouvement.

Cet article prouve qu'on s'est beaucoup plus occupé de l'anatomie comparée des organes, que de l'anatomie comparée des tissus. Avis.

Tératologie des kysto-membranes.

Je renvoie, pour en traiter, au chapitre Anomalies, qui se retrouve dans la série des caractères pathologiques des membranes que nous étudions en ce moment.

Caractère tiré de la durée.

Une fois acquises pendant ou après la vie intra-utérine, les kysto-membranes ont coutume de persister jusqu'à la mort sénile du sujet, pour le plus grand nombre au moins.

Caractère tiré du fluide exhalé.

Les kysto-membranes sont à leur intérieur en contact avec elles-mêmes et avec leurs fluides propres; ainsi elles n'ont jamais de rapport avec les diverses substances provenant du dehors.—Le contenant sert à connaître le contenu et réciproquement, de même la sérosité prouve la séreuse et vice versâ. Les kysto-membranes séparent elles-mêmes du sang le fluide qu'elles contiennent, autrement à quoi seraient-elles utiles? — Leur identité de texture présage leur identité de sécrétion, et on constate en effet ce rapport constant, sauf quelques légères différences; ici c'est de la sérosité, là de la synovie : les divers genres de kysto-membranes empruntent précisément leur nom du fluide qui lubrifie habituellement l'une de leurs surfaces. De là les séreuses, les synoviales, soit tendineuses, soit articulaires. — Ce fluide est clos, leur issue à l'abri des filtrations, collecté, conservé à mesure qu'il est exhalé, de nature recrémentitielle, répandu à l'intérieur de leur cavité, soit en vapeur ou en liquide, soit en couche légère, soit en plus grande quantité (*voy.* les Kysto-membranes d'inclusion); il mouille superficiellement les surfaces frottantes assez pour qu'elles puissent glisser facilement l'une sur l'autre, ou les remplit, les gorge; il se renouvelle par une intermittence d'exhalation et d'inhalation qui s'opère à la surface de ces membranes; il facilite les fonctions des organes, leur forme une sorte d'atmosphère isolante, à la manière du tissu cellulaire, qui relie aussi tous les organes en les isolant tout à la fois. L'exhalation ne se fait que par une face de la membrane. Telle est la simplicité de l'appareil perspiratoire des kysteuses, qu'à peine exhalé le fluide est dans son organe de dépôt, il n'en sort pas comme le fluide si différent des appareils glandulaires, c'est à dire par un acte d'égestion ou d'excrétion où des puissances musculaires interviennent. Quant à la masse de la sérosité et de la synovie qui est en mouvement, elle est sans contredit plus considérable que la masse de toutes les sécrétions glandulaires ou crypteuses ; cette quantité, autant que la qualité, est subordonnée à l'état de l'organe et au degré d'abondance de ses matériaux.

On sait que la sérosité est généralement aqueuse, analogue au sérum du sang, limpide, citrine, légère; la synovie est plus épaisse et visqueuse, oléagineuse ; différences en rapport avec la fonctionalité. Je ne parlerai pas de leur composition chimique, car les analyses des chimistes Vauquelin, Chevreul, Berzélius, Muller, Marchand, Barruel et Lassaigne, n'ont guère porté que sur de la sérosité altérée, celle des hydropiques; ces expériences ne seront donc pas revêtues de la plus grande exactitude, et puis cette sérosité incluse est sujette à tant de variétés, suivant l'espèce de séreuse, suivant le moment où l'on opère, suivant l'état de maladie et l'âge du sujet, etc. Il y a des sérosités bilieuses, urineuses, etc. D'ailleurs, dit M. Raspail, entre la synovie et le fluide séreux, la différence peut être anatomique, mais non chimique. Lorsque l'eau manque dans l'économie, comme dans certaines affections graves, le choléra, où le sang a perdu la plus grande partie de son sérum et de sa fluidité (Magendie), les kysteuses sont à sec, en même temps les absorptions sont également en perte d'activité, de leur côté comme de celui des muqueuses, qui ne laissent plus pénétrer les médicaments et les rendent par cela même inertes. Dans l'état sain, normal, au contraire, le fluide se reproduit dans un temps assez court. Après son évacuation, il abonde de nouveau. Sa formation semble être, dans certains cas, favorisée par le vide; ainsi, autour du cerveau, quand il diminue de volume dans son retrait sénile ; dans la période de l'agonie il augmente également, mais par un mécanisme différent ; enfin, les usages du fluide, tour à tour versé et repuisé, sont locaux ou généraux, il entretient la souplesse du solide membraneux, prévient ses adhérences,

8

permet son glissement, et importe à l'équilibre général du corps en préparant des matériaux à la nutrition.

En résumé, l'ensemble des caractères physiques et chimiques des fluides séreux et synovial les différentie de tous les autres liquides du corps humain. Les rencontrer, c'est aussi penser aux membranes qui les ont fournis. Ajoutons ces mots : l'unité de sécrétion est un principe de la physiologie de ces membranes. Celles-ci ne peuvent être aptes dans toute leur étendue qu'à un même genre de sécrétion. Le principe opposé appartient seulement à l'appareil crypteux tégumentaire. Toute l'histoire adénologique nous en montre des exemples dans chaque groupe de cryptes, quoique voisins; mais en même temps se signale une modification correspondante de structure qui l'explique; personne ne conteste en effet que la granulation hépatique ne diffère de la granulation parotidienne, : aussi la bile et la salive sont-elles des fluides dissemblables. La microscopie est-elle parvenue à distinguer tous les fluides séreux du corps? Comme nous n'avons pas vu nous-même, nous n'en parlerons pas.

Caractères physiologiques tirés des fonctions.

Nous avons déjà dit que Bichat s'était montré trop l'ennemi des lois physiques dans les corps vivants ; il les montrait toujours en lutte avec les lois vitales. Là où finissent le physicien et le chimiste, là commence la vie, disait-il. M. Magendie est peut-être tombé dans l'excès contraire en assimilant la plupart des opérations vitales au mécanisme des lois qui gouvernent le monde inorganique. Selon lui, nos parties ne sont corporelles qu'à cette condition, aperçu dont il cherche à faire les applications à la médecine (*Leçons sur les phénomènes physiques de la vie,* 1836). M. Velpeau est de ce dernier avis ; quant à moi, il me semble nécessaire de reconnaître à la fois des phénomènes physiques et vitaux,

mais avec cette pensée qu'ils s'influencent réciproquement ;
il y a donc une physique vivante, comme il y a une chimique vivante, selon l'expression de Broussais. Les kysto-membranes,
en particulier, réunissent dans leur fonctionalité, des actes
qui annoncent la vitalité, et des actes mécaniques ou physiques qui révèlent le but final de leur existence. Elles ont
un rôle fonctionnel dans l'économie, tout aussi important
que celui des muqueuses, quoique ces dernières concourent
à la constitution de presque tous les viscères, de la respiration, de la digestion, de la sécrétion glandulaire, de la
génération, et de certains sens. Les kysto-membranes ont une
calisation aussi étendue et générale ; elles forment les voies
circulatoires ; elles sont liées au mouvement de tous les organes de la vie animale et de la vie organique, entrent dans
la composition de certains organes sensoriaux en particulier
et de certaines parties essentielles de la génération (*voyez*
les Kysteuses d'inclusion).

La grandeur de leur surface d'exhalation correspondante à
celle des muqueuses et de la peau indique l'importance du
lien que la nature a établi elle-même entre les proportions
des fluides de ces diverses sources, et cette balance des sécrétions nous donne en même temps la mesure de l'importance hystologique des kysto-membranes. D'abord, elles sont
des moyens d'isolement des organes, de contiguité et de dé-
limitation. M. de Blainville les appelle quelque part tissu de
séparation des organes. En effet, c'est lui qui leur permet
d'exister indépendants comme nature, comme vitalité et
fonction, comme foyer de maladie. Bichat avait bien compris
cette ressource de la nature.

La séreuse est une surpeau, une sorte de tégument proli-
mitateur jeté sur les solides. Étrangère aux parties qu'elle
enveloppe, elle n'entretient avec elles aucune connexion d'organisation et de maladie, elle les empêche de se toucher, elle
les tient en suspension, assure leur contiguité avec les parties

voisines, prévient leurs adhérences mutuelles, les protège, les entoure de son manteau isolant, les préserve des effets irritants de leur frottement, et diminue la perte de mouvement occasionnée par ce même frottement. Elle fait obstacle à la propagation de leurs maladies qu'elle cerne et concentre longtemps sans être attaquée elle-même. Non seulement elle les rend distinctes les unes des autres et établit la limite entre elles, mais encore entre elles et les fluides séreux dont elle empêche la diffusion. Ces fluides qu'on a surnommés les exhalés, pour les différentier des autres humeurs de l'organisme, me paraissent avoir deux fins. Ils agissent d'abord comme l'huile dont on graisse les machines inertes, et puis ils sont une réserve d'eau nécessaire pour les besoins des parties vivantes qui sans elle dessécheraient, car sans principe aqueux il n'y a pas d'existence végétale et animale possible. Il est entretenu chez les animaux par les boissons qu'ils sont invités à avaler par le sentiment de la soif. Ainsi les kysto-membranes sont les corps isolants des solides, et des réservoirs de liquides. Rien n'est fait en vain. Il y a toujours un but.

D'autre part, elles font partie de l'appareil passif de la locomotion, elles facilitent par leur poli, la régularité de leur surface, leur humidité, les mouvements des organes qui se déplacent, glissent, changent continuellement de forme et d'attitude en raison de leurs fonctions spéciales. Les membranes kysteuses deviennent alors des instruments ou moyens de glissement, toujours surajoutés et interposés aux parties mobiles qui ne manquent jamais de s'en recouvrir; en effet, il est de remarque dans l'économie animale, que tout organe jouissant d'un certain degré de locomotion sur les tissus adjacents soit, dans l'intérêt de l'exercice de ses fonctions, environné d'une de ces membranes. Cette faculté de glissement des kysteuses, rôle tout à fait mécanique dû à leur nature propre, est un de leurs caractères. La finalité physiologique est en rapport avec les dispositions matérielles; les kysteuses ont à peine de contenu; elles n'existent principalement que pour faciliter l'expansion et le resserrement des organes mobiles qu'elles accompagnent partout. — La nature même a pris souvent la précaution de replier ces séreuses à leur niveau, afin qu'elles puissent se prêter à toutes les variations de volume de la partie enveloppée.

Autre emploi. En favorisant ces mouvements internes non seulement elles servent les destinations fonctionnelles propres de l'organe qu'elles recouvrent, mais encore indirectement elles entretiennent des excitations continuelles utiles à ses actes végétatifs, à son accroissement, à sa circulation capillaire, à sa calorification même, ce qui remplace l'action des mouvements externes sur les autres parties, ceux des membres, par exemple, sur les muscles. Elle naissent avant et avec le mouvement ou lui succèdent; quand les mouvements sont obscurs, mal définis, la membrane kysteuse n'acquiert pas ses caractères essentiels. De même, si la membrane disparaît, les mouvements ne tardent pas à se dénaturer, à devenir pénibles ou même impossibles pour toujours.

« Il est tellement vrai, dit M. Velpeau, que les cavités séreuses favorisent le mouvement des parties adjacentes, que si elles viennent à être détruites, les mouvements sont compromis. C'est ainsi que des adhérences du péricarde au cœur peuvent troubler la circulation, que des adhérences de la plèvre aux poumons rendent parfois la respiration difficile ; que dans l'abdomen ces adhérences mettent en danger parfois les fonctions du tube digestif; que dans les articulations elles peuvent amener une roideur très gênante, une sorte d'ankylose. Ailleurs il dit encore : « Les mouvements abdominaux ne pouvant s'effectuer, les fonctions digestives seront profondément altérées, si ce n'est même complètement anéanties. Aussi, voyez ce qui arrive aux personnes guéries avec adhérences d'une péritonite générale ; des coliques, de la diar-

rhée, des vomissements, etc., les tourmentent sans cesse jusqu'à ce que le mouvement qui était entretenu par la cavité séreuse soit rétabli. Qu'on fasse abstraction du besoin des mouvements dans les régions que les cavités séreuses occupent, et
aussitôt elles cesseront d'être utiles, leur existence n'aura plus
aucun but. Aussi, les voit-on disparaître insensiblement, à mesure que l'âge avance, que les mouvements s'éteignent chez les
vieillards. » Après cela personne ne peut mettre en doute la
véritable utilité des kysto-membranes de glissement dans
l'exercice des divers mouvements du corps, leur localisation
élective autour des organes physiologiquement mobiles; enfin,
l'importance de la conservation de leur facilité de glissement
dans l'intérêt de ces mêmes organes, en un mot, dans l'intérêt de
la santé générale. L'intégrité fonctionnelle des kysteuses importe souverainement au jeu des organes dont le mouvement
est essentiel à leur dynamique et à leur vie particulières.

Nous verrons cependant plus loin que, malgré cette per-
suasion de l'utilité des fonctions mécaniques des cavités séreuses, on cherche cependant dans certaines opérations les
moyens de les faire disparaître (*Voyez* Médecine opératoire
des kysto-membranes). M. Velpeau lui-même tout le premier:
en résumé, mouvements réguliers et continuels, fonctions et
cavités kysteuses, sont choses qui s'établissent, se maintiennent
et disparaissent généralement ensemble, l'une ne va pas sans
l'autre, l'abolition de l'une entraîne celle de l'autre. Cette loi ne
s'applique qu'aux kysto-membranes de glissement et non pas,
bien entendu, aux kysto-membranes d'inclusion dont l'existence se lie à d'autres emplois également physiques et vitaux.

Ce n'est pas tout, les kysto-membranes, quelles qu'elles
soient, sont le siège d'une double fonction, qui pour les uns
est vitale, et s'appelle absorption et exhalation, et pour les autres est physique, et s'appelle perméabilité, porosité, imbibition et exbibition (Magendie), endosmose et exosmose (Dutrochet), fonction continuelle, alternative qui tour à tour verse

et reprend, renouvelle le fluide qu'elles contiennent, *liquorem recipiunt et remittunt* (Boerhaave). On ne peut douter que ce fluide ne vienne d'elles, disent les vitalistes, il résulte de leur action propre. Un fluide exhalé diffère d'un fluide sécrété, en ce que le premier émane du capillaire seulement, est un produit très proche de la composition du sang, et y rentre facilement et complètement. Ce n'est pas non plus un fluide transsudé comme Henle semble le penser; une séreuse comme une glande compose son produit, mais ne lui sert pas de tamis ou de filtre.

L'exhalation est donc un caractère de la séreuse, car là où il n'y a pas une glande, il y a exhalation; de même là où il y a une glande, il y a une sécrétion, mais non une transsudation, phénomène trop physique et trop cadavérique, opinion qui dépouille les solides de leur rôle organique. Nous ne pousserons pas plus loin ces distinctions, car il nous faudrait nous demander ensuite si le pus est exhalé ou sécrété? si un chancre est ou n'est pas un organe sécréteur d'un virus, comme l'a discuté mon camarade M. Helot (thèse 1844)? je dis seulement en ce moment, et en ce qui concerne la physiologie des kysteuses : Bichat a fait justice de la théorie de la transsudation et des glandes synoviales qu'un chirurgien militaire, M. Lacauchie, veut à grand tort réhabiliter. Quelles seraient en effet, les voies *ad hoc* de la transsudation? Pourquoi le liquide affluent serait-il de telle espèce, pourquoi aurait-il telle direction, pourquoi ne s'infiltrerait-il pas dans le tissu cellulaire voisin, ainsi que cela arrive après la rupture d'une séreuse pleine de sérosité, etc. ? J'approuve la pensée de Bichat; seulement je n'admets pas comme beaucoup d'autres autorités anatomiques, que le fluide s'écoule à la surface séreuse par des orifices béants, des pores, des canaux, dont l'existence soutenue par Mascagni et Bichat, et même par M. Magendie qui s'autorisait du fait de la rosée de la surface devenue visible à la suite d'une injection forcée poussée dans les vaisseaux, a été niée par Leuwenhoeck, Fohmann, Breschet et Panizza.

Enfin la kysteuse exhale par toute son étendue. Voilà un fait, et je ne comprends pas que l'on ait prétendu la synoviale des cartilages exclue absolument de cette fonction que possèderait seul le reste de la même membrane. — Les lois de cette exhalation s'exécutent sous l'influence du système nerveux ganglionnaire (Brachet); on la voit, en effet, se continuer dans les membres paralysés à la suite d'une affection encéphalique et chez les êtres privés de système nerveux cérébral. -

La fonction opposée en vertu de laquelle le liquide est re transporté dans le torrent circulatoire, s'appelle absorption, elle est égale à l'exhalation tant que tout se passe normalement. Je ne nie pas que les membranes vivantes soient perméables, criblées de porosités intermoléculaires susceptibles de transmettre à travers elles des liquides ou des gaz, car j'aurais contre moi une foule de preuves. Par exemple, l'air extérieur ne trouve-t-il pas le moyen de pénétrer à travers la muqueuse bronchique, pour parvenir jusque dans l'intérieur des vaisseaux sanguins? de même ne traverse-t-il pas la coquille de l'œuf des ovipares, pour vivifier le sang du petit en voie de développement? Des échanges n'ont-ils pas lieu entre la mère et le fœtus des vivipares, entre les vaisseaux placentaires et les vaisseaux utérins? la nutrition ne s'accomplit-elle pas à cette condition?

D'un autre côté, je n'approuve pas entièrement le rôle romanesque de ces bouches absorbantes que Bichat avait douées d'intelligence, d'un tact mystérieux qui leur permettait de faire un choix entre le bon et le mauvais, de se fermer devant une substance nuisible, et de s'ouvrir devant une substance convenable; instinct qu'il mettait en rapport avec l'importance de la fonction. Et pourquoi désapprouver? parce que la physiologie expérimentale a prononcé. L'absorption des poisons, des virus contagieux, l'inoculation démentent en effet les vues de Bichat, absorption dont les agents reconnus sont les vaisseaux lymphatiques et les veines de la surface libre. Je ne crois pas non plus que l'exhalation ou déposition, et que l'absorption ou résorption soient une imbibition purement physique à double courant du dedans au dehors, et du dehors au dedans, dont l'équilibre est entretenu par une machine hydraulique ou hydrodynamique (la circulation) versant du liquide où il en manque, en le reprenant dans les réservoirs muqueux et kysteux où il s'accumule; En un mot je ne crois pas que ces phénomènes se passent comme dans une nature inerte qui s'imbibe; les lois vitales impriment la direction aux fluides afférents et efférents, et la substance animale limitant le lieu qu'ils occupent, les élabore, les change dans leur composition et leur nature, qu'ils entrent ou qu'ils sortent. — Ce sont les vaisseaux qui exhalent, nous apprend-t-on, qui dit le contraire? Toutes les exhalations et sécrétions sortent du sang; mais il n'est pas moins vrai que l'influence de la matière fait que tel tissu glandulaire donne ici du lait, là de la bile, comme la synoviale donne de la synovie et les séreuses de la sérosité. Et si Bichat, en parlant du discernement des bouches absorbantes, a voulu rappeler ce qui se passe dans la nutrition, où chaque tissu s'assimile ses propres molécules et non les molécules du tissu voisin, alors la comparaison devient plus exacte et les attributions fonctionnelles qu'il leur accordait moins fantastiques.

L'imbibition des corps vivants ne me paraît donc pas être celle des corps inanimés. — Le sang de l'ecchymose ou contusion qui s'étend de proche en proche après son extravasion hors de ses voies naturelles, ne me semble pas s'imbiber à travers les porosités cellulaires, mais bien s'infiltrer de cellules en cellules toutes ouvertes les unes dans les autres et communiquant entre elles. L'hydatide, le zoophyte, ne vivent pas par imbibition. Si des substances ont pénétré en nature dans le corps humain, c'est en se subtilisant et en se mêlant aux matières que telle ou telle partie de l'organisme a l'habitude de travailler avant de les recevoir. La nutrition nous montre ce travail de séparation des matériaux propres à chaque partie, car elle n'est pas un simple dépôt de matériaux préexistants. En résumé l'imbibition, la capillarité des pores de la matière organique peuvent être les procédés réels de la nature vivante, mais ils sont bien modifiés dans leur exécution par l'état de vie. — Le corps des animaux n'est pas une simple éponge acceptant tous les liquides qui se trouvent en contact à l'extérieur et à l'intérieur de sa machine si compliquée — Nous sommes une machine à vivre, comme disait Napoléon à son médecin O'Méara à Sainte-Hélène ; et non pas une machine à imbibition à la façon d'un morceau de sucre ; et puis de la doctrine de l'imbibition saurait-on en retirer la fonctionalité vitale ? Non. — En conséquence, nous continuerons à considérer le système kysteux comme un vaste appareil d'exhalation et d'absorption, et nous admettrons deux temps dans l'opération de l'absorption à l'exemple de M. Magendie, 1° l'introduction locale du fluide, 2° le transport de ce fluide absorbé dans le torrent circulatoire.

Toutes les kysto-membranes ne jouissent pas au même degré de la faculté d'absorber. La plèvre est une de celles qui absorbent le plus promptement ; quelques gouttes d'une solution alcoolique de noix vomique versées sur elle, jettent tout à coup un jeune lapin dans la roideur tétanique, et le tuent. Le péritoine viendrait après la plèvre, etc. Généralement l'absorption est d'autant plus active qu'il y a dans le tissu plus de vaisseaux, c'est à dire plus de moyens de transport. Un tissu étant donné, tel liquide mettra plus de temps que tel autre à être absorbé, ce qui peut encore dépendre de la qualité physique, chimique et microscopique du liquide, du volume de ses globules, de sa température, de l'état de santé de la membrane absorbante, de l'âge et de l'espèce de l'animal. La pile voltaïque active aussi, à ce qu'il paraît, la produc-

tion du phénomène. M. Magendie (*Leçons sur les phénomènes physiques de la vie*) fait observer encore qu'il est dom-
mage qu'on soit privé de la facilité de médicamenter par la voie
kysteuse, car celle-ci est aussi importante que la voie muqueuse.

Quant à la manière dont se comportent les membranes
kysteuses vis-à-vis des gaz qu'on insuffle dans leur cavité,
M. Bernard nous apprend qu'il a obtenu de ses injections les
mêmes effets que dans le tissu cellulaire général. Les gaz
y sont plus ou moins vite absorbés et n'irritent pas les
séreuses. Aussi les injections d'air dans la tunique vaginale
conseillées par M. Baudens, ne suffisent-elles pas pour en-
flammer cette séreuse en vue de la guérison radicale de l'hydrocèle. Nous reviendrons d'ailleurs sur ces faits à l'article
chirurgie des séreuses, et nous verrons que cette question
de l'action de l'air a déjà été traitée anciennement par des
auteurs d'un grand mérite. Je passe donc outre.

Sous les rapports statiques et dynamiques, physiques et vitaux, objectifs et subjectifs, le tissu kysteux se rapproche
du tissu cellulaire et partage le même rôle ; hygrométricité,
conductibilité de l'électricité, du calorique et du son, genre
de sensibilité et de contractilité, élasticité, extensibilité,
résistance, mode de putréfaction, résultat de l'influence de
l'ébullition, homogénéité et simplicité de tissu, sympathies,
nutrition, faculté d'exhalation et d'absorption, etc., tout est
analogue. — La différence des deux vies dont Bichat fit un
dogme, un principe de l'histoire naturelle du corps des animaux, s'y fait sentir dans l'un comme dans l'autre, tous deux
sont des organes qui dépendent surtout de la vie végétative.

Entrons dans quelques détails. — L'action des kysto-membranes relève de leur vie locale et générale, de leurs forces
contractiles, sensitives et assimilatrices, et leurs maladies
résultent du trouble de cette action. — Ainsi les kysto-membranes jouissent des propriétés suivantes :

Force de résistance. — Cette résistance des kysto-membranes est appréciable, elle est plus forte que celle du tissu cellulaire réduit à une lame d'une ténuité égale à la leur. Elle diminue avec l'inflammation. — En effet une membrane séreuse est d'autant plus fragile, sécable, que le tissu en est plus enflammé; elle se laisse alors couper par les corps qui l'étranglent, qu'elle soit placée à l'extérieur ou à l'intérieur des organes. — Le péritoine se coupe dans les étranglements herniaires prononcés, la membrane interne des artères dans les opérations pratiquées sur ces vaisseaux, telles que allongement, torsion, ligature, mâchures (thèse de M. Camus, 1838). Cette force de résistance n'est pas égale dans toutes les séreuses; ainsi la membrane interne des veines résiste plus aux constrictions que celle des artères. L'explication de cette différence est difficile à donner. — Mais la médecine opératoire en tient un compte important.

Perméabilité. — Cette propriété a déjà été examinée. On sait avec quelle rapidité les membranes sont traversées par l'hydrochlorate de fer et l'hydrocyanate de potasse, etc.

Extensibilité. — Elle est possible dans de très grandes limites pourvu qu'elle soit développée par une force graduée, lente. On se rappelle quel volume énorme acquièrent certaines ascites et hydrocèles. Si elle est mise en jeu brusquement, il y a rupture. Prenez pour exemple le cas où le diaphragme vient à se rompre lui-même, le cas où l'anévrysme artériectasique se rompt pour devenir mixte externe. (*Dictionnaire des études médicales,* en 8 vol.) Cette extensibilité qui permet l'ampliation de la cavité kysteuse n'est parfois qu'apparente, ce qui tient à deux causes, au déplissement des duplicatures de la membrane et son déplacement d'un organe à l'autre. — Mais dans les autres circonstances il y a au moins en même temps une véritable distension, un allongement de tissu : Ainsi dans la production de sacs herniaires.

Contractilité et tonicité. — C'est la propriété opposée. Elle se manifeste quand après une ampliation considérable la cavité séreuse revient sur elle-même par la propre force de son tissu : Ainsi après les évacuations de la poche de l'hydrocèle, après l'opération de l'empyème, quand le poumon est libre d'adhérences. Elle s'épuise parfois quand la membrane a été soumise à des extensions fréquentes et de longue durée. — Les replis se reforment comme avant, et ce retour aide aussi au rétrécissement de la cavité antérieurement distendue. Cette rétractilité ou élasticité, comme on l'a encore appelée, n'est quelquefois aussi qu'apparente : selon quelques auteurs, elle dépendrait de la contraction des parties auxquelles adhère la membrane.

Motilité. — Celle-là est à retrancher, car le mouvement dont certaines séreuses semblent jouir, ne sont que des déplacements forcés, imposés, dus aux organes voisins. Ayez égard, en effet, à ce qui se passe dans le pouls ; cette motilité ne mérite-t-elle pas plutôt d'être mise sur le compte de l'élasticité ou de la contractilité de la couche musculaire ou dartoïde du vaisseau ?

Sensibilité. — La sensibilité des kysto-membranes à l'état sain est obscure, obtuse (Haller, Hunter et Bichat), et elle n'avait pas besoin d'être plus manifeste, plus vive, puisque cet ordre de membranes est trop éloigné des corps extérieurs pour en ressentir l'impression. Non, elles ne sont pas des enveloppes sensibles comme l'enveloppe tégumentaire des corps vivants, elles sont privées de ces sensations distinctes, générales ou spéciales, de ces sentiments de besoins ou appétits qui sont propres aux muqueuses, c'est qu'elles ne sont pas en rapport direct comme elles avec la nature extérieure où nous puisons les matières capables de satisfaire ces besoins. Mais qu'une irritation vienne la provoquer, une vive douleur éclate aussitôt, et elle a un caractère d'acuité à nulle autre comparable ; c'est là le caractère subjectif le plus tranché des kysto-membranes. C'est le *miserere mei* du corps souffrant. Une injection corrosive , un épanchement subit et irritant , la pénétration d'un corps vulnérant, le pincement, le froissement ou la torsion de la paroi , etc., détermine à l'instant un cri de douleur ; en très peu de temps les séreuses passent de la sensibilité la plus latente à la sensibilité la plus exaltée : aussi ces membranes ne seraient-elles pas aptes à remplacer les muqueuses. Parmi toutes les sensibilités spéciales développées dans le corps humain , et les espèces de douleurs sont très nombreuses, comme on le sait , le point pleurétique est resté un type de comparaison ; cette sensibilité provoquée est en rapport avec la susceptibilité inflammatoire et la vitalité du tissu, qui s'exagèrent aussi à un très haut degré et très rapidement. Indépendamment de cette sensibilité que Bichat appelle animale, il en est une autre dite organique, insensible, présidant à l'exhalation et à l'absorption, à la nutrition et à l'activité des mouvements plastiques qui s'opèrent dans l'épaisseur du tissu.

Je ne parlerai point de la propriété adhésive des kysto-membranes qui est provoquée par les irritations, ceci appartient plutôt à leur pathologie ; mais disons qu'on l'a souvent mise en action dans un but opératoire, et par cette dernière aptitude , les kysto-membranes diffèrent des muqueuses qui sont inhabiles à se coller de paroi à paroi.

Sympathies. — La vie est une question de fonctions , un jeu incessant d'organes régulateurs les uns des autres : or , les sympathies prennent aussi place dans cet ensemble , et deviennent un rouage important dans ce tout qu'on appelle l'organisme , où chaque spécialité organique et fonctionnelle est liée unitairement et solidairement à toutes les autres. Les appareils de sécrétion et d'exhalation ne font point exception ; leurs relations particulières sont depuis longtemps connues ; on se souvient que la doctrine des crises a pris précisément son origine dans cette notion de l'antagonisme que présentent les sécrétions entre elles sous l'influence des réactions vitales, et cette polarité qui est une force d'influence réciproque, s'exerce non seulement entre les kysteuses et les téguments, mais encore entre les kysteuses et les glandes proprement dites, sous le rapport des fluides qu'elles fournissent. Un flux muqueux intestinal fait disparaître une hydropisie du péritoine. Une sueur rentrée, un dévoiement arrêté intempestivement, causent un épanchement séreux à l'intérieur. D'autre part, au moyen des sympathies, les kysto-membranes sont reliées à tous les autres organes, aussi sont-elles susceptibles d'être influencées par les affections de ceux-ci. Toutefois, il est bon de dire que ces sympathies étaient jadis plus nombreuses qu'aujourd'hui, parce que les relations des états organo-pathologiques entre eux étaient moins connus dans leur mécanisme. La théorie de l'irritation (*Médecine physiologique* de Broussais), en appuyant sa doctrine de la transmission et de l'extension des influences morbigènes sur les sympathies, a contribué en très grande partie à éveiller l'attention sur ce point.

Par cet aperçu, on a pu remarquer à combien de finalités physiologiques répondait l'existence des kysto-membranes. Il est vraiment impossible de faire abnégation d'un système organique aussi répandu et aussi important.

Caractères séméiologiques des kysto-membranes.

La séméiotique a pour but le diagnostic des maladies par la connaissance des états statiques et dynamiques des organes souffrants considérés comme signes, et a pour moyens les diverses méthodes d'investigation. Cette science certainement a beaucoup gagné aux découvertes dont Avenbrugger (1763) et Laennec (1816) l'ont dotée. Mille exemples le prouvent ; j'en choisirai un seul. De combien d'obscurités profondes était enveloppé le diagnostic différentiel des maladies de poitrine, du poumon et de la plèvre ; c'était au point que Baglivi, à la fin du dix-septième siècle, désespérant de jeter la lumière, s'écriait douloureusement : *O quantum difficile est curare morbos pulmonum ! O quanto difficilius eosdem cognoscere!* paroles énergiques qui exprimaient l'impuissance et la tristesse de ce savant médecin. Il était réservé à notre siècle de fournir les moyens de distinguer et de classer toutes les maladies de poitrine, et de les faire reconnaître avec une certitude vraiment remarquable. Le problème a été résolu à l'aide des études d'anatomie pathologique, à l'aide de l'appréciation des phénomènes physiques des fonctions normales ou morbides de nos organes, et de l'application des procédés de l'auscultation et de la plessimétrie au thorax des malades. Une école qui fait emploi de pareils efforts pour arriver à la connaissance des maladies, et qui s'appuie sur des données aussi sûres, mais qui ne sont cependant pas les seules, je la dis éclairée, stable, destinée à rendre de grands services, incapable de s'égarer et pleine d'avenir.

Tel est, même aujourd'hui, le perfectionnement des méthodes physiques d'exploration des organes et de leurs états anatomo-pathologiques, que l'on forme en peu de temps des ausculteurs et des percuteurs habiles, comme l'on façonne dans nos amphitéâtres des opérateurs, depuis que les cours d'anatomie chirurgicale et de médecine opératoire se sont élevés à un si haut degré de précision. Ainsi marche l'école française qui donne le mouvement aux écoles des autres pays. Qui ne le voit pas est aveugle.

Mais parlons de l'auscultation et de la percussion ou plessimétrie médiate ou immédiate des kysto-membranes en particulier, dont nous tirerons encore des caractères spécifiques. Dans l'état sain, le frottement des surfaces glissantes des kysto-membranes est si doux qu'on n'entend absolument rien, mais leur tissu est conducteur du son et laisse passer les bruits nés dans les organes voisins. Ainsi les vibrations pariétales que la main appliquée sur la poitrine perçoit pendant les mouvements respiratoires et pendant l'émission de la voix, les bruits normaux et anormaux des bronches entendus à l'aide du sthétoscope, se transmettent sans difficulté ; les séreuses n'isolent donc pas le son qui se produit au-delà d'elles. Ce n'est pas tout ; des bruits se produisent également à l'intérieur des kysto-membranes ; leur explication physique peut être indiquée, et leur production caractérise ces membranes. — Dans quelles circonstances les entendra-t-on ? Quand la synoviale est, dit-on, en état de sécheresse, les articulations font entendre un craquement très sonore ; c'est ainsi que quelques personnes font craquer leurs doigts en les fléchissant simplement ; quand les séreuses sont également à sec, le craquement est remplacé par un bruit de parchemin.—S'il s'agit d'un sac hydatifère, la percussion provoquera un frémissement résultant de l'oscillation des hydatides, et ce bruit, comme l'observe justement M. Briançon (Thèse, 1828), est en raison directe de la quantité des acéphalocystes, et inverse du liquide dont la présence est cependant nécessaire à sa production. S'il s'agit d'un kyste à corps étrangers hydatiformes, le même phénomène sera remarqué. C'est quelquefois du *rhunchus crepitans redux,* selon M. Marchal (de Calvi). Lorsqu'une kysteuse est remplie par un épanchement de sang, on suppose que l'écrasement des caillots sanguins ou le frottement des couches fibrineuses donnent lieu au bruit que le doigt perçoit en comprimant la tumeur. M. Velpeau admet ce qu'il appelle l'aï, ou crépitation douloureuse de certaines gaines tendineuses du poignet.

Les bruits circulatoires dont nous avons traité dans notre thèse inaugurale (1844), sont encore des bruits de cavités séreuses. — Dans l'appareil circulatoire, il en est en bonne santé comme en maladie : le cœur de l'adulte et du fœtus, les artères carotidiennes, crurales (Laennec et Bouillaud), encéphaliques (Ficher), abdominales des femmes enceintes

(Kergaradec), ombilicales du fœtus (Nægèle fils), les veines (Hope, M. Aran), sont le siège de bruits circulatoires normaux et morbides, résultant tantôt de vibrations de la colonne sanguine, tantôt de vibrations solidiennes, soit des parois vasculaires par le choc du sang ou par le choc du cœur, par exemple contre les parties voisines. — La présence de pseudo-membranes et d'inégalités de surface, etc., augmente les bruits. Enfin dans la plèvre (Laennec), dans la péricarde (M. Bouillaud), dans la péritoine, Després (thèse 1839), dans les articulations, enfin dans toutes les kysto-membranes malades, on observe un bruit générique, celui de frottement dont le caractère, la nature, l'intensité, la cause, se modifient, d'où la constatation de certaines variétés de bruits que l'on a comparés à du frolement, à de la crépitation, à du râclement, à du bruit de cuir neuf, de souffle, de scie, de râpe, etc. Les degrés de consistance, d'adhérence, d'épaisseur, de transformation, de grandeur, d'ancienneté des pseudo-membranes, de dépolissement de la séreuse, rendent compte de cette variété de sons. Leur audition est d'autant plus sensible, que les feuillets altérés de la kysto-membrane sont continuellement mis en mouvement par les organes auxquels ils sont annexés. Ainsi, Laennec remarquait que le bruit de frottement des plèvres est diffus, périphérique ou local, ascendant ou descendant, parce qu'il a lieu également pendant l'élévation et l'abaissement de la poitrine, etc.

Ainsi mêmes bruits dans les cavités closes de toutes les espèces analogues. Si des liquides remplissent ces cavités on a de la matité, un son humorique, lequel se déplace avec le changement d'attitude du malade, ou est plus ou moins fixe. Les fausses membranes même sans épanchement obscurcissent le son de la poitrine percutée (Corvisart); des gaz avec ou sans liquide s'y rencontrent quelquefois aussi, et modifient les signes physiques; un son très clair, tympanique, se fait entendre au niveau du gaz que celui-ci soit exhalé (pneumatose) ou introduit par une ouverture accidentelle.

La succussion développe parfois du bruit de gargouillement ou de flot (Hippocrate); la voix dans les cas d'hydroplèvres a un retentissement saccadé, chevrotant que Laennec a appelé égophonie. C'est encore l'auscultation des plèvres dans les cas de perforation ou de fistule bronchopleurale, qui permet d'entendre le tintement métallique ou bullaire étudié par Laennec, Dance, Beau, H. de Castelnau. Que de bruits dans une séreuse, selon qu'il y a des liquides, des gaz, des altérations des parois membraneuses, et des communications pathologiques avec d'autres cavités d'une autre espèce! Ils sont caractéristiques de ces membranes parce qu'ils naissent avec les lésions du tissu kysteux que nous aurons occasion d'examiner plus loin.

Enfin les maladies des séreuses donne également lieu à étudier séméiologiquement les autres signes par lesquels elles s'indiquent; l'inspection, la mensuration, la fluctuatiou périphérique, etc., fournissent aussi des résultats de la plus grande importance. On ne s'exerce jamais assez à s'en servir.

Caractère tiré de la régénération des kysto-membranes, ou de leur reproduction ou rétablissement.

Une membrane kysteuse, ouverte par un instrument tranchant, laisse apercevoir, au bout d'un certain temps, une cicatrice (Thomson) : on ne connaît pas d'exemple authentique d'une véritable régénération de tissu. Les pertes de substance ne paraissent pas être réellement remplacées par un tissu analogue, cependant la circonstance de la récidive de certaines hydropisies, après l'ablation d'une moitié de la séreuse, semblerait impliquer une nouvelle formation de la membrane, il y a le plus souvent cicatrisation, ou des adhérences. Le sac synovial des têtes d'os luxés et non réduits est de nouvelle création. — Après une forte inflammation, la membrane kysteuse laisse à sa place du tissu cellulaire; cette transformation est assez commune. M. Velpeau avoue que les adhérences détruisent souvent la cavité séreuse; mais, dit-il, quand elles ne font que gêner, empêcher la mobilité des parties sans la perdre tout à fait, si quelques mouvements sont conservés ou reviennent, et se continuent, la cavité se reproduit; il a vu, ajoute-t-il, des phlegmasies de la plèvre, du péritoine, amener des adhérences qui agglutinaient largement les parois, et cependant ces parois se retrouver libres au bout de quelques mois ou de quelques années, ne plus adhérer au moins que par quelques brides, quelques filaments cellulaires. Il a fait la même observation pour la séreuse du scrotum oblitéré par l'opération de l'hydrocèle, de même pour les jointures malades traitées par des injections irritantes, et qui, après adhérences, reprenaient toute leur mobilité naturelle. Autour des tendons le même fait se répète; le mouvement, éteint après une inflammation adhésive, s"y rétablit, et le glissement du tendon revient comme avant la maladie : rien n'est plus fréquent que ce genre de reproduction de cavités séreuses sous la peau. — Elles se reforment comme si elles n'avaient jamais cessé d'exister, et de la même façon que la première fois où elles ont paru, et à la même place. — C'est comme si l'organisme ayant oublié la cavité détruite jusque-là, se mettait à la créer dans une période plus avancée de la vie.

Nous admettons très volontiers cette formation de cavités et membranes séreuses secondaires, soit par rupture des adhérences, soit par évolution de la pseudo-membrane, car c'est possible, c'est rationnel. Mais, comme l'objecte M. Malgaigne à M. Velpeau, comment a-t-on pu procéder à la constatation du fait, comment a-t-on pu savoir que la séreuse prétendue reproduite avait été oblitérée au préalable? Ne donne-t-on pas comme preuve ce qui est précisément à démontrer. Ce résultat supposé de M. Velpeau est désirable, mais l'obtient-on ? — Ainsi, si le fait était exact, nous verrions la nature former deux fois dans la même place, un organe membraneux du genre kysteux, soit en utilisant pour cette reproduction l'ancienne remétamorphosée en kysteuse, soit en en tirant l'origine d'un néoplasme pseudo-membraneux ?

Caractères pathologiques, tirés des maladies.

Chaque tissu a ses lésions propres, le système kysteux en compte un grand nombre et de très graves et aussi essentielles à connaître que les maladies des membranes muqueuses. Bichat n'a-t-il pas dit : « Le système séreux est un champ vaste à parcourir pour l'anatomiste pathologique : — L'identité de maladie annonce l'identité de tissu, et réciproquement ; elle s'exprime par l'identité de causes, de phénomènes, de signes, de marche, de prognostic, de traitement, enfin par celle des altérations cadavériques. C'est un caractère de plus qui rapproche encore les kysto-membranes les unes des autres. — Cette pensée, élevée à la hauteur d'un principe, est devenue pour le nosographe Pinel l'indication d'une classe de phlegmasies des séreuses, classe consacrée par Bichat, Broussais, Gendrin, Roche, etc. L'observation médicale fut dans ce cas le moyen de la découverte anatomique des kysteuses. Ces membranes ne pouvaient donc échapper. L'observation anatomique les a ensuite sanctionnées, au point qu'il ne paraissait plus besoin de prouver leur existence ; elles étaient désormais du domaine de la réalité, une partie de l'anatomie matérielle. Deux ordres de considérations se contrôlant l'un par l'autre, se servant mutuellement de contr'enquête, s'accordaient à le reconnaître.

L'esprit humain, quelque soin qu'il prenne de la vérification des faits, devait se tenir pour satisfait, et l'acceptation du système kysteux fut générale. L'entente de Pinel et de Bichat était leur passeport. Les phlegmasies d'un même tissu ont, en effet, tant de points de ressemblance, sous tous les rapports de leur développement, de leurs périodes, de leurs conséquences, etc.! La même uniformité devait se remarquer dans les phlegmasies des kysteuses en particulier, de même aussi dans leurs hydropisies, et généralement dans toutes leurs diverses affections sthéniques ou asthéniques. C'est à peu près le même plan de composition, la spécificité des affections ressort d'ailleurs de la spécificité du tissu ; aussi les caractères pathologiques des kysteuses les distinguent de tous les autres tissus de l'économie qui ont aussi les leurs.

Si nous entrons plus avant dans cette pathologie générale, nous avons tout de suite deux ordres de lésions à établir, celles du contenant et du contenu, du solide et du liquide. Reste à savoir s'il faut encore faire des subdivisions, comme M. Andral. « Les membranes séreuses, dit-il, sont beaucoup moins souvent altérées dans leur tissu proprement dit, que dans leur doublure cellulaire ou externe. » Je doute de cette urgence, j'ajouterai même que je ne comprends pas cette subtilité, car si l'on distrait de tous les organes le tissu cellulaire pour en faire le siège particulier de toutes les altérations, il n'y aurait toujours, quelle que soit la localisation du mal, qu'une seule et même maladie, le tissu étant unique. Ce serait ne pas tenir compte des spécialisations organiques et partant des spécialisations pathologiques. Bien que les membranes séreuses dérivent plus directement que tout autre organe du tissu cellulaire, néanmoins il faut avouer que leurs affections en sont un peu différentes, car il s'agit d'un tissu cellulaire modifié, devenu kysteux enfin.

Voici l'exposé des maladies du système kysteux chez le fœtus et l'adulte. Nous observerons les bases de l'ordre adopté dans l'ouvrage classique d'anatomie pathologique de M. Andral (1859), et en partie les règles de M. Piorry et de Roche et Sanson.

Systématisation des kystopathies.

(Classe des kysto — membranes de glissement.)

ORDRES.   GENRES.

LÉSIONS DE CIRCULATION. . . .
- Hyperhémie ou congestion.
- Anhémie.
- Phlegmasie.
- Hémorrhagie.

LÉSIONS DE SÉ-CRÉTION OU DU CONTENU. . .
Sous le rapport de la qualité et quantité et des mélanges . .
- Hydropisies.
- Pneumatoses.
- Epanchements de sang.
- de pus.
- d'urine, etc.

LÉSIONS DE NU-TRITION. . .

Direction et nature. . . . . .
- Anomalies et transformations (homéoplasties).
- Pseudo-membranes.
- Kystes.
- Pseudarthroses.
- Corps étrangers.
- Adhésions.
- Ouvertures.
- Absences.
- Surnumérariat.
- Ossifications.
- Colorations.

Quantité. . . . .
- Hypertrophie.
- Atrophie.
- Ulcérations.
- Dilatation.
- Rétrécissements.
- Oblitérations.
- Obésité.

Consistance . .
- Induration.
- Ramollissement.
- Tache.

Qualité . . . .
- Fongosités, dégénérescences (hétéroplasties).
- Tubercules.
- Mélanose.
- Cancer.

LÉSIONS D'INNERVATION... . . . | Névralgie?

ORDRES.   GENRES.

LÉSIONS DE RAPPORTS. . . . . . {Hernies.
Invaginations.
Renversements.
Luxations.}

LÉSIONS DE CONTINUITÉ. . . . {Contusions.
Plaies.
Ruptures, éraillements
Fistules.
Perforations.}

LÉSIONS DE VIE . . . . {Désorganisation.
Gangrène, exfoliation.
Brûlure.
Générations.}

A examiner dans chaque localisation séreuse, articulaire, tendineuse, sous-cutanée, kysteuse, vasculaire.

Un tableau complet et irréprochable des maladies d'un tissu d'après les auteurs, offre de très grandes difficultés, surtout lorsqu'on descend aux détails, — il doit être autant chirurgical que médical. Il reste à y joindre les maladies des kysto-membranes d'inclusion. Certaines fièvres ont été localisées dans le système kysteux ; exemple : la fièvre puerpérale dans la péritonite, de même certaines vésanies dans la méningite, etc. Toutes les lésions physiques, vitales et organiques sont pour quelques unes congénitales ou acquises. Un tableau ne peut exprimer tous ces cas ; néanmoins, tel qu'il est composé, il est encore assez important pour qu'on ne vienne pas à le nier ou à le retrancher un jour de beau caprice.

Etudions maintenant ce tableau nosologique des kysto-membranes, mais seulement sous le rapport du but que nous nous proposons, à savoir la démonstration de l'existence de ces membranes organiques.

Nous n'avons rien autre chose à faire pour le moment dans ce premier volume.

Phlegmasies.

Parmi les phlegmasies des différentes parties du corps

humain, celles des séreuses occupent une grande place. Pinel
a commencé à les distinguer, mais ce fut surtout Bichat qui
en enseignant la séparation des tissus les uns des autres dans
les organes complexes , isola la phlegmasie des séreuses de
celle des organes sous-jacents. — Quel progrès ! c'était en
effet établir nettement la doctrine du siège des maladies,
c'est à dire l'anatomie pathologique, c'était substituer en partie le diagnostic anatomique au diagnostic symptômatolo-
gique de jadis. Je lis dans le *Dictionnaire des Sciences
médicales* (article *péritonite,* répété de Buisson, discours
sur Bichat) : « Longtemps la péritonite fut confondue , sous
le nom d'inflammation du bas ventre, avec celle des viscères abdominaux, et c'est à Bichat que revient le mérite
d'avoir pensé que l'inflammation du péritoine est une maladie distincte, et qu'elle doit être séparée de l'entérite,
de la gastrite, comme la pleurésie est distincte de la
pneumonie. » — C'est là une véritable dissection de la
maladie. Cet excellent observateur jeta également la lumière dans l'étude des lésions des tumeurs blanches par
l'histoire de la synoviale des articulations. C'est encore un
honneur de plus pour lui. Les phlegmasies des kysto-
membranes sont fréquentes, tant de causes internes et externes les provoquent. Elles compliquent d'autres états morbides plus souvent qu'elles ne sont compliquées par eux;
elles sont aiguës ou chroniques. De toutes les maladies du
système kysteux, sans contredit, la phlegmasie est celle qui
est la plus caractéristique du tissu. (Broussais et Gendrin,
Histoire anatomique des inflammations et *Traité philosophique de médecine pratique.*) Son produit pseudo-membraneux est sans analogue dans les autres membranes. Par
là, les séreuses se spécialisent. Si elles sont petites, l'inflammation envahit toute la membrane, si elles sont grandes;
elle est tantôt générale, tantôt partielle, mais partout uniforme dans ses caractères. En même temps que le tissu s'en-

treprend, s'altère, la sécrétion change et s'accumule, et contient des flocons de fausse membrane. Les symptômes ont entre eux beaucoup de ressemblance, l'identité d'anatomie pathologique d'un tissu entraîne l'identité de physiologie pathologique, cela se conçoit. — Toutes les phlegmasies des kysteuses donnent lieu à de la douleur, à de la matité, à des changements survenus dans la conformation de la région occupée par elles, à des bruits de frottement propres à elles, à des modifications aussi dans l'intensité et même dans la nature des bruits qui se passent dans le sein des organes que celles d'entre elles malades enveloppent et cachent de cette façon à l'investigation.

Notre but n'est pas ici de faire de la discussion médicale sur la forme et le fond, les symptômes et les lésions, et sur les causes des maladies des kysto-membranes, mais bien d'en dire assez pour caractériser cet ordre d'organes.

Or, entre autres lésions du tissu sécréteur nous avons les pseudo-membranes et les adhérences.

Pseudo-membranes et adhérences.

La pseudo-membrane émanée de la surface libre des kysto-membranes enflammées, est vraiment caractéristique de leur phlegmasie, car elle est leur produit inflammatoire particulier, et dans toutes les espèces kysteuses il est le même. Et c'est ce néoplasme qui va devenir le sol de plusieurs évolutions de tissus vivants, retenu qu'il est dans l'intérieur des cavités kysteuses; il jouit en effet d'une faculté d'organisation très prononcée. Nous ne voulons pas, je le répète, décrire actuellement les effets de l'inflammation aiguë ou chronique ou de toute autre forme, sur le solide sécréteur ou sur le liquide sécrété: tels les injections rouges arborisées de la membrane, qui se rapprochent de la surface interne; les changements dans l'épaisseur, la diaphanéité, et

la consistance; l'épaississement, la perte de la transpa:
rence, la fragilité, la décohésion de la connexion avec les
parties voisines, le dépolissement, la conversion en pseudo-
muqueuse, grenue, fongueuse, suppurante, etc.; ni la recherche de la membrane précise, ni son exhalation d'une
matière concrescible, couenneuse, agglutinative et organisable, ou d'une sérosité trouble, floconneuse, demi-purulente
ou sanguinolente, ou même purulente, etc. Nous retranchons
tous ces détails graphiques d'anatomie pathologique.

Dans ce chapitre je vais considérer seulement la pseudo-
membrane, comme caractère de la phlegmasie des membranes kysteuses, comme siège de quelques unes des révolutions
organiques que l'on disait se passer soit sous la séreuse,
soit dans son épaisseur, etc., et ainsi nous poursuivrons
notre ligne nosographique, nous appliquant toujours à
rechercher l'identité des tissus par l'analogie d'altération
des solides et des liquides. Ces produits membraniformes
des séreuses, appelés pseudo-membranes, indiquent que
le siège de l'inflammation est bien dans le tissu kysteux,
puisqu'ils lui appartiennent exclusivement. Les pseudo-
membranes des muqueuses si bien étudiées par Guersant,
Bretonneau de Tours, Blache (thèse) telles que celles des
angines, des croups et même des conjonctivites (Chaussier),
diffèrent de ceux-ci totalement. En effet ces exsudations couen-
neuses dépendant toujours d'une cause spéciale de mauvais
caractère, coïncidant souvent avec les épidémies, sont très
peu ou point du tout susceptibles d'organisation, quoi qu'en
disent Albert, Sœmmering, Caillot, Villermé, Guersant.
M. Gendrin n'a jamais distingué dans une fausse membrane
provenant d'une muqueuse, le moindre linéament vasculaire,
la moindre trace d'organisation. Enfin elles doivent être ex-
pulsées au dehors comme des corps étrangers et nuisibles;
ils sont éliminés. Cette dernière différence est capitale.

La matière première des cicatrices, la lymphe plastique

coagulable, comme on la dénomme, s'en approche plutôt, car elle dérive du tissu cellulaire dont les points de contact avec les séreuses sont si nombreux et si exacts ; cet eau organique qui préside aux réunions par première intention, ne se forme cependant pas dans les mêmes circonstances, car elle précède l'inflammation plutôt qu'elle ne la suit ; l'adhésion est rapide, et l'élément inflammatoire ne paraît pas intervenir ; elle se fait d'après cette loi générale en vertu de laquelle deux parties organisées et douées de la vie, ne peuvent être mises en rapport de contiguité exacte par leurs surfaces vives, sans que l'une d'elles ne vienne adhérer à l'autre. Les procédés de greffe animale (autoplastie) et végétale le prouvent entièrement, la cicatrisation et la greffe ovulaire sont du même ordre.

La vascularisation de certains caillots de sang et des pseudo-membranes interorganiques est une conséquence de cette autre loi en vertu de laquelle toute matière plastique, fibrineuse (Delamotte, Velpeau, thèse 1833, Huberson, thèse 1837) ou pseudo-membraneuse qui est déposée dans le corps vivant, tend à s'organiser, et une fois cette organisation accomplie, on doit accepter comme corollaire de cette loi : la formation de diverses évolutions hystologiques et de divers produits même morbides dans son épaisseur.

M. Pigné (*Bulletin de la société anatomique*, 1844) a parfaitement saisi ces changements qui s'opèrent au sein des pseudo-membranes. Commençons par raconter ce que nous avons nous-même observé sur la plèvre d'un poumon tuberculeux. Les différents degrés de la pleurésie pseudo-membraneuse existaient, et ce que je vais dire assurément convient à tous les cas analogues que présentent les autres séreuses ; — le siège des pseudo-membranes est très varié, on en trouve dans les vaisseaux (Ribes, Lobstein), dans les articulations, dans les kysto-membranes d'inclusion, etc. ;

et quel qu'il soit, les mêmes conditions se rencontrent.—Or voici mon observation :

Premier degré. Agglutination visqueuse, gélatineuse des scissures pulmonaires à l'instar de deux surfaces de verre retenues l'une à l'autre par une matière grasse, huileuse, point d'adhérence, mais juxtaposition et accolement par une légère couche glutineuse, amorphe, à vie latente, avec puissance de formation comme elle existe dans l'œuf fécond et récemment pondu. La moindre traction les fait séparer, l'injection est peu vive, la couche est transparente, et le poli conservé ainsi que les attributs anatomiques et physiologiques de la séreuse sous-jacente.

Deuxième degré. La couche est plus abondante dans d'autres points, à l'apparence d'une gelée jaunâtre ; à l'aspect des crachats pneumoniques, à cellules qui simulent l'aération des crachats spumeux, commencement de cellularisation adhérente aux deux surfaces pariétale et viscérale de la séreuse. A travers cette matière molle, épaisse de quelques millimètres, encore séparable, transformée en couenne, s'étendent d'une paroi à l'autre des lignes rouges, ondulées ; sont-ce des stries de sang comme on en rencontre dans certaines expectorations, ou bien du sang et des vaisseaux tout naturellement formés, constitués de toute pièce, ainsi qu'ils apparaissent dans l'œuf ? on les voit arborisés à leurs deux extrémités ; en suivant bien de près leur trajet, aussi facile à découvrir que les jeunes vaisseaux capillaires du fœtus des premières semaines, dont le tissu cellulaire est encore demi-fluide ; j'ai pu constater en effet que c'étaient de vrais vaisseaux, se continuant directement avec les vaisseaux du parenchyme pulmonaire. Dans une place où la pseudo-membrane était encore plus solidifiée, je suis parvenu, par l'effort de l'arrachement, à rompre ces vaisseaux à leur point d'immergence dans la pseudo-membrane, et aussitôt j'aperçus une foule de petits points rouges sur la plèvre dépouillée de sa fausse membrane. Je pressai le poumon, et le sang se répandit en nappe par ces mille pertuis; du côté de la fausse membrane, j'obtenais le même résultat, ses vaisseaux se vidèrent en produisant comme des ecchymoses, des petites taches de sang à la périphérie, et la laissèrent pâle, décolorée. Donc plus de doute, ce sont de vrais vaisseaux, Hunter les appelait accidentels et les disait appelés à se rejoindre à la grande circulation générale. Béclard les a injectés d'ailleurs, et Schreder aussi. Ce dernier les croyait même des lymphatiques. La séreuse sous la pseudo-membrane était humide, avait encore son poli; cependant, celui-ci paraissait moins à cause de la coloration rouge de ces orifices multipliés par lesquels sourdait le sang. La partie liquide de l'épanchement était en petite quantité; primitivement, était-elle en plus grande messe, s'est-elle résorbée? je ne sais, mais je constate qu'une partie s'est organisée.

Troisième degré. Ailleurs, la couche pseudo-membraneuse intermédiaire aux feuillets pariétal et viscéral de la séreuse est plus épaisse, plus rougeâtre et vasculaire, plus solide; la disjonction des deux lames séreuses est plus difficile; obtenue par un écartement violent, la pseudo-membrane se déchire et semble se partager plutôt par le milieu que dans le point où elle adhère cette fois très intimement à la surface séreuse, de sorte que les deux plans de la séparation ou lambeaux offrent un aspect floconneux, inégal, mameloné, villeux, comparable, selon Corvisart, à un bonnet de veau ou à un gateau de miel; selon Hope, à la surface qu'on obtient en écartant deux assiettes enduites de beurre; selon M. Bouillaud, à la langue d'un chat. Ces comparaisons variées, indiquent la différence de configuration de la pseudo-membrane, soit qu'elle ait été arrachée, soit qu'elle ait bourgeonné, séparée qu'elle était d'elle-même par un liquide pathologique placé à son centre. Suivant l'ordre de fréquence des cas où l'on rencontre des adhérences sur les cadavres, on placerait, selon Bichat, la plèvre en tête, puis le péritoine, le péricarde, la tunique vaginale, l'arachnoïde, la moins susceptible d'adhésion morbide.

Mais je reviens à M. Pigné, qui a suivi la succession, l'ordre et la direction du travail organique auquel est en proie la pseudo-membrane.

Cette exsudation plastique, la même pour toutes les divisions, toutes les pertes de substance et les parties opérées, comme aussi pour toutes les surfaces séreuses, suffit à la guérison. Dans le premier cas, elle rétablit la continuité des organes lésés, si elle n'est pas entraînée par le sang; et dans le second, par l'adhésion des parties contiguës malades qui est aussi un mode d'épuisement de la cause morbifique, et souvent un moyen d'empêcher la production du pus, liquide beaucoup plus dangereux elle oblitère la cavité. Elle est donc la matière des adhérences dans le principe, elle est fluide, puis passe à l'état de pseudo-membrane. Produit accidentel dont la consistance, l'épaisseur vont croissant depuis le moment de sa déposition, car le liquide plastique, à mesure qu'il est exhalé, traverse les couches déjà déposées, et s'organise à son tour en une couche concentrique aux premières. On l'a vu de l'épaisseur de 1 millimètre à deux centimètres. La matière est comme lardacée, et quand on la détache on constate que la séreuse n'a que l'épaisseur qui lui est propre (Fouquier); ce qui n'empêche cependant pas la pseudo-membrane de laisser passer les fluides de la séreuse qui continuent à être exhalés comme si elle n'existait pas. Telle est la première période de la pseudo-membrane à l'état pulpeux.

A la deuxième période (état muqueux), l'existence de la pseudo-membrane est moins isolée, les feuillets pariétal et viscéral tendent à adhérer ensemble, si le liquide intermédiaire se résorbe et si eux-mêmes sont au même degré d'inflammation et de développement; c'est alors que la pseudo-membrane qui au premier état pouvait disparaître, au second reste permanent, et pour elle s'ouvre deux époques. D'abord elle s'organise pour vivre indépendante et prendre les caractères physiques et les propriétés de l'organe dans lequel elle s'évolutionne ; le liquide est parti, l'inflammation est tombée, tout est propice à cette direction du travail organique. Elle donne lieu à des bruits, laisse encore le poli de la séreuse ancienne. Enfin elle sera séreuse si l'organe au milieu duquel elle s'organise est séreux. Ensuite la pseudo-membrane ne s'arrête pas là, elle se transforme en dépassant cette nature et en courant à une autre, déjà connue et plus ascendante, elle s'ossifiera par exemple. En elle on remarque en effet des actes vitaux, une vie, un accroissement par intussusception, et une fois formée, même une aptitude à se malidifier. Mais suivons ses phases.

A la troisième période, elle est arrivée à son état celluleux, sa nature est plus membraneuse, serrée, résistante, vasculaire, élastique, rétractile, elle modifie la forme de la cavité où elle est née, applique feuillet à feuillet si ces organes glissent peu ; s'effile en brides, s'ils réagissent contre l'obstacle qu'elle apporte au jeu de l'organe : celui-ci redoublant d'énergie, de mouvement.

A la quatrième période, c'est l'état fibreux ou demi-musculaire. La présence des artères, des veines, des nerfs, plutôt nouveaux que prolongés ; la possibilité d'ecchymoses et d'hémorrhagies ; la formation du tissu cellulaire d'union entre les parties divisées ou la surface séreuse avec la pseudo-membrane qui est colorée, une sensibilité spéciale ; tout annonce une évolution plus avancée. Telle elle se comporte dans le muscle où le tendon divisé, en rétablissant leur intégrité anatomique et physiologique. Alors la fusion est plus complète et la transsubstantiation progressive, en même temps la séreuse semble être détruite par son identification avec la pseudo-membrane organisée et qui la remplace. Elle reste celluleuse ou devient même séreuse dans la séreuse, un véritable kyste que M. Velpeau a pris pour la reproduction de l'ancienne cavité séreuse. Alors elle fonctionne comme les séreuses elle-mêmes.

A la cinquième période, les vaisseaux disparaissent en partie, diminuent de nombre et de calibre. La matière cartilagineuse se dépose ; ordinairement ce dépôt a lieu dans le kyste pseudo-membraneux, de sorte que le cartilage nouvellement formé est lisse à sa surface interne, ce qui a fait croire que son développement s'opérait sous la séreuse véritable, dans le tissu cellulaire sous-séreux.

A la sixième période, la matière ostéo-calcaire remplace la matière cartilagineuse, conserve les mêmes rapports et donne lieu à la même illusion. Cet os accidentel se forme par granulations isolées, arrondies, à surface murale, consistantes, qui se confondent ensuite par plaques ; il appartient plutôt au feuillet pariétal, et son envahissement ou incrustation se montre de la surface libre à la surface adhérente. Il est poreux, léger, aréolaire centralement; à suc médullaire : amorphe, selon d'autres. Ainsi, l'ossification n'est pas propre au tissu cellulaire sous-séreux, ni à la séreuse elle-même; mais bien à la pseudo-membrane. Dans les parenchymes divisés naît aussi un véritable os, adhérent de tous côtés.

On ne constate aucune autre période de transformation. La pseudo-membrane parcourt nécessairement les phases sans en sauter une ; elle y arrive plus ou moins rapidement ; elle s'organise tant qu'elle n'est pas parvenue à représenter la constitution statique et à jouir de l'état dynamique de l'organe où elle naît; c'est alors que son développement est complet. Elle se transforme dès qu'elle passe à un état d'organisation plus avancé que celui dont est doué l'organe où elle est parue ; et c'est sa tendance d'en abandonner la structure et les fonctions pour prendre celles d'un autre plus élevé.

Si la pseudo-membrane suppure, elle bourgeonne et devient pseudo-muqueuse ; plus tard, elle se flétrit et se cellularise. Tel est le compte-rendu de l'article de M. Pigné,
qui ne s'occupe guère de l'épithélium de la séreuse ; nous
n'y ferons pas attention davantage. Seulement, je finirai par
cette observation curieuse : la pseudo-membrane a ses maladies ; telles l'infiltration purulente, la tuberculisation, les
hémorrhagies, etc.

Un effet encore remarquable de l'inflammation de la séreuse des vaisseaux, c'est la coagulation du sang au foyer
du mal. Probablement l'état de la membrane avec laquelle le
sang est en contact, exerce une certaine influence sur ce
phénomène ; nous n'avons pas à nous y arrêter. Je ne discu-
terai pas non plus toutes les formes des phlegmasies des
kysteuses ; seulement, je dirai que ces membranes sont
exemptes d'exanthèmes, de stygmates de la maladie véné-
rienne, et d'inflammations épidémiques.

L'Hyperhémie active ou passive des kysto-membranes,
leur *anhémie,* leur *hémorrhagie* d'ailleurs rare, n'ont rien
de spécial, et ressemblent aux mêmes états pathologiques
des autres tissus : nous passons outre.

Hydropisies.

Les seuls tissus qui s'hydropisent sont le tissu cellulaire et
les kysto-membranes. De là l'œdème, l'anasarque et les hydropisies proprement dites. Nous nous contenterons d'établir seulement ici les propositions suivantes. L'hydropisie
est commune à toutes les espèces kysteuses, et établit de son
côté leur analogie. Le liquide hydropique est essentiellement différent de l'épanchement inflammatoire des séreuses.
L'hypersécrétion en est souvent l'origine, et le mot qui désigne cet élément nosologique n'est pas vide de sens. (Laennec,

page 163; annotations par Andral, page 54, 1836; Roche et Sanson, t. II, pages 451 et 456; Andral, *Précis d'anatomie pathologique*, page 38.)

La ligne de démarcation entre un hydrothorax aigu et une pleurésie légère est insaisissable, même les pièces anatomiques en main, *à fortiori* symptômatologiquement, et sous tous les autres rapports de prognostic et de traitement. Quelle différence bien appréciable peut, en effet, exister entre une subinflammation et une phlegmasie légère des séreuses? Il n'en est plus de même d'un hydrothorax et d'une pleurésie aiguë.

Les douleurs rhumatismales ou névralgiques siégeant près ou dans les organes des sécrétions influencent ordinairement la sécrétion sans altérer visiblement l'organe producteur ; exemple : l'on voit des œdèmes aigus sans phlegmon, des hypersécrétions des séreuses sans phlegmasie ni produits inflammatoires ; un rapport de succession et de causalité lie ces phénomènes. Une funeste compression sur les organes voisins, souvent essentiels à la vie, résulte de leur collection hydropique qui les refoule sans cesse en s'accroissant.

C'est ainsi qu'un trouble fonctionnel en appelle un autre et que s'enraye de proche en proche l'organisme. Les organes en sont atrophiés, et quelquefois réduits à un amas de vésicules. Cette lésion de sécrétion, qui consiste dans l'augmentation, est quelquefois précédée de la suspension de la sécrétion normale, d'où la sécheresse de la membrane, de là aussi des bruits particuliers (V. *l'auscultation des kysto-membranes*), que nous avons déjà indiqués à cette période. Un dernier mot : il n'y a pas à proprement parler d'hydropisies des membranes muqueuses ; par conséquent, on ne devrait conserver cette dénomination que pour les flux des séreuses.

Pneumatoses.

La pneumatose des kysto-membranes (*pneumatosis saccata*, Franck), n'est pas à proprement dire un caractère distinctif des espèces kysteuses, car la production de gaz s'opère dans toutes les cavités naturelles du corps humain. Quoi qu'il en soit, c'est un phénomène assez remarquable pour le tissu kysteux qui se remplit de fluide gazeux comme le tissu cellulaire (emphysème).

Beaucoup de séreuses sont situées près de cavités qui en contiennent naturellement; qu'une perforation s'établisse, et le gaz fera irruption. Ex : Le pneumothorax, la tympanite péritonéale. D'autres fois, le gaz qui distend les cavités kysteuses résulte de la décomposition chimique ou putride des liquides pathologiques contenus à leur intérieur ; c'est aussi, dans d'autres circonstances, un phénomène cadavérique. Mais la véritable pneumatose est l'exhalation gazeuse. J'ajouterai que l'on a presque à volonté créé des kystes gazeux artificiels, à l'aide d'injections comme nous avons déjà eu occasion de le dire. Une ponction peut encore être la voie par laquelle l'air peut s'y introduire. Enfin, la réplétion du sac kysteux, quelle que soit la matière qui y soit épanchée, est toujours capable de nuire au jeu fonctionnel des parties voisines, quand elle devient considérable. L'air, dans les veines est ce qu'il y a de plus funeste, de plus promptement mortel. J'en ai vu un exemple terrible à l'Hôtel-Dieu, dans le moment d'une opération chirurgicale.

Épanchements des kysto-membranes.

Leur origine est intrinsèque ou extrinsèque; ceux de la dernière espèce sont les vrais épanchements. La position des séreuses les expose à ces accidents; tantôt elles sont inondées par des flots de sérosité d'un kyste sous-séreux, tantôt par le pus d'une cavité pyogénique voisine, par l'urine, de la bile, des matières stercorales, si c'est le péritoine ; par de l'air atmosphérique, si c'est la plèvre ; par du sang, si un anévrysme adjacent vient à s'y ouvrir ; enfin ce sont des hydatides (Morgagni), des débris de fœtus, etc. Comme on le voit, ces épanchements sont très variés ; ils occupent une place très importante en chirurgie. Ce serait le moment d'étudier de quelle manière les séreuses se comportent quand elles sont le siège d'un épanchement liquide ou gazeux pour en tirer des conséquences pratiques.

Déjà l'on possède un article de M. Malgaigne sur l'innocuité du contact de l'air dans les incisions sous-cutanées en réponse à M. J. Guérin (*Journal de chirurgie*, 1843), une série d'expériences de M. Bernard, sur l'introduction de divers gaz dans le tissu cellulaire (*Traité des cavités closes*, de M. Velpeau, 1843) ; les expériences de Scoutetten (*Injection de bile dans le péritoine des chiens*), l'article *air* de M. Ollivier d'Angers (*Dict. des sciences médicales*, 1833l), les expériences de Béclard, de John Davy, d'Astley Cooper, de Sicler, Baudens, Guyot et Gendrin. Puis une foule d'observations sur les injections liquides ou gazeuses faites dans les membranes kysteuses, dans un but thérapeutique ; des observations sur les hémorrhagies traumatiques, et les plaies pénétrantes des séreuses, etc. Cette revue capitale exigeant des recherches expérimentales nombreuses, et une longue pratique des hôpitaux, nous remettons à plus tard le soin d'en traiter. En tous cas, je dis que tous ces épanchements font ressortir la spécificité du tissu avec lequel ils sont en contact. De deux choses l'une, ou bien la kysto-membrane absorbe le fluide étranger qui est venu occuper sa cavité, et est à peine troublée dans ses fonctions ; ou bien elle est irritée et son inflammation est adhésive ou purulente.

Corps étrangers ou corpuscules hydatiformes des kysteuses.

Ces sortes de petits corps ont occupé beaucoup la sagacité des observateurs, la plus grande divergence d'opinions règne sur leur compte; néanmoins on ne les rencontre guère que dans des cavités kysteuses, voilà le fait le plus positif. Peut-être sont-ils de diverse nature, ce qui expliquerait les contradictions des auteurs. En effet, les uns ont cru reconnaître des concrétions amorphes, les autres des corps organisés, des hydatides (Dupuytren, Laennec); Raspail même les appelle ovuligères, genre nouveau, intermédiaire selon lui entre l'hydatide proprement dite et la cénure ou vessie kysteuse douée de l'animalité. D'autres n'y voient que des grains d'albumine, de graisse, d'adipocire (Duméril, Bosc); d'autres de la fibrine modifiée (Velpeau), des fragments de cartilages anciens ou nouveaux (Laennec), des pétrifications, des cristallisations salines ou tophacées, des transformations de pseudo-membranes. En d'autres temps et lieu nous discuterons cette question de la nature de ces corps, qui tantôt sont libres dès le commencement de leur création, tantôt pédiculés dans le principe et devenus libres plus tard. Qu'il nous suffise de connaître leur localisation; l'origine des phlébolithes n'est pas mieux appréciée; les otolithes seraient-ils des corps étrangers normaux?

Mais hâtons-nous d'arriver au chapitre des anomalies du tissu kystéux et de ses formations accidentelles.

Anomalies des kysto-membranes.

(Anatomie tératologique, etc.)

Les séreuses offrent assez souvent des dispositions anormales qui dépendent pour la plupart de celles des viscères et de la cavité qu'elles tapissent : exemple, pour le péritoine, le cas de l'absence d'une partie de l'abdomen chez certains acéphales, celui de la persistance d'ouvertures naturelles qui donnent lieu aux diverses espèces de hernies. Les séreuses se déplacent avec les organes auxquels elles sont attachées (transpositions de viscères), et manquent quand ceux-ci manquent absolument eux-mêmes (ex. : le cœur et le péricarde), ou bien : quand l'organe existant n'a pas pris sa place (ex. : la tunique vaginale). On peut voir dans les leçons de hernies de M. Malgaigne, que nous avons rédigées (1840), dans quelles proportions cette anomalie se répète de fois.

Dans quelques cas plus rares les vices de conformation des séreuses sont indépendants des parois avec lesquelles elles sont en rapport. Tels sont pour le péritoine les feuillets épiploïques surnuméraires vus par Neubauer, Ollivier d'Angers, Béclard, Scoutetten, les sacs, les enfoncements, les replis, les ouvertures, y compris les brides résultant d'adhérences pathologiques. Les séreuses présentent aussi des prolongements nouveaux, mais qui sont commandés par certaines dispositions des viscères.

Ainsi, j'ai publié moi-même dans le *Bulletin de la Société anatomique*, 1843, une petite note touchant la disposition du péritoine sur un diverticulum de l'intestin grêle; à propos de cette note, j'ai donné quelques considérations d'anatomie et de pathologie, de herniologie intestinulaire qui m'ont attiré un compliment de notre honorable vice-président de la Société anatomique, mon collègue M. Gaubric, dans un consciencieux et laborieux compte-rendu des travaux de l'année 1843-1844. Sans doute les séreuses suivent les anomalies des organes; s'il y a deux moelles épinières, il y a aussi deux arachnoïdes, comme il arrive assez souvent qu'il y ait deux amnios pour deux fœtus; aussi les kysto-membranes sont-elles doubles si les organes sont doubles. Elles en suivent, en effet, toutes les sinuosités et subdivisions;

elles se multiplient si l'organe se multiplie lui-même; la grossesse multiple en est certainement la preuve.

Telles sont les observations générales qui ont été faites sur ce chapitre. En tous cas l'anatomie tératologique des tissus et des kysto-membranes en particulier est à faire comme leur anatomie comparée. Je ne rappellerai pas les anomalies déjà citées dans le cours de l'ouvrage : anomalies de colorations, les pigments ; de structure, les transformations hystologiques ; de position, dans les cas où il y a inversion splanchnique , transpositions des viscères eux-mêmes ou tout autre déplacement primitif, ou acquis des organes (ex. : hernies congénitales , rétention des testicules) ; de perforation persistante par jonction ou fusion de parties ordinairement disjointes , ou par cloisonnement ; d'ouverture permanente par disjonction de parties ordinairement continues (ex. : la perforation congénitale du diaphragme qui, chez l'homme, est une monstruosité, et qui, chez certains animaux est un état parfait ; les éventrations, le trou de Botal, etc.) : alors il y a absence d'une partie de la membrane, la continuité est en défaut ; enfin anomalies de nombre , absence ou surnumérariat, suivant que tel organe manque ou est divisé, double ou répété , et bien d'autres anomalies qui certainement sont plus nombreuses, et le deviendront quand l'attention des tératologistes les poursuivront dans chaque tissu.

Transformation.

(Homéoplasties ; tissu kysteux accidentel.)

Nous avons dit quelque part : la doctrine de la filiation des tissus est fondée sur l'embryogénie et la zoogénie ; elle tire encore ses certificats de vie de l'état anormal et morbide. Le chapitre des transformations hystologiques est, en effet, une nouvelle preuve à invoquer.

Les transformations de la matière organique sont, comme on le sait, divisées en deux classes : 1° les homéoplasties ,

2° les hétéroplasties ; voyons la première. A. *Homéoplasties* (transformations proprement dites, morbides, homologues). On désigne ainsi les changements d'un tissu déjà existant en un autre également existant (ex. : une muqueuse cutanisée). Il n'y a que le travail qui soit morbide, par cela même qu'il est accidentel ; mais le produit ne l'est pas, anatomiquement parlant (ex. : la bourse sous-cutanée accidentelle). Il peut cependant le devenir et il le devient s'il entrave certaines fonctions au lieu de les servir (ex. : les ossifications artérielles). Les mêmes changements s'opèrent dans d'autres circonstances au sein d'une matière nouvelle, néoplasmatique (ex. : les pseudo-membranes des séreuses, les kystéoses, pseudarthroses, etc.). Quand un tissu perd peu à peu les caractères propres de son organisation, pour revêtir ceux d'un autre tissu placé à un degré au dessus ou au dessous dans l'échelle hystologique, ou bien quand un tissu transformé revient à son état primitif, il se passe là en apparence une aberration de nutrition, et cependant tous ces développements sont fidèles aux lois d'assimilation que présente l'embryogénie ou la zoogénie ; l'ordre est encore ici dans le désordre. L'étude de toutes les autres anomalies l'a déjà constaté péremptoirement.

Du reste, cette mutation dans la composition des matériaux s'effectue dans des limites rationnelles du connu et de l'état anatomique sain ; plus un tissu est primitif et animal, plus il reste invariable ; ainsi le nerf ne peut être autre chose que de la substance nerveuse, et nul autre tissu ne peut se métamorphoser en nerf. On admet plutôt des reproductions ou des cicatrices de nerfs rétablissant la continuité de leur trajet qu'une transformation d'une substance animale ancienne en nerf. (*Voyez* l'Observation de M. Horteloup *Journal des connaissances médico-chirurgicales.*) — Le tissu musculaire pâlit, s'atrophie, se charge de graisse, mais c'est tout ; il ne disparaît pas entièrement. Quant aux tissus se-

condaires ou dérivés, ils peuvent passer par diverses tex-
tures ascendantes ou descendantes, ils peuvent s'éloigner
ou se rapprocher du tissu cellulaire, leur matrice commune,
matière la plus végétative du corps, ce qui a pu faire croire
parfois à l'absence primitive de la séreuse (ex. : le péricarde).

Pour ne parler que du tissu kysteux, que voit-on ? Tantôt
c'est une cavité kysteuse qui s'oblitère et la paroi se cellularise, tantôt c'est du tissu cellulaire ancien ou néoplastique qui
s'organise en poche séreuse, et sous l'influence de quelle cause ?
Dans un cas, c'est un travail d'irritation, ou une cessation de
fonction ; l'organe changé est depuis quelque temps réduit à n'être plus en exercice ; dans un autre cas, la cause
est une nouvelle fonction, l'organe est forcé de remplir un
service auquel il n'était pas destiné par son organisation.
Alors il change suivant sa destination, et il ne prend une
forme et une texture qu'à la condition de remplir la fonction
spéciale correspondante.

Bichat et Andral ont saisi toutes ces influences causales.
C'est aussi l'occasion de répéter cette formule de M. J. Guérin : la fonction fait l'organe, elle est sa condition d'existence
plutôt que son résultat, elle commande et domine l'organisation nouvelle. D'autres fois, l'on voit le système séreux
cellularisé redevenir séreux au même lieu, en d'autres termes, la cavité close se reproduit quelquefois après avoir été
détruite soit par le repos, le défaut d'utilisation, soit par
une inflammation adhésive, spontanée ou artificielle ; c'est
l'avis de M. Velpeau. Quant aux transformations ascendantes
du système séreux, elles sont limitées aux dérivés ; le fibreux, le cartilagineux et l'osseux se montrent dans sa texture ; pour certains auteurs, M. Pigné entre autres, ces
modifications de structure ont leur évolution dans les pseudo-membranes des séreuses plutôt que dans les séreuses
elles-mêmes. Enfin, avant de terminer cette introduction

sur les transformations du système séreux, rappelons cette parole de M. Andral : La transformation des tissus les uns dans les autres est un fait remarquable des êtres organisés, l'embryogénie en est témoin. Plusieurs tissus n'acquièrent leur état parfait, qu'après avoir successivement passé par un ou par deux tissus. La zoogénie dépose également en ce sens. Tel tissu disparaît pour être remplacé par un autre, chez l'homme comme chez une espèce animale quelconque. Ces changements s'opèrent en état de santé et de maladie. Ainsi le tissu cellulaire remplace ou se transforme. La pseudo-membrane a ses évolutions particulières, etc. etc...

Enfin, disons en deux mots quelles sont les conditions qui font qu'elles deviennent souvent des maladies, et comment leur développement est une cause pathogénique.

1° En raison du siège : Ainsi une poche séreuse se forme là où elle ne devrait pas être, et où elle s'oppose au mécanisme animal. Telle la fausse articulation entre deux fragments osseux ou cartilagineux.

2° En raison de leurs altérations propres : La poche séreuse nouvelle s'hydropise et gêne les fonctions des organes voisins par son volume, et les atrophie par compression, etc.

Ceci nous mène à examiner quelque peu les principales homéoplasties du système kysteux.

Les pseudo-membranes déjà décrites se placent au premier rang, ensuite viennent les kystes.

Des Kystes proprement dits.

Voilà un vieux mot de l'ancienne nosographie qu'il faut nécessairement changer, corriger entièrement. Les anatomo-pathologistes doivent à la rigueur de leurs principes en montrer la défectuosité nominale; le nom de kystes a été donné à trop de tumeurs différentes, pour qu'il soit possible de le conserver, et il ne pouvait en être autrement. On voulait lui faire désigner toute cavité anormale. Cherchons donc à distinguer et à préciser le vrai sens de ce mot qui est devenu, en dernier ressort, le radical du nom générique imposé à tout l'ensemble des séreuses des synoviales, etc., le système kysteux enfin. — Commençons cette réforme de nomenclature. Autrefois, on les divisait en plusieurs catégories d'après leur structure, leur contenu, leurs régions, etc. M. Sédillot, tout en blâmant cette confusion dans sa thèse de concours (1841), admet cependant cette division peu scientifique, engagé qu'il se croit vis à vis de l'autorité du temps.

Si on consulte l'étymologie, le kyste signifie sac, vessie, vésicule ($\varkappa \upsilon \sigma \tau \iota \varsigma$.) Le véritable kyste pour nous est celui que Bichat a si bien défini dans son Anatomie générale et qu'il a rallié avec tant d'apropos et de bonheur à la classe des séreuses; autrement dit, c'est le kyste séreux des auteurs; celui-là est de nouvelle création, tous les autres kystes ne méritent pas ce nom. Passons-les en revne.

Toute tumeur, bénigne ou maligne, entourée d'une enveloppe simplement celluleuse, et isolée par elle de l'organe où elle est née, n'est à proprement dire enkystée, elle est plutôt ensclérée, je me sers de ce dernier mot parce qu'il est plus anatomique et par conséquent plus vrai. On sait que la dénomination du système scléreux, est aujourd'hui consacrée pour désigner l'ensemble des tissus fibreux, tendineux, aponévrotique et ligamenteux. L'enveloppe de ces tumeurs est en effet scléreuse; un squirrhe, un lipôme, une tumeur mélanique, un corps fibreux, peuvent être ensclérés.

Une portion ramollie du cerveau, un abcès, un tubercule, un séquestre, sont dits aussi improprement enkystés, ils sont plutôt limités par une pseudo-muqueuse que par un véritable kyste; l'enveloppe est une membrane pyogénique.

Beaucoup de kystes vulvaires, de kystes des bourses, ne sont que des hydropisies de sacs herniaires, des hydrocèles, ou des restes du canal de Nuck, et de la tunique vaginale, séreuses naturelles.

Les kystes tendineux sont également des hydropisies des séreuses tendineuses normales, ou celles de sacs herniaires de membranes synoviales articulaires.

Certains ganglions, ou hygroma, sont encore des hydropisies de bourses musculaires naturelles ou accidentelles, mais ne sont pas encore rigoureusement des kystes.

Les loupes (mélicéris, tannes, athérome) sont aussi des pseudo-kystes; elles ne sont, en effet, formées que par une dépression utriculaire de la peau; l'enveloppe de la matière contenue fait partie de l'enveloppe tégumentaire du corps; ce sont des cavités naturelles, dermentériennes.

On ne doit pas non plus confondre avec les kystes les hernies des muqueuses qui se remplissent d'une collection liquide, ou même de pierres dites faussement enkystées, ni les hydropisies partielles et circonscrites des séreuses splanchniques; ni les sacs herniaires.

Les prétendus kystes de l'ovaire sont le plus souvent si, ce n'est toujours, l'hydropisie d'une ovarico-séreuse naturelle.

Les dilatations des canaux médullaires des os par une tumeur fibreuse, ou de toute autre nature, la dilatation de canaux muqueux ne méritent pas non plus ce mot.

La cavité fibrineuse d'un caillot remplie de sang, sans autre limite, n'est pas à proprement parler non plus un kyste (kyste hématique des auteurs).

Le mot kyste n'est donc pas synonyme du mot enveloppe d'une nature quelconque. Qu'appellerons-nous donc kyste? Le voici : c'est toute séreuse de nouvelle formation avec ou sans liquide, ordinairement disposée à l'état hydropique.

La membrane capsulaire des hydatides est aussi, à ce qu'il paraît, de cet ordre là (kystes hydatiques des auteurs); elle contient non seulement un fluide, mais encore des entozoaires; cette spécialité et nouveauté du contenu, et la généra-

tion successive des capsules kysteuses et des zoozoaires nouveaux, nés les uns des autres, les fait étudier à part des
kystes.

Quant à tous les faux kystes que notre définition exclut
complètement, ils appartiennent à d'autres cadres hystologiques et nosologiques. Quelques analogies de traitement ne
suffisent pas pour excuser la confusion du groupe chirurgical mal échafaudé que l'on a voulu construire avec tous les
précédents ; tandis que les analogies de conformation, de
fonctions, de structure, de propriétés vitales, d'affections
qu'ils présentent avec les séreuses, forment une série de
considérations bien plus logiques pour caractériser les vrais
kystes. Aussi, Bichat s'est-il appuyé sur elles, pour les rallier au système séreux.

A notre point de vue de l'exactitude anatomique, il y a
encore bien à faire, afin de bien indiquer la place de toutes
ces productions anormales. Pour cela, il faudrait prendre
chaque kyste en particulier, l'étudier dans ses caractères,
et le classer ensuite. Le seul kyste reconnu par nous fait
partie de l'homéoplastie séreuse, c'est une vésicule close de
nouvelle formation, accidentelle, membraneuse, à surface
interne, lisse, exhalante et absorbante, de texture cellulaire, transparente, à liquide ordinairement clair, limpide,
comme de l'eau, développée dans des endroits où l'on n'a pas
l'habitude de la rencontrer. Voici les espèces principales et les
localisations particulières de ces développements kysteux. Ils
sont de deux classes, comme les kysteuses naturelles : les kystes proprement dits de glissement, et les kystes d'inclusion.

1° Les bourses séreuses sous-cutanées accidentelles sont à
la rigueur des kystes. Leur étude est réunie à celle des bourses séreuses sous-cutanées naturelles, j'y renvoie. — Elles
s'établissent, dit M. Velpeau, partout où, soit des mouvements angulaires, soit des pressions répétées, existent comme
dépendance de certaines fonctions, comme résultat de dif-

formités (pieds bots, gibbosités) ou comme nécessité de profession. En un mot vis à vis tous les reliefs et points frottés; la synoviale des cors aux pieds est de ce nombre, elle a été signalée par J. Hunter.

2° Les bourses synoviales tendineuses accidentelles sont dans le même cas. Quand dans une luxation toutes les parties molles sont déplacées, il s'en forme de nouvelles. J'ai vu à la société anatomique le tendon du biceps se créer un autre rainure bicipitale sur l'humérus et une autre synoviale pour faciliter ses mouvements dans ses nouveaux rapports, si insolites qu'ils soient.

3° Les synoviales des articulations accidentelles ou congénitales, ne sont pas ordinairement considérées comme des kystes, et cependant on peut les y rapporter.

4° Les kystes périphériques des tumeurs sont véritablement quelquefois du genre séreux. Une tumeur énorme, mobile sur les parties profondes, est parfois, en raison de sa locomotion répétée, l'occasion du développement d'une vraie séreuse au dessous d'elle, au point de glissement. M. Demarquay m'a fait voir dans le service de **M.** Blandin (1844), un kyste volumineux sous-jacent à un squirrhe de la mamelle, et qui n'avait pas d'autre raison d'existence. Un cas semblable a été vu par M. Bérard. Le kyste était double parce que le frottement se faisait sur deux points; un cancer énorme du cou balottait sur les deux clavicules, le double kyste s'était interposé entre ces parties.

5° Les pseudarthroses, étudiées par le professeur Breschet et Villermé, nous offrent encore des exemples de ces créations organiques. Si après une fracture, les deux fragments osseux ou cartilagineux jouant l'un sur l'autre ne sont pas tenus immobiles, il peut arriver deux choses; ou bien il se fait une pseudo-amphiarthrose, c'est à dire une consolidation fibreuse; ou bien on observe une véritable cavité articulaire avec cartilage, synoviale, capsule fibreuse, fluides, vaisseaux, enfin une pseudo-diarthrose plus ou moins parfaite et régulière : leur formation se répète dans les conditions d'opération qui les a produites. (*Voyez* les thèses de MM. Laugier, Lambron.) Ces résultats ont été également obtenus par la voie expérimentale (Breschet et Villermé). Cruveilhier s'est également assuré de l'authenticité de ces organisations nouvelles. La pseudo-diarthrose accidentelle a lieu encore quand une tête osseuse est luxée sur une surface osseuse; je dois à l'obligeance de M. Demarquay, aide d'anatomie à la Faculté de médecine, d'avoir pu vérifier ce dernier cas plusieurs fois; il y avait alors continuité entre la nouvelle membrane synoviale et l'ancienne. On comprendra facilement qu'il existe aussi des pseudo-diarthroses congénitales, résultant de la non formation de la cavité articulaire ou de la non formation de la tête de l'os; comme il existe des pseudo-amphiarthroses congénitales résultant de la non réunion des points épiphysaires, et qui passaient pour des fractures non consolidées du squelette du fœtus.

6° Les kystes isolants se forment autour de substances relativement ou absolument étrangères, sorties des voies naturelles; on en a vu autour de corps étrangers, tels que du petit plomb, des balles de fusil qui ont pénétré dans le cerveau, les poumons, etc. Burdach raconte que Tiller introduisit des pièces de monnaie sous la peau de lapins, et au bout de trois semaines il les trouva enfermées dans des poches séreuses, dont la surface extérieure présentait aussi des vaisseaux de nouvelle formation.— Tout corps lisse, tels que des globes de verre, de métal, d'ivoire, insinués et emprisonnés dans le tissu cellulaire, a le privilège de ne pas causer trop d'irritation, et détermine la production d'un kyste. La même chose arrive, dit Burdach, à un dépôt ou caillot de sang (hématocèle, noyaux apoplectiques) que le kyste enveloppant fluidifie et résorbe souvent par sa propre activité plastique; après quoi lui-même disparaît, les parois venant à contracter adhérence entre elles. Le kyste devient aussi un corps isolant entre les organes et leurs entozoaires (*Voyez* les Hydatides). On obtient également des séreuses artificielles ou kysteuses, soit par l'introduction de certaines substances liquides, soit par l'injection de gaz. Une violence subite peut amener un décollement, une collection séro-sanguinolente et bientôt une séreuse, si le liquide persiste.

M. Velpeau dit avoir créé de toutes pièces sous la peau de ces cavités, soit en décollant les tissus par une ponction sous-cutanée, soit en emprisonnant des corps solides, des gaz ou des liquides dans un point donné du tissu cellulaire ; mais il ne les improvise pas immédiatement, il faut attendre un certain temps pour qu'elles se dessinent. Mon collègue M. Bernard, prosecteur du cours de M. Magendie au collège de France, dans des expériences répétées (1843), a produit des kystes artificiels à l'aide d'injections de plusieurs gaz dans le tissu cellulaire des chiens. Il a remarqué que le gaz produit un emphysème diffus, qu'il se déplace, s'accumule en certains points par les mouvements de l'animal ou par la pression de la main, déplacement plus difficile au bout de quelques jours ; la collection gazeuse persiste plus ou moins longtemps, selon la nature du fluide insufflé. — Quelques uns sont très facilement et très promptement absorbés ; ex. : l'air, l'oxygène, l'acide carbonique ; d'autres, au contraire, ont de la peine à être absorbés et ne le sont même pas du tout : l'azote et l'hydrogène ; ils s'ouvrent de vastes cellules ou des cavitées closes à parois organisées en séreuse vivante et suintant une vapeur humide, lubrifiante ; la ponction évacuative affaisse quelquefois ces tissus artificiels sans les détruire ; l'hydropisie s'en empare même. Enfin, certaines insufflations ne sont pas sans innocuité.

Règle générale, ces mêmes kystes, dits isolants, sont rarement permanents, *sublatâ causâ tollitur effectus*. Ainsi l'extraction du corps étranger, l'immobilité de la partie, le

11

temps de la résorption du gaz ou du liquide, ont toujours été suivis de l'oblitération de la cavité.

7° Les kystes concentriques ou pathologiques des tumeurs se forment jusque dans l'intérieur des tissus morbides, tels que le sarcocèle, les masses encéphaloïdes, les corps fibreux, les polypes, les lypomes ; on les rencontre en plus ou moins grand nombre, et leur capacité est même parfois considérable. Elles contiennent jusqu'à plusieurs verres de liquide.

8° Les kystes des pseudo-membranes sont encore de ce nombre ; c'est un autre mode de formation kysteuse dans l'intérieur d'une séreuse qui, elle-même, finit par disparaître ou du moins par perdre ses caractères. — Ce sont les kystes interséreux que j'appelle ainsi pour les distinguer des kystes sousséreux.

9° Les kystes qui succèdent aux poches hématiques, anévrysmales, purulentes transformées s'observent aussi ; les auteurs l'affirment. La paroi fibrineuse, lamelleuse ou pseudomuqueuse, se modifie au point de prendre l'aspect d'une kystomembrane et de contenir un liquide séreux. Ainsi, les épanchements se convertissent d'une matière dans l'autre, comme la membrane elle-même. Dans le cerveau où l'on ne trouve point de tissu cellulaire, la poche kysteuse se forme aux dépens de la lymphe coagulable qui se cellularise, se vascularise et se membranise et devient polie, et capable d'absorber et d'exhaler. Reste la collection aqueuse qui est à charge à l'économie.

10° Les kystes contenant des poils, des dents, des débris de fœtus ou même des fœtus vivants, sont des kystes embryonnaires ; ils peuvent être placées sur la même ligne que les kystes hydatiques renfermant des entozoaires, tissus parasites des séreuses greffés sur leurs parois). — Il y a aussi des kystes de remplissage ; quand un organe ne s'est pas développé dans une de ses parties, ou a subi une perte de substance (ex. : le cerveau), un vrai kyste en occupe la place.

On a observé, à ce qu'il paraît, des cas de diathèse kysteuse. — La pluralité de ces productions est en effet remarquable sur certains sujets ; en voici un exemple : *Epiploum, mesaroeum, hepar, lien, pulmones, cor quoque ipsum et peritoneum, erant obsesa vesiculis aquâ purissimâ plenis et limpidissimâ* (*Sepulchretum Boneti*). Si nous portons nos regards vers la pathologie comparée, nous entendrons certains médecins vétérinaires affirmer qu'un très grand nombre de kystes vésiculeux et bulleux accompagnent les tubercules dans les cas de ladreries des porcs. C'est au point que quelques uns les ont pris pour le signe précurseur et le premier degré de la tuberculisation ; mais c'est là plutôt une simple coïncidence qu'un rapport de causalité, une forme de la maladie.

En résumé, il a des kystes du tissu cellulaire (bourses séreuses sous-cutanées accidentelles), des kystes des séreuses (transformation séreuse des pseudo-membranes), des kystes articulaires (pseudarthroses), des kystes des viscères (hydrocèle du cou, kystes sous-linguaux, longtemps confondus avec la grenouillette, etc.).

Je n'essayerai pas en ce moment d'énumérer tous les sièges possibles des productions kysteuses , entre le péricarde et le sternum (Desault), sous le péritoine, à l'aisselle, au cou, etc... La liste en est très grande ; il nous suffisait de débrouiller leur classement et leurs espèces, et fixer cette forme du tissu kysteux général.

Cette revue aura implicitement montré la cause, l'origine, le siège, l'époque, le mode de production de la formation des kystes. En effet, tantôt on constate la préexistence de l'enveloppe qui est antérieure au contenu, tantôt l'enveloppe est consécutivement installée à la matière contenue et vient après un mouvement insolite, répété, énergique, entre des parties dont les rapports n'ont pas changé , ou bien entre des parties qui au contraire ne les ont pas conservés ; la présence

d'un corps étranger venu du dedans ou du dehors, la dilatation interorganique ou cellulaire opérée par un fluide liquide
ou gazeux, injecté ou extravasé, l'évolution néo-plastique
d'une pseudo-membrane, tels sont les phénomènes qui précèdent, accompagnent la production et la constitution des
kystes. — Du reste l'histoire anatomique, physiologique, pathologique et thérapeutique des séreuses leur est entièrement
applicable.

Jusqu'alors nous avons vu le tissu cellulaire se changer
en tissu kysteux, et réciproquement; nous avons vu aussi la
séreuse ou le plus souvent sa pseudo-membrane se changer
en pseudo-muqueuse, témoin l'abcès périphérique de la vessie que j'ai observé (cystite externe); de même nous avons vu
des plaques fibreuses, fibro-cartilagineuses et même osseuses
naître plus encore dans la pseudo-membrane que dans la séreuse elle-même. — Celle-ci me paraît encore susceptible de
présenter les fongosités, les végétations, les callosités, les
villosités pathologiques qu'on a parfois rencontrées, ainsi
que sa pseudo-membrane

Autres formes de maladies.

Suivons notre tableau et soyons bref. Les autres états organo-pathologiques dont nous allons parler offrent moins
de signes caractéristiques du tissu kysteux. — L'hypertrophie
porte, dit-on, de préférence sur la doublure celluleuse de
la membrane.—L'atrophie s'en empare rarement; cependant
on assure que l'amincissement de ce tissu membraneux va
jusqu'à la perforation sans qu'il y ait trace d'un travail visible
d'altération. L'atrophie consiste parfois aussi dans un retour
de la membrane à l'état cellulaire proprement dit.—Les ulcérations de la kysto-membrane sont réelles; leur mécanisme
tient au développement de matières interstitielles morbides
elles-mêmes ramollies (telles que tubercules), ou bien à un
état de gangrène. — La dilatation se montre dans les vastes

collections hydropiques, les anévrysmes ou les varices, et les tumeurs érectiles : tous les organes creux sont assujettis à la dilatation. — Le rétrécissement et l'oblitération se font naturellement remarquer dans les séreuses qui doivent disparaître d'après les lois du développement; d'autres fois ils résultent, dans les sacs herniaires par exemple, soit de l'adhérence des plis du collet, soit de l'induration phlegmasique de celui-ci. — Je renvoie à l'étude des étranglements herniaires et aux oblitérations pathologiques des artères et des veines, et aux ankyloses. Le ramollissement en quoi consiste-t-il ? Il est tel que la séreuse peut être séparée, décollée des parties sous-jacentes, et se réduit en pulpe par le grattage. — Les taches opaques laiteuses des séreuses paraissent être des épaississements partiels (*pinguedo*), et toujours des reliquats d'inflammations antérieures.

Les hétéroplasties se manifestent également du côté des kysto-membranes, mais rarement; les tubercules s'y montrent sous forme de granulations milliaires : Bichat ne pouvait les qualifier, il les prenait pour une éruption de boutons de petite vérole. L'on a des péritonites, des méningites tuberculeuses, etc., lesquelles se compliquent d'adhérences et plus souvent d'hydropisie locale. Les pseudo-membranes en sont parfois infiltrées; résultat de la dégénération écrouelleuse, comme disent les auteurs qui ont écrit sur les scrofules (Hufeland 1821, Lepelletier 1832, Devering 1832). J'ai vu dernièrement à la société anatomique une pièce assez remarquable; le cœcum d'un phthisique offrait à la fois des tubercules nombreux en partie ramollis, ulcérés et à la séreuse et à la muqueuse de cet intestin. — Le cancer est ordinairement développé dans l'organe voisin; il fait saillie et s'ulcère quelquefois du côté de la séreuse, et fournit par là des hémorrhagies. M. Demarquay m'a rendu témoin d'un de ces cas tiré de la Clinique de M. Blandin : la séreuse, hors de la limite de l'envahissement cancéreux, n'est pas altérée, à moins que les produits liquides du cancer ne l'aient irritée. — La mélanose forme des taches ou des tumeurs sanguines ordinairement sous la séreuse.—Ici viennent encore se ranger les altérations des tumeurs blanches (*articulorum fungus*, Brodie), maladie si commune et qui conduit si souvent à l'amputation, si ce n'est à la mort.

Si nous passons aux lésions physiques, nous entrons dans l'histoire des hernies, des luxations, des invaginations, des renversements d'organes revêtus d'une séreuse; celle-ci, entraînée, contracte parfois, dans ces nouveaux rapports, des adhérences funestes à la guérison. La question des plaies, des contusions, se présente également; j'y renvoie en rappelant quel grand compte on tient toujours de la membrane séreuse, sur l'altération de laquelle on raisonne le prognostic. Les ruptures sont encore un accident des séreuses; — elles arrivent, pour le péritoine des intestins chez les vieilles femmes constipées (Rostan); pour la portion diaphragmatique du péritoine et des plèvres (Desault), etc. — Les fistules et perforations succèdent ou à des ruptures ou à des ulcérations dont le travail de proche en proche a traversé plusieurs tissus et le leur. Le danger consiste alors surtout dans le passage immédiat des matières des réservoirs muqueux dans les cavités kysteuses.

La gangrène n'existe que dans les cas où l'inflammation, arrivée au plus haut degré d'exaltation, ou une action mécanique permanente, sont parvenues à tuer la vie dans les parties sous-jacentes : — les étranglements herniaires en présentent le type. — Toutefois, on a souvent confondu de simples taches sanguines livides avec de la vraie gangrène : il faut donc faire très attention, de peur que l'aspect ne trompe à première vue. — Quand un tendon s'exfolie, la synoviale qui lui est appliquée tombe aussi par lambeaux; — une brûlure peut aussi détruire cette membrane d'emblée, etc.

Quant aux générations animales, dans les animaux (*pathologia animata* des helminthologistes), telles que les cysticerques, polycéphales, ditrachycéros, échinocoques et acéphalocystes, vers vésiculaires remplis d'eau, avec ou sans tête, munis ou non de suçoirs, armés ou non de crochets, renfermés ordinairement dans un grand kyste commun, libres ou sessiles, solitaires, emboités ou en grappes, à animalité plus ou moins évidente, à générations par germes ou graines comme les polypes, cette pathologie a été prise au sérieux par le dix-huitième siècle, et M. Raspail, de nos jours, s'est mis à publier un Traité des causes morbipares animées (*voir* aussi la thèse de M. Livois et les notes de M. Mayor). Je n'en dirai rien en ce moment, bien qu'elles se produisent assez souvent à l'intérieur des kystes et même des membranes séreuses naturelles ; j'irai encore moins discuter si les hydatides sont oui ou non des zoospermes, comme un auteur l'a avancé.

Je reviens sur un dernier mot touchant les ossifications des kysto-membranes. L'on nous dit : elles sont normales chez certains animaux, outre certaines ankyloses naturelles on peut citer l'ossification de la tente du cervelet. Or, je demanderai si cette ossification ou pétrification est positivement sous la séreuse arachnoïde ou bien sous la dure-mère dans l'épaisseur de son repli. Dans ce dernier cas, qui est le plus probable, nous n'y trouverions plus rien d'étrange, car nous aurions devant nous un accident de configuration des os craniens, recouverts comme partout de cette double membrane fibroséreuse.

La graisse sous-séreuse s'accumule parfois en si grande abondance, qu'elle forme des tumeurs qui se déplacent et entraînent avec elles la séreuse (hernies graisseuses).

La véritable lésion du tissu cellulaire sous-séreux, faussement attribuée à la séreuse elle-même, est l'œdème de cette partie.

Enfin, il y a encore des maladies des kysto-membranes nullement classées : je veux parler des colorations jaunes des séreuses et des autres parties intérieures du corps chez des embryons ou des fœtus abortifs mort-nés (Wisberg), altération de couleur qui n'est pas de l'ictère, selon Billard, et qui a été désignée sous le nom de kirronose (Lobstein et Dubreuil).

En résumé, dans cette revue d'anatomie pathologique, on voit trois opinions principales quant à la localisation des altérations. L'une ne reconnaît pas que les membranes kysteuses puissent en être le siège primitif; l'autre les place dans le tissu cellulaire sous-jacent à ces membranes; enfin, la troisième les localise dans les pseudo-membranes exsudées des kysteuses. Ces trois opinions sont évidemment trop exclusives. Ce qui le prouve, c'est que chacune d'elles invoque des observations authentiques en sa faveur.

Nous avons fini de parcourir tout le cadre nosologique des kysto-membranes; nous croyons en avoir dit ce qu'il en faut pour spécifier la nature du système reconnu par Bichat et toute son école. — Notre but est rempli à ce point de vue.

Caractères thérapeutiques des kysteuses.

Comme tous les solides organisés, les membranes séreuses deviennent malades, ainsi que nous venons de le montrer. Dans l'état pathologique elles exercent sur les autres systèmes de l'économie des réactions sympathiques très manifestes, comme elles-mêmes sont influencées par les affections des organes voisins et même éloignés ; cette solidarité consensuelle, étendue à toutes les parties vivantes du corps, se fait sentir au moyen de la voie nerveuse et de la voie humorale ; c'est aussi là les voies que l'on fait suivre aux actions médicamenteuses, afin de modifier l'organe souffrant. La thérapeutique médicale choisira donc ces deux directions pour atteindre les kystopathies. Nous avons déjà vu

la sphère kysteuse jouir dans tous ses points de propriétés
identiques et être également partout les supports de maladies identiques. De même l'action thérapeutique appropriée
à ces maladies doit être identique. L'analogie des caractères,
les rapports naturels des maladies, conduisent à l'analogie
du traitement et de la médication. Ce résultat est nécessaire
et à la fois caractéristique.

On sait qu'autour des collections purulentes développées
chroniquement au sein des tissus, il se constitue un organe
accidentel particulier, de nouvelle formation, une enveloppe
vivante, intermédiaire au pus et au viscère qui le contient,
à savoir la membrane des bourgeons charnus de Bichat, la
membrane pyogénique ou pyogénée ou la pseudo-muqueuse
de Delpech et Dupuytren. Eh bien, cette membrane des abcès
dits enkystés, et c'est l'avis des auteurs précités, fait partie
du socialisme vital, à l'exemple des kystes proprement dits,
à fortiori à l'exemple des séreuses naturelles. Toutes ces
membranisations sont liées au reste de l'organisme, en res-
sentent toutes les excitations et reportent sur les viscères une
partie de leur surexcitation. Ce déversement est réciproque ;
les auteurs avaient donc bien observé ; ils disaient si les qualités et quantités du pus intérieur changent, c'est que la
membrane pyogénique a éprouvé divers degrés de stimulation correspondante. Car son rôle est de contenir la matière
purulente, de l'isoler, de plus d'exhaler, d'absorber et de
renouveler ce liquide animal en entretenant sa masse ; et en
prévenant son altération. Si l'absorption et l'exhalation s'effectuent d'une manière égale à la surface pyogénique, l'abcès
reste stationnaire quant au volume, mais la tumeur augmente certainement quand l'exhalation est plus grande que
l'absorption. Il s'altère par le contact permanent de l'air, etc.
Les disciples de la doctrine physiologique ont tenu compte,
avec raison, de la formation de cette membrane accidentelle,
de sa vie, de ses fonctions, de ses rapports, de ses degrés

d'irritation, et ont conclu à la nécessité de traiter la mem=
brane ; car la modifier en bien, c'était modifier aussi l'abcès lui-même et le guérir.

Cette apparente digression sur ce produit pathologique
nouveau né, qui avait droit de domicile, est l'histoire même
des séreuses, la même pensée et les mêmes conclusions. As-
surés que nous sommes que les kysteuses existent, nous ne
mettrons pas grande sagacité à deviner que les mêmes lois
physiologiques, pathologiques et thérapeutiques s'accordent
à les régir en se commandant l'une l'autre.—En conséquence
comment agit-on sur les séreuses ? Nous répondrons par un
tableau représentant tous les moyens d'action dont peuvent
disposer les médecins et les chirurgiens.

Ce tableau des médications, médicaments et opérations des
kysto-membranes est considérable ; il atteste, aussi bien que
le tableau de leurs maladies, combien est raisonnable et
profonde la croyance de tous les hommes de l'art à l'exis=
tence du tissu kysteux. Le voici :

Médecine.

(Énumération des modificateurs locaux et généraux.)

Repos, situation. — Vésicatoires, moxas, pyrotechnie,
cautères. — Saignées, sangsues, ventouses, scarifications,
cataplasmes, bains. — Médicaments purgatifs et vomitifs. —
Irrigation froide, médicaments contro-stimulants, à l'intérieur.—Astringents : eau blanche, vin bouilli avec des roses
de Provins, etc. — Médicaments analeptiques et radicaux
à l'intérieur. — Endermie : hydrochlorate de morphine ;
baume tranquille, laudanum ; opium à l'intérieur.— Médicaments sudorifiques et diurétiques, narcotiques, balsamiques
et stimulants. — Compression, massation, flanelle, onguent
mercuriel jusqu'à salivation dérivative, hydriodate de potasse,
fomentations, liniments, eau-de-vie camphrée, camomille,
iodure de plomb, sel ammoniac, eau salée, vapeurs, etc.

Chirurgie.

(Énumération.)

Extravasion, écrasement et rupture, acupuncture, incision sous-cutanée (J. Guérin), électropuncture.—Ponction exploratrice paracentèse, ponction évacuatrice, fistule artificielle. — Incisions, débridements simples ou multiples, sétons et corps étrangers (épingles, aiguilles, tentes, canules à demeure), injections (vineuse, iodurée (Velpeau), gazeuse (Baudens), excision ou rasement (M. Mosnier, 1803), cautérisation, extirpation, énucléation, bouchonnements (baudruche, Belmas, réduction et adhésion de la peau, Gerdy), ligature, arrachement, torsion, machures, broiement, suture, décollement, déplacement, taxis, autoplastie (cornée artificielle), persplication (M. Stirling).

Par cette énumération, on s'aperçoit que la médecine et la chirurgie mettent à contribution tous leurs moyens ; tantôt ce sont des topiques, tantôt on soigne la constitution sur laquelle réagissent souvent les maladies du tissu kysteux. Suivant qu'il s'agit d'une séreuse splanchnique, d'une synoviale articulaire, d'une synoviale tendineuse, d'un kyste, d'un vaisseau, on donne sa confiance aux moyens qui paraissent les plus utiles. On tient compte également dans son choix des différences des maladies dont le degré, la forme, le mode de terminaison, font varier les applications thérapeutiques. Le bon sens des indications et des contr'indications résulte du diagnostic exact des altérations qu'on a à combattre. Reste encore le choix des procédés pour atteindre le but qu'on se propose dans ces diverses opérations pratiquées sur les séreuses externes ou internes.

Ainsi, on a fait ici la médecine et la chirurgie de tissu. Les médecins cherchent à modifier les propriétés vitales des séreuses malades, ils s'attaquent non seulement à la cause présumée du désordre, mais encore aux symptômes, tels que la douleur, l'inflammation, l'hypersécrétion, l'épan-

chement, etc., et ont recours aux moyens efficaces dont ils
connaissent le *modus faciendi*, et entre lesquels ils optent.
Ces modificateurs locaux et généraux dont ils font usage
ont d'autant plus d'action que l'altération du tissu est moins
sensible ; mais il est une limite, un temps de la maladie où
la chirurgie est appelée à intervenir, et ces cas extrêmes ne
devraient être que ceux où la membrane kysteuse ne peut
guérir que par adhésion, par seconde intention, si je puis
m'exprimer ainsi. Je vais dire aussi ce que je pense sur une
autre intervention de la chirurgie qui n'a pas mon assentiment, et en ce moment je fais allusion au traitement de certaines maladies des kysteuses qui, dans le commencement,
et tant qu'elles ne sont pas compliquées, devrait être plutôt
du ressort de la médecine, laquelle est trop souvent éloignée.
En un mot, je veux parler du traitement des hydropisies.
— Jugez-en.

Dans le cas tel que je le suppose, la chirurgie raisonne à
moitié juste et à moitié faux. Voici ce qu'elle se dit : « La
physiologie pathologique enseigne que l'adhérence primitive d'une membrane kysteuse est très difficile à provoquer,
si on ne produit, au préalable, soit une solution de continuité
à cette membrane, soit une irritation par une injection particulière, ou par l'interposition momentanée d'un corps étranger, seul moyen d'obtenir consécutivement le contact des parois opposées de la cavité qui contenait le liquide hydropique. L'inflammation adhésive n'est pas dangereuse en
elle-même ; l'exsudation pseudo-membaneuse qu'exhale la
séreuse irritée est suffisante pour oblitérer la cavité kysteuse,
de manière à l'empêcher de reproduire la maladie ; donc il
faudra vider la séreuse et exciter artificiellement l'inflammation adhésive ou pseudo-membraneuse, conclusion dont
la plus grande critique est la réussite ; car, disons-le bien
haut, cette opération est grave, dangereuse par ses conséquences ; en provoquant des adhérences, elle apporte obstacle

à l'accomplissement de la finalité physiologique des kysto-membranes de glissement dont elle enchaîne les mouvements.

La formation des adhérences entre les faces pariétale et viscérale de la séreuse, non seulement nuit à la fonctionalité de la membrane, mais encore elle jette l'organe enveloppé ou correspondant dans un trouble plus grand, le dispose même à plusieurs maladies consécutives, tout en sauvant le sujet de la maladie première.

N'a-t-on pas vu succéder aux adhérences du péricarde, l'hypertrophie du cœur, à celles de la plèvre des lésions de la respiration, à celle du péritoine des étranglements internes. J'ai moi-même raconté dans les *Bulletins de la Société anatomique* (1843), l'histoire d'un homme qui avait succombé à la rétention de matières stercorales par suite d'adhérences péritonéales. — On a vu aussi la déformation, le retrait des parois thoraciques, être le résultat d'adhérences du péricarde et de la plèvre (M. Barth.) Que de méditations doivent surgir de ces observations cliniques !

Afin de remédier à la maladie d'un organe, devra-t-on porter atteinte à sa structure, quand on saura que cette atteinte peut anéantir pour l'avenir ses fonctions, et par contre-coup entraîner la perversion de celles des organes voisins. Il est permis de montrer des préventions contre de semblables manières de traiter les maladies ; car il ne faut pas se flatter de voir se reproduire toujours la cavité séreuse qu'on a cherché à oblitérer ; il n'existe pas de cas authentiques de cette reproduction, quoique rationnellement on puisse la croire possible.

Prenons un exemple : l'hydrocèle, si vous voulez. La plupart des chirurgiens se feront-ils faute d'apporter tout leur arsenal pour en venir à leur fin, à savoir à l'inflammation adhésive de la tunique vaginale, lorsqu'en bonne conscience ils devraient désarmer, surtout quand l'hydrocèle est simple, nouveau, sans altération du tissu séreux, enfin dans de bon-

nes conditions? Réfléchiront-ils qu'un testicule privé de
sa tunique vaginale qui est son organe de glissement nécessaire, est certainement plus exposé aux lésions organiques?
car il ne peut plus échapper aux violences qui arrivent du
dehors, il les supporte en souffrant, et devient gravement
malade. Cette étiologie des dégénérescences testiculaires est
plus fréquente qu'on ne pense, suivant l'opinion de M. Blandin. Or, est-ce une bonne thérapeutique, celle qui vous
guérit d'une maladie pour vous exposer à en contracter une
autre souvent plus dangereuse? — Vous vous en prenez à la
tumeur, au trop plein de la tunique vaginale, à l'espace qui
contient le liquide, vous voulez l'effacer, est-ce bien ce que
vous devez faire, est-ce rationnel. Est-ce guérir un organe
que de l'enlever, s'écrie Moulinié de Bordeaux? N'y a-t-il
pas une sorte de brutalité à agir ainsi? John Hunter n'a-t-il
pas dit : « Pratiquer une opération, c'est mutiler un malade
qu'on ne peut guérir. On doit considérer une opération chirurgicale comme un aveu de l'imperfection de l'art. » Force
est à vous, si vous voulez être dans la voie des choses pratiques, d'apprécier tout d'abord les propriétés vitales et les
usages de la tunique vaginale, et la pathogénie de l'hydropisie dont elle est le siège; et guidés par cette appréciation,
vous comprendrez l'importance de ce précepte thérapeutique :
Attendre l'effet des modificateurs médicaux, d'ailleurs beaucoup moins dangereux, avant d'opérer; car l'opération, c'est
l'adhésion du sac de la tunique vaginale, adhésion partielle
ou générale; et l'adhésion ou l'oblitération est le but le plus
détestable qu'on puisse se proposer; elle est nuisible, ainsi
que nous l'avons dit, et en ce cas, le succès du chirurgien est
un malheur; si elle constitue un traitement radical de l'hydrocèle, elle est souvent payée trop cher par la suite, et encore je me récrie contre ce mot, traitement radical, et à bon
droit, convenez-en. Par exemple, est-ce guérir radicalement
une tumeur blanche du pied que d'amputer la jambe? Que

penserait-on d'un homme qui proposerait la castration pour sauver d'une hydrocèle ? — Il aura obtenu une cure vraiment radicale de l'hydrocèle, celui-là seul qui l'aura fait disparaître sans toucher à l'organe séreux et en aura prévenu le retour; et si ce retour avait lieu , mieux vaudrait encore la récidive que l'abolition complète et entière de la tunique vaginale ; au moins c'est mon opinion.

En résumé donc j'accorderai au médecin qui guérira de l'hydrocèle, en conservant la tunique vaginale, beaucoup plus de mérite qu'à celui qui, pour arriver au même but, aura sacrifié sans besoin cette enveloppe importante du testicule, les circonstances étant toutes d'ailleurs favorable pour sa conservation si nécessaire. Toute autre thérapeutique ne peut être justifiée à mes yeux.

Mais, pourquoi donc de nos jours a-t-on tant recours aux procédés opératoires, malgré les observations qui s'élèvent de toutes parts pour les repousser; les moyens médicaux seraient-ils insuffisants, pas assez prompts, ou mal administrés? Il serait besoin d'une statistique à cet égard pour le savoir et juger la meilleure des méthodes.

Quoi qu'il en soit, je ne saurai trop le répéter : il faut guérir l'hydrocèle en conservant la tunique vaginale. D'ailleurs, n'y sommes-nous pas invités par ce qui arrive quelquefois naturellement : je veux parler de la guérison spontanée de l'hydrocèle, dont les exemples commencent à pulluler dans les auteurs, j'en atteste Astley Cooper, Velpeau, etc. Ayons donc la sagesse de ne vouloir qu'imiter la nature, d'amener à bonne fin le résultat tant désiré de la guérison spontanée qui tarde à s'effectuer, et ne demandons pas autre chose. On doit sentir la valeur de cette doctrine.

Cependant, cette thérapeutique chirurgicale ou méthode qui consiste à susciter une inflammation adhésive dans le sac séreux, et aboutit par conséquent à l'anéantissement de ce tissu en tant que séreux, peut convenir aux membranes kysteuses accidentelles, car elle fait disparaître alors un organe qui n'aurait pas dû naître; mais quand il s'agit de séreuses naturelles, n'a-t-on pas à craindre, à part même les accidents propres à l'opération, les effets de leur suppression ; ne devrait-on pas compter davantage, dans le cas d'hydropisie, que nous supposons toujours, sur les ressources de la résorption, qu'on exciterait par les moyens médicaux : quant à l'hydrocèle surtout, c'est là qu'il est important de répéter ces préceptes : le traitement doit être plus médical ; songez à l'utilité de la tunique vaginale, sa conservation est le but à atteindre, en même temps que l'on se propose la guérison, ou la résolution de l'épanchement; il n'est prudent d'en venir au traitement chirurgical surnommé radical, qu'en désespoir de cause. Que ceci soit dit pour toutes les kysteuses, car pour toutes, les adhérences ont, comme nous l'avons dit, des résultats funestes. Obtenir la disparition de l'épanchement pathologique sans opération sera donc préférable, puisque l'on évite ces adhérences.

Les moyens médicaux sont-ils donc à négliger. La médecine opératoire guérit, c'est vrai, et même très sûrement. Les méthodes médicales guérissent également, peut-être moins souvent, moins rapidement même. Mais il y aura toujours cette énorme différence entre elles, qu'avec la première, la tunique vaginale (*Pérididyme de* M. Roux) sera sacrifiée, tandis qu'avec les méthodes médicales elle sera conservée. Nous n'avons pas ici à indiquer de choix, et à nous expliquer sur les avantages réciproques de tous les procédés thérapeutiques, de notre tableau. Malgré tout l'intérêt scientifique et pratique de cette question, nous ne nous y arrêterons pas maintenant. Nous voulions seulement montrer de combien de moyens on peut disposer dans les affections des kysteuses quelles qu'elles soient, et particulièrement dans le cas d'hydropisie, faire le parallèle du traitement médical du traitement chirurgical.

La chirurgie des séreuses a mis encore et plus heureusement à grand profit la propriété adhésive de ces membranes.
Dans certaines circonstances, c'est le mieux à faire, et la plus
intelligente application de la physiologie des séreuses au traitement de leurs états pathologiques. Bichat a dit quelque
part, avec beaucoup de justesse : la réunion entre tissus est d'autant plus facile, que les périodes inflammatoires se correspondent plus exactement dans les deux parties divisées et en contact. Voilà pourquoi deux parties du
même organe se réunissent bien plus facilement que deux
surfaces appartenant à des organes différents. Voilà pourquoi, plus la vie des deux organes a d'analogie, moins leur
réunion offre de difficultés ; *à fortiori*, si c'est le même ;
pourquoi les difficultés croissent à mesure que les différences de la vie deviennent plus marquées.

M. Jobert (prix de l'institut, 1827), en réalisant cette pensée, a fait une notable révolution dans la thérapeutique des
plaies intestinales, et la chirurgie française s'en honore. Il
comprit que l'incurabilité si fréquente des plaies complètes
de l'intestin tenait à cette cause unique, à savoir que l'in-
vagination, telle qu'on la pratiquait avant lui, mettait en
contact séreuse contre muqueuse, par conséquent des membranes différentes de nature et de sécrétion, et pour cette
raison inaptes à la réunion. Il espéra mieux de l'opposition
de séreuse à séreuse ; il fit des vivisections, et eut le bonheur
de montrer que lorsqu'on adossait les surfaces séreuses des
bouts supérieur et inférieur de l'intestin, avec ou sans l'interposition de l'épiploon, à l'aide de la suture, on obtenait
une réunion immédiate et solide. Une exsudation plastique,
convertie en fausse membrane, fait adhérer les deux bouts
dès les premières heures ; la ligature tombe à l'intérieur,
au bout de douze jours un tracé linéaire indique le point de
la cicatrisation à l'extérieur ; à l'intérieur, existe un petit
bourrelet, espèce de valvule connivente artificielle. Ce fut

l'habile J. Cloquet qui fit sur l'homme la première application de cette grave et logique opération.

En même temps que M. Jobert donnait le spectacle de sa grande tentative d'entéroraphie et de son succès. De son côté, Dupuytren (*perforation* de l'éperon des anus contre nature, 1813, *Entérotomie*, 1828), utilisait aussi cette propriété adhésive du tissu séreux. Desault avait fait la découverte anatomique de l'éperon intestinal dans les cas d'anus anormaux, et avait conçu que cet éperon était le plus grand obstacle à la guérison et entretenait la fistule stercorale en empêchant les fèces de passer du bout supérieur dans le bout inférieur de l'intestin ouvert accidentellement au dehors. Il s'agissait donc de remédier à cet état de choses : faire adhérer la face séreuse des deux bouts de l'intestin concourant à la formation de l'éperon, et perforer cette valvule pathologique; ou mieux la détruire et la faire tomber en gangrène par compression, fut une idée éminemment physiologique et chirurgicale de Dupuytren, aussi ingénieuse que l'idée anatomique de Desault qui lui a donné naissance.

Nous ajouterons ici les considérations chirurgicales suivantes sur les kysto-membranes.

Dans les opérations que l'on pratique sur le corps, on doit éviter d'ouvrir les membranes kysteuses; c'est une règle générale; dans un de nos concours, j'avais même posé ce principe : toutes les fois qu'il s'agira de la recherche d'une artère à lier, et que l'on prendra pour point de ralliement la saillie d'un muscle, on devra autant qu'il est possible se rapprocher du corps charnu, et s'éloigner de la portion tendineuse, précisément à cause de la présence de la séreuse qui entoure cette dernière portion; ce qui exposerait à une inflammation peut-être grave, suivie d'exfoliation du tendon, d'adhérences au moins nuisibles aux mouvements des muscles, ou de fusées purulentes par des trajets anatomiques dans la longueur du membre. — Les amputations dans les régions tendineuses des membres sont exposées à ces accidents, les exfoliations nombreuses retardent la cicatrisation et laissent des trajets fistuleux dans le moignon ; ce qui prolonge la convalescence.

D'un autre côté, l'on disait : dans les amputations dans la contiguité, dans les résections qui vont jusqu'aux articulations, les portions restantes de synoviale s'opposent à la réunion des plaies ; en tant que séreuses, elles sécrètent, et ne se joignant pas aux tissus nouvellement divisés, elles causent alors des fistules ; on avait proposé, en conséquence, de les extirper, mais c'est là une crainte chimérique qu'il faut oublier (Serre, de Montpellier). Cette portion de synoviale bourgeonne comme le reste de la plaie, et devient tissu de cicatrice.

L'innocuité de l'air paraît généralement être reconnue ; la tolérance des séreuses et du tissu cellulaire, en contact passager avec ce fluide gazeux, est un fait très remarquable.

Toute plaie pénétrante d'un viscère enveloppé d'une séreuse, intéresse celle-ci deux fois, en traversant ses deux feuillets pariétal et viscéral.

En cas d'hydropisie rebelle à tous les moyens médicaux, de toutes les ressources de l'art chirurgical, je choisirai la méthode des injections iodurées, introduite dans la science, dès 1832 par M. Martin de Calcutta, et depuis généralisée, avec beaucoup de bonheur, par M. Velpeau, en France, parce que son effet ne dépasse jamais le degré adhésif.

Les kysto-membranes s'oblitèrent de deux manières principales quand elles ont été irritées artificiellement : 1° par simple adhérence pseudo-membraneuse; 2° par granulation à la suite d'un travail pyogénique. Ce médium unissant ou pseudo-membraneux s'animalise, et se confond avec la séreuse.

Après ce tableau de membranes kysteuses, considérées dans leurs généralités les plus dominantes, il nous resterait une autre tâche à remplir, celle d'écrire l'histoire particulière des espèces séreuses, synoviales, des bourses tendineuses et sous-cutanées, des kystes, sous le point de vue des différences, légères d'ailleurs, qu'elles peuvent présenter; nous arriverions ainsi à l'anatomie individuelle de chaque séreuse, du péritoine, de la plèvre, etc., de chaque synoviale articulaire; de chaque séreuse des os, des ligaments et des mucles; de chaque kyste, etc., etc. — Le plan de leurs maladies et de leur traitement a été seulement ici indiqué, il conviendrait maintenant de descendre dans les détails — le tissu cellulaire et adipeux a tellement de rapports avec le tissu kysteux, qu'il ne serait peut-être pas non plus déplacé d'en parler aussi, etc., etc. Mais à un autre temps le soin de perfectionner ces généralités qui ont été plus encore rationalisées que décrites, et de compléter notre sujet.

Enfin notre œuvre présente a été la détermination du tissu kysteux, et l'attestation de son existence; doutera-t-on maintenant qu'il ne soit nullement constitué comme partie intégrante de l'organisme animal?

La réunion de tous les caractères que nous venons de passer en revue n'est-elle pas sa démonstration pleine et entière; la parenté des espèces kysteuses n'est-elle pas péremptoirement justifiée par elle. Résumons une dernière fois ce grand fait sous une autre forme et avec le langage de l'anatomie transcendantes

Justification philosophique des kysto-membranes.

1° La loi des conditions d'existence montre que la présence de ces membranes est dans les harmonies de la nature, qu'elle est même une nécessité.

2° La loi des corrélations organiques et fonctionnelles ou de co-existence, en montrant plus particulièrement que leur création est motivée par l'état anatomique et physiologique des organes auxquels elles s'annexent, permet de conclure souvent de la membrane à l'organe, et réciproquement, le principe des connexions faisant deviner cette intuition ; elles sont attachées aux organes mobiles, dont la position relative donne celle de l'organe, et *vice versâ*, les rapports étant constants.

3° La loi des causes finales surenchérit encore sur ces données ; ces membranes ne sont que les moyens ou instruments du but ; la finalité est en elles comme en toutes choses ; leur sécrétion, liée à toutes les autres, a pour usage local la conservation des mouvements nécessaires et réciproques des organes ; la fonction détermine aussi leur forme. Le but est dans leur causalité.

4° La loi de l'unité de composition, à l'aide du principe des analogies ou identités de fonctions, de forme, de structure, de développement, du fluide contenu ou sécrété, de maladies, etc., en retrouvant partout les mêmes caractères dans des membranes qui autrefois étaient dissociées, a donné l'idée qu'elles étaient toutes de la même famille et susceptibles d'être réduites à un type, l'homotypie étant exacte.

5° Le principe de la classification et de nomenclature a cimenté les liens de cette famille, en en faisant une case à part, en raison de la constance du type, de ses différences avec celui des autres tissus dont elles s'éloignent où se rapprochent le plus ; le principe de l'homogénéité et de la filiation de tissus montre qu'elles sont des dérivés du tissu cellulaire, en même temps que le principe de la subordination des formes et des caractères organiques, en déterminant les espèces, juge leur degré de spécialisation et le degré d'importance qui résulte aussi du rang hiérarchique de l'organe qu'elles enveloppent. Les séreuses peuvent être placées avant les synoviales, car elles naissent plus tôt et sont appliquées aux viscères les plus essentiels à la vie organique et animale.

6° La loi de la dissémination des éléments organiques commandée elle-même par la loi de la finalité, fait que le système kysteux est partout sans continuité d'espèce ; aussi est-il un système enveloppé et fractionné selon les besoins pour lesquels il existe.

7° La loi des combinaisons organiques montre que sans avoir d'exclusion ou de répulsion pour les divers tissus autres que le scléreux, il n'en est pas moins constant que les fibro-séreuses nous représentent encore l'espèce de combinaison la plus commune.

8° La loi de variété ou le principe de modification établit les espèces et les différences d'âge, de sexes, et les différences dans la série animale.

9° Le principe de la succession et du perfectionnement organique, qu'apprend-il ? le produit provient trop immédiatement du tissu cellulaire, aussi la séreuse ne parcourt-elle pas d'autres états anatomiques que le sien, elle y arrive presque d'emblée, et s'y conserve la même dans toute la série zoologique.

10° La loi de la dégradation organique est plus souvent observée pour les séreuses, on les voit plutôt disparaître chez les animaux inférieurs.

11° La loi de balancement ne se remarque guère ici que dans la sécrétion antagoniste de celle des autres surfaces libres et ouvertes du corps, ou bien encore dans leur nombre et leur étendue.

12° Le principe de l'homologie fait que les mêmes régions se répétant, les mêmes conditions d'existence des séreuses se répètent également ; donc une séreuse a son homologue, soit, par exemple, d'un membre homonyme à l'autre, ou d'un membre hétéronyme à l'autre ; enfin, quant à la loi d'évolution, le célèbre auteur qui a opposé à la théorie du développement centrifuge et des prééxistences, la loi du développement centripète, de l'épigénèse, du fractionnement des organes, de la symétrie, de la conjugaison (*lex serriana*), ne me paraît pas encore avoir fait l'application de ses idées à l'évolution des kysto-membranes, il les représente à l'état de vésicules closes, mais n'explique pas à fond comment se forment ces vésicules. C'est un point à examiner.

Telles sont les bases sur lesquelles nous établissons la justification philosophique du système kysteux.

Nous avions donc raison d'affirmer que l'existence de ce système a une racine historique; car, quel que soit le côté où l'on examine la question, on retrouve toujours cette conclusion : il y a positivement des kysto-membranes. — La chose est certaine maintenant marchons contre les opposants.

CHAPITRE III.

DOCTRINE DES SURFACES ANATOMIQUES. — NÉGATION DU
TISSU KYSTEUX (VELPEAU).

> Quiconque exagère n'a rien dit.
> (CHAMPFORT.)

Soyons l'historien de la nouvelle opinion avant d'en devenir
le contradicteur. J'en demande pardon à son auteur, mais si
le mémoire de l'honorable professeur de la Charité, M. Velpeau (*Traité des cavités closes*, lu à l'Académie des sciences en mars 1843) parle un tout autre langage que celui qu'on
vient d'entendre dans le chapitre précédent, s'il contient un
ordre d'idées tout opposé; malgré toute la considération et la
déférence qui lui sont personnellement dues, je ne puis cependant l'accepter. M. Velpeau a fait connaître sa profession de foi; il est anti-kystologiste. Est-ce à tort ou à
raison ? Ce que je sais, c'est qu'il est extrêmement téméraire
et périlleux de s'attaquer à Bichat, surtout sur le terrain qu'il
a le mieux connu; et je doute que les assertions, d'ailleurs
consciencieuses, du savant académicien puissent prévaloir. Il
est facile de faire passer sous les yeux du lecteur les pièces du
procès pour l'éclairer et le mettre à même de juger en connaissance de cause; j'ai déjà exposé en détail la doctrine du *Traite
des membranes*; maintenant il est de mon devoir de rendre un
compte également fidèle du *Traité des cavités closes*. J'ai
pris à tâche d'employer, autant que possible, les propres paroles des auteurs opposants, afin d'éviter le reproche de dénaturer le sens de leurs pensées. Cette précaution n'est ja-

mais inutile dans une discussion grave. Et puis l'on verra dans ce parallèle, que la vérité brille d'autant mieux qu'on la met vis à vis de son contraire.

On est en droit de s'étonner que sur un point d'anatomie vulgaire, l'on rencontre une dissidence aussi profonde entre des autorités d'une compétence recommandable. La faute en est-elle aux hommes ou aux choses? Quoi qu'il en soit, hâtons-nous de faire connaissance avec l'auteur de la doctrine des surfaces anatomiques.

M. Velpeau découvre qu'on n'a rien découvert en kystologie. Pour lui, la kystologie est un vain mot. On a cru jusqu'alors, commence-t-il par dire, à l'existence, à la matérialité des membranes séreuses, synoviales, etc. Fabulation! création du scalpel! Il faut les supprimer et effacer jusqu'à leur nom du vocabulaire anatomique, car il ne répond à rien. La membranisation du tissu kysteux est une chimère, une erreur, en conséquence, son anatomie, sa physiologie et sa pathologie une illusion; le corps du tissu, l'organe séreux ou synovial manque complètement, il n'y a que des apparences de membranes et non des membranes véritables, on les crée en cherchant à les isoler, à les extraire en entier, on tranche en pleine épaisseur des tissus voisins pour les constituer à toute force. A la place il faut reconnaître un poli, une surface, une cavité, un aspect ou état séreux, et cet état kysteux appartient à toutes espèces de tissus ou organes qui éprouvent des mouvements réciproques les uns sur les autres, et si la surface libre par laquelle ces organes se correspondent et se meuvent, devient lisse, luisante, c'est à la manière des corps inertes (tels les calculs multiples de la vessie, les dents, les ongles) dont on a doucement pressé et régularisé l'extérieur. C'est donc la substance même de l'organe qui se transforme, se modifie et a pris l'aspect de la prétendue membrane séreuse. Aucun feuillet membraneux isolable par les

procédés anatomiques, ne vient s'y épanouir, ni s'y incorporer.
Les cavités séreuses sont donc, à vrai dire, des cavités closes
sans parois propres, membraneuses, comme on le croyait. La
cavité séreuse est précisément circonscrite par les organes qui
avaient l'air d'en être tapissés. Au compte de l'auteur, une cavité articulaire est limitée par le poli de la capsule ligamenteuse et des cartilages diarthrodiaux; la cavité arachnoïdienne
est formée par le poli de la pie-mère et de la dure-mère;
Les cavités cérébrales ont pour parois le tissu nerveux lui-
même, également poli; le cœur est un muscle poli intérieurement et extérieurement; il n'y a plus que des cavités closes
thoraciques, abdominale et non deux plèvres, un péricarde,
un péritoine, une tunique vaginale, toutes les cavités closes
enfin sont constituées par des surfaces et non par des membranes séreuses existant par elles-mêmes, leur enceinte est
représentée par les faces du tissu propre des organes limitrophes, ce sont comme des cavités soufflées à la façon des
boules de verre, creusées mécaniquement dans l'écartement
de lames préexistantes. Ce sont des espaces interorganiques,
interlamellaires, telle est l'image qu'on doit s'en faire.

En tout cas M. Velpeau reconnaît au moins des cavités où
se passent des mouvements, où affluent des liquides avec
clôture, poli, et continuité de poli. Remarquez-le bien.

Plus loin, les explications de l'auteur, moins absolues, se modifient et marquent un certain embarras, et
l'impossibilité de conduire son opinion jusqu'au bout : la
surface des cavités closes a un vernis, quelque chose d'analogue à l'épiderme ou épithélium, pellicule inorganique,
incapable de maladie, placée sur les limites d'organes sensibles, dont elle émousse la partie nerveuse. Ce sont les cellules pavimenteuses ou le feuillet superficiel des séreuses
de quelques anatomistes. Cet épithélium est appliqué à tous
les tissus divers qui circonscrivent la cavité close. La nutrition, la circulation, le sang, l'influx nerveux, la vie, se

trouvent au dessous de lui, et il est produit, sans doute, par les couches organiques sous-jacentes.

Plus loin encore, l'auteur se ravise une nouvelle fois, et déserte presque sa propre théorie ; on trouve, dit-il, dans certaines portions de l'étendue des cavités closes, des plaques, des débris ou lambeaux de membranes irréguliers, interrompus, sans continuité entre eux, formant les culs de sac de réflexion, ou les replis et franges de ces cavités, d'une longueur variant entre plusieurs millimètres et plusieurs centimètres (mésentères, prétendues glandes synoviales) : opinion de Bertin, qui admettait aussi des pellicules isolées. Suivant cette donnée, la cavité péricardienne est formée par la surface polie du tissu charnu du cœur, la surface polie du tissu fibreux péricardien, et enfin aux points de réflexion de ces surfaces, par des parcelles polies de membrane particulière.

Ainsi, les cavités closes étaient enfin reconnues membraneuses, mais partiellement.

Puis, comme s'il eût trop accordé à l'évidence anatomique, l'auteur, toujours guidé par la préoccupation de son esprit prévenu, appelle ces portions de membranes des cavités closes, des couches de tissu cellulaire régularisées en surface séreuse. Leur séparation, selon lui, est en tout semblable à l'isolement pur et simple d'une couche cellulaire quelconque.

Les conséquences de la théorie présente sont celles-ci : puisqu'il y a des cavités, et non des membranes kysteuses, les organes entre lesquels elles sont creusées, ne s'isolent l'un de l'autre que par le poli de leur surface respective ; d'autre part l'on devra changer d'idée sur la question de savoir de quelle nature sont ces cavités, d'où viennent-elles, quelle en est l'organisation, quelles en sont les affections.

Les cavités séreuses se développent à l'état de surfaces et non de membranes, leur apparition est un fait purement

mécanique. Quatre variétés du mouvement des parties,
telles : la pression, le glissement, le froissement et le mouvement de soufflet, isolément ou conjointement, président à
leur origine : — A leur degré et espèce de participation est
subordonnée la variété de formes que présentent les cavités
closes ; ainsi, pour les cavités tendineuses, les formes glo-
buleuses résultent du mouvement de soufflet seul ou associé
à la pression et à un léger glissement. Les formes élytroïdes
s'établissent sur l'influence du glissement et de la pression
seulement ; les formes lamellées à étendue anfractueuse,
inégale, sont dues au glissement mêlé de froissement, et
quelquefois d'un faible mouvement de soufflet. La première
cause de leur formation est la contraction musculaire qui a
fait glisser le tendon dans la substance amorphe.

Enfin, tout résumé fait, les cavités closes sont de simples
écartements mécaniques du tissu cellulaire doublé dans divers points, soit par des os, des ligaments, etc., et le poli est
une simple transformation physique du tissu primitif, ou de
surface ou d'éléments préexistants.

Plus loin, autre interprétation : la cavité préexiste à la
spécialisation et à la densification organique des parois,
et aucun dépôt de membrane n'y a lieu, elle se forme par la
raréfaction ou le retrait de certains éléments organiques
de la matière primitive dont se compose le corps, et cela
spontanément et dans des lieux fixes; dans un seul, si, par
exemple, l'articulation est simple; dans deux endroits, si
l'articulation est subdivisée en deux cavités, supérieure et
inférieure, par l'intercalement d'un fibro-cartilage inter-articulaire.

Les fibro-cartilages ont tous été complets primitivement,
les uns persistent tels, les autres s'échancrent, se trouent
mécaniquement par usure, pression, frottement, et laissent
alors communiquer les deux cavités qui n'en forment qu'une
seule et même.

Certaines articulations de l'adulte offrent l'image des cavités articulaires de l'état embryonaire. Ainsi les costo-sternales représentent en intention ce qui est en fait dans les costo-vertébrales; — d'un côté état rugueux ou primitif, de l'autre état lisse ou consécutif.

L'influence des quatre variétés de mouvement que nous avons indiquées, est encore plus marquée pour les cavités sous-cutanées; — ici l'écartement mécanique est inégal, par conséquent, la cavité est anfractueuse, les parois n'ont pas été assez tassées.

Une autre origine est le dépôt d'un liquide intérieur, son accroissement et la dilatation et tassement du tissu cellulaire voisin. Ces mêmes idées mécaniques s'appliquent à la kystéose et à la reproduction des cavités séreuses.

Le mouvement amène la cavité, la cavité favorise le mouvement; les deux objets ne peuvent guère aller l'un sans l'autre. C'est là la finalité physiologique de la cavité kysteuse.

L'endosmose et l'exosmose suffisent pour expliquer le renouvellement du fluide que les cavités closes contiennent.

Les cavités séreuses détruites se reproduisent.

Aucune maladie ne débute à proprement parler par la surface des cavités closes; c'est toujours le tissu dont ces surfaces font partie, qui devient le siège primitif de l'affection. Il conviendrait donc de dire quand on parle des inflammations ou autres altérations des cavités closes, qu'il y a maladie de la paroi cartilagineuse, osseuse, fibreuse, ligamenteuse ou celluleuse, et non de la membrane séreuse, du tissu séreux ou synovial. La maladie change de théâtre comme on le voit; mais rien n'est changé quant au traitement médical et chirurgical qui reste le même.

Tel est le résumé des explications principales contenues dans le *Traité des cavités closes*. Il nous reste à indiquer la méthode d'exposition : de toutes les cavités du corps humain, les cavités closes seules occupent l'auteur; il distingue des

cavités viscéreuses, articulaires, tendineuses et celluleuses ;
il décrit l'anatomie de ces cavités : 1° les intra-craniennes et
les intra-rachidiennes ; 2° les thoraciques, péricarde et plèvre ; 3° l'abdominale, péritoine ; 4° les synoviales ; 5° les
tendineuses, soit au membre thoracique (doigts, main,
coude, etc)., soit au membre inférieur ; 6° celles du tissu cellulaire dans les diverses régions (tête, cou, etc.) ; 7° les accidentelles dans les divers cas ; 8° les pathologiques. Il passe
ensuite à l'évolution et aux fonctions de ces mêmes cavités,
et suit le même ordre ; — les usages sont exposés dans l'article suivant ; il les examine pour les cavités naturelles, soit
primitives, soit secondaires, pour les pathologiques et les
artificielles ; — de là il court aux maladies des cavités closes,
et entre dans le détail des moyens de guérison, et c'est là le
dernier terme de l'ouvrage.

Nous aussi nous avons suivi pas à pas cette marche de
notre adversaire pour riposter de notre mieux. Un mot
peindra notre impression : Avec cet anatomisme, où nous
mène-t-on ? demanderons-nous.

Il est une question annexe qui se joint subsidiairement au
travail de M. Velpeau. Cet auteur (*Dict. des sciences médicales, Articulations*, 1833) fait déjà entrevoir le *Traité
des cavités closes*. Après avoir nié sur les cartilages la couche
synoviale qui les unit, il est arrivé à refuser l'organisation
au cartilage lui-même, et une participation active aux maladies de diverses natures qui peuvent envahir les articulations.

Cette pensée a été partagée d'ailleurs à différentes époques
par des hommes recommandables, Harder, Autenrieth, Cruveilhier (1824), Magendie, Blandin, etc. Nous ne l'exposons
pas maintenant, nous renvoyons sa réfutation au chapitre
Appréciation, où nous aurons à examiner la thèse de M. Richet, nouveau prosélyte de cette opinion.

CHAPITRE IV.

APPRÉCIATION. — REVUE CRITIQUE.

Si dans cet examen il m'est permis, à moi, jeune apprenti
en critique, au sortir de mes études, de juger entre Bichat et l'honorable M. Velpeau la question de la membranisation du tissu kysteux, j'aborderai la discussion avec
une direction d'esprit loyale et franche, n'écoutant que
la voix de ma conviction. La nécessité de trouver une base
naturelle à ma kystologie nouvelle, n'est pas tant le mobile
de ma détermination à défendre Bichat et ma cause contre
M. Velpeau, que l'occasion désirée d'annoncer une vérité de
plus. L'intérêt de la science doit toujours primer l'intérêt de
la paternité d'auteur. Ce n'est pas non plus par humeur con-
trariante, ni par système de parti que je m'avance. Si je
soutiens l'existence du tissu kysteux, c'est que l'opinion générale, après examen mûri, l'a acceptée depuis longtemps
et est peu disposée à revenir sur sa déliberation, et que je
crois difficilement qu'il puisse en être autrement. La tâche du
critique est difficile, elle l'expose à déplaire considérable-
ment; mais le courage se puise dans la rigidité de sa conscience et dans la justice rendue à chacun. Il m'a paru utile
de combattre ceux qui tendaient à ravir à Bichat sa belle
conception en la détruisant. M'en voudra-t-on? Déjà certains
journaux de médecine, à l'exemple de leurs confrères les
grands journaux politiques, ont parlé en juges, et dans
notre sens. Je mettrai à profit leurs remarques. D'autres se
sont contentés de se servir, rôle trop modeste et trop benin,
de tablettes d'enregistrement au lieu de porter des jugements

comme les premiers. Je les passerai nécessairement sous silence. Je raconterai aussi l'impression que la lecture du *Traité des cavités closes* a produite sur moi, et les réflexions qu'elle m'a inspirées. Je n'ai pas besoin de mettre en parallèle la valeur de ce dernier écrit avec celle du *Traité des membranes;* après le dépouillement du dossier de chaque cause, que je viens de faire dans les chapitres II et III. Je pense que les lecteurs qui me feront l'honneur de me suivre, se fixeront à cet égard, s'ils ne le sont déjà comme moi-même.

Et d'abord, je dois examiner si au milieu de ce conflit d'assertions opposées et mises en présence, il n'y aurait pas une place pour une troisième, mixte, intermédiaire aux deux autres. Y aurait-il, en un mot, deux sortes de kysto-membranes, les unes continues, les autres non continues. Non, l'amour de l'éclectisme ne peut aller jusqu'à dénaturer le principe de la continuité des membranes, sous prétexte de concilier des opinions contradictoires. La vérité est simple partout, c'est tout un ou tout autre : ou bien les membranes kysteuses existent, et alors elles sont entières et complètes, ou bien elles n'existent pas, ni entières, ni par portions. Terminons-en avec ces prétendus conciliateurs qui admettent une partie de la séreuse et point l'autre. Pour moi, il n'y a pas de milieu, si je m'en rapporte à ce que j'observe universellement en kystologie. Ainsi, répondons à cette attaque intercurrente.

M. le professeur Magendie, en 1825, fut un des premiers à douter de la continuité des membranes synoviales. « Nulle préparation, nul soin, nul procédé de séparation, dit-il, ne peut faire apercevoir la moindre membrane sur les cartilages diarthrodiaux et sur les fibro-cartilages interarticulaires. C'est bien le cartilage lui-même qui est lisse et poli, pour se prêter aux frottements fréquents dont il est le siège. Les synoviales ne forment pas une poche entière, tapissant toutes les parties intérieures des articulations, mais bien des sacs incomplets, ouverts par leurs deux extrémités, des espèces de manchons à deux larges ouvertures au moins, dont le contour est adhérent intimement à la circonférence du cartilage articulaire de chaque os, et y finit brusquement sans s'étendre au delà, évitant d'en revêtir la face libre, et en cela, elles diffèrent des séreuses dont le trajet est complet et continu.

M. le professeur Blandin (1838), de son côté, croit ceci : La synoviale tapisse l'extérieur des fibro-cartilages inter-articulaires ; elle ne cesse pas autour des cartilages diar-throdiaux ; mais au lieu de se jeter sur leur surface libre, elle s'avance un peu sur eux, puis se replie et se glisse au dessous, entre eux et l'extrémité articulaire de l'os correspondant, et s'y confond avec le tissu cellulaire sous-chondral, lequel se développe visiblement et apparaît fongueux dans les cas de tumeurs blanches ; elle sécrète le cartilage, production épidermique, protectrice des os mobiles et disposée ici par rapport à là synoviale comme l'ongle l'est par rapport à la matrice.

M. Rigot, professeur de l'Ecole vétérinaire d'Alfort, s'exprime ainsi (*Syndesmologie*, page 14) : « Si les membranes synoviales se prolongent au delà des marges articulaires pour recouvrir les cartilages diarthrodiaux, ce qui me paraît au moins douteux, on peut dire qu'elles y sont tellement modifiées qu'elles y deviennent tout à fait méconnaissables (*Anatomie des animaux domestiques*). »

MM. Blainville et Chassaignac veulent arranger tout le monde en soutenant que le cartilage diarthrodial est contenu dans le dédoublement de la synoviale ; celle-ci passe alors nécessairement au dessus (feuillet épidermique) et au dessous de lui (feuillet synovial réel).

Je réponds à ces diverses propositions. Je ferai d'abord observer ce premier fait, à savoir l'aveu unanime des auteurs précités, touchant l'existence de la membranisation synoviale, variété kysteuse interposée dans les intersections du squelette. La seule chose qui éloigne leur opinion de celle de Bichat, c'est leur refus d'admettre toute l'épaisseur de la synoviale au devant des cartilages diarthrodiaux ; c'est ensuite la qualification d'épiderme donnée à ces mêmes cartilages. Nous allons arriver à l'instant à la discussion de ces deux points. Mais, auparavant, disons encore que M. Magendie s'est plu à contredire Bichat, quant à ce qui regarde la présence de l'arachnoïde sur la dure-mère. Il la nie en niant la sécrétion de ce prétendu feuillet pariétal de la séreuse arachnoïdienne. Inutile de rappeler que l'assentiment général s'est tourné du côté de Bichat, en partageant les conclusions de ce dernier (*voyez* Caractère de continuité des membranes).

Il me reste à réfuter l'argumentation adverse au sujet des synoviales. Voici mes raisons théoriques et pratiques en leur faveur.

A. — *Observation d'une synoviale chondrale.*

« Je me tiendrai à ce que mes yeux ont vu ; un seul cas bien observé juge mieux la question que vingt discours. J'ai vu et n'ai pas interprété, j'étais en garde contre toute méprise qu'aurait pu me produire la présence d'une pseudo-membrane : l'objection étant prévue, je ne craignais plus l'illusion.

Mon excellent maître M. Blandin venait de retrancher le pied à une jeune homme (1843), c'était la trentième amputation susmalléolaire pratiquée par ce chirurgien distingué. Chargé d'en faire l'autopsie, j'ai constaté l'état suivant : nécrose ensclérée de l'astragale, ankylose celluleuse de l'articulation tibio-tarsienne, infiltration et ramollissement jaunes des partie molles, en un mot tous les caractères des tumeurs blanches ; d'un autre côté, les os du tarse, en vertu d'un certain travail morbide, assez obcur, offraient les signes anatomiques de l'ostéite ramollissante et raréfiante de M. Gerdy. Les vacuoles sont plus grandes, les fibres osseuses sont atrophiées ; une congestion de suc huileux, jaunâtre, fluide, remplit toutes les alvéoles de l'os ; celui-ci est fragile, sécable ; les lames cartilagineuses-articulaires sont amincies ainsi que la substance compacte de l'os. J'ai pu ployer, écraser, aplatir entre mes doigts par une pression médiocre, le cuboïde, en déterminant une crépitation multipliée, et en exprimant toute la matière huileuse intérieure ; le cuboïde ne représentait plus qu'un feutre osseux de quelques lignes seulement d'épaisseur ; dans d'autres cas, on rencontre l'opposé, une ostéite condensante, avec augmentation de matière compacte et de dureté. Les articulations tarsiennes éloignées du foyer principal de l'affection, étaient parfaitement conservées, sauf l'injection vasculaire sous-synoviale qui dénotait le degré d'irritation ambiante ; rien de plus. Ce qui me frappa en les ouvrant, ce fut d'apercevoir sur la tête de l'astragale, parfaitement blanche et polie, vers le centre, un relief membraneux rougeâtre, soulevé, boursouflé, tout à fait semblable aux franges synoviales, avec des irradiations vasculaires comparables aux vaisseaux sous-conjonctiviens de la cornée transparente de l'œil ; espèce d'oasis vers laquelle convergeaient d'autres vaisseaux rouges, également placés sous la synoviale, nombreux, et procédant de la marge articulaire, de la longueur de plusieurs millimètres, et joints aux vaisseaux injectés de la portion de la synoviale appliquée aux ligaments de l'articulation.

Cette disposition qui rappelle exactement l'extension et la continuité des vaisseaux de la conjonctive scléroticale avec ceux de la conjonctive cornéenne, se retrouvaient encore dans les articulations voisines. C'en était assez pour deviner la présence et la continuité de la synoviale sur le cartilage ; elle, si difficile à enlever à l'état sain, serait-elle plus apparente, moins adhérente par l'effet de la maladie? ou serait-elle de nouvelle formation : cette dernière supposition ne me parut point problable. Je coupai en deux moitiés la tête de l'astragale ; puis, sans efforts de dissection, par le grattage, le scalpel refoula doucement, à partir du bord de la coupe du cartilage diarthrodial une membrane flexible, transparente, facile à soulever avec des pinces et non pas une lamelle superficielle de cartilage ; même résultat au niveau de la réflexion de la synoviale sur le cartilage où la continuité est exacte et peut être suivie partout y compris le repli, que j'ai décrit au centre de la tête de l'astragale et les vaisseaux ; le cartilage qui avant était luisant, perdit aussitôt son poli dès qu'il fut dépouillé de sa synoviale, il devint d'un blanc plus mat, rugueux, granulé, comme une glace dépolie.

Je répétai la même expérience sur les surfaces articulaires des autres os tarsiens, et j'obtins également la même continuité de vaisseaux et de tissu, à l'aide du décollement qui paraissait facilité par l'état de maladie. La désunion du périoste et de l'os correspondant, comme chacun le sait, est un effet pathologique du même genre. On sait aussi que dans le jeune âge, certaines séreuses ne sont pas adhérentes aux tissus environnants, comme elles le seront plus tard ; ici le décollement serait naturel, le précédent est au contraire morbide. Je montrai cette dissection à plusieurs anatomistes, et ceux-ci considérèrent ce fait comme favorable à la doctrine de Bonn et de Bichat. La contr'épreuve de cette observation s'est encore trouvée sur le même sujet. L'articulation calcanéo cuboïdienne offrait l'exemple d'une pseudo-membrane ; celle-ci, jaunâtre, gélatineuse, comparable aux concrétions polypeuses de même couleur du cœur, passait sur les cartilages diarthrodiaux sans y adhérer, à la manière d'un pont suspendu ; les deux extrémités seulement s'insé-raient sur la synoviale des ligaments latéraux, elle était bien différente de la synoviale ; elle tenait cependant au cartilage par quelques filaments d'insertion, ce qui indiquait que ces adhérences ne pouvaient exister qu'à la condition que le cartilage vivrait ou serait revêtu d'une membrane vivante.

Après cet examen, j'ai porté mes regards sur un autre point de la discussion, j'ai recherché les rapports du cartilage articulaire avec le tissu osseux sous jacent ; or, la face profonde du cartilage était sablée de poussière osseuse à la façon des papiers verrés ; la face profonde du périoste était dans le même état, ce qui indique une union bien intime entre ces parties, et par cela même l'impossibilité de supposer l'interposition d'un autre tissu étranger entre elles.

M. Richet, dans une thèse récente, a très bien précisé le siége de la séparation que l'on obtenait à l'aide de la violence : elle n'a pas lieu entre le cartilage et la lame compacte de l'os, mais au dessus de cette lame, de même dans les cas pathologiques. Voici son explication : comme le cartilage reçoit ses principaux moyens de nutrition par la face profonde, la nécrose de la lame compacte déterminera nécessairement la séparation dans l'endroit indiqué (et, par suite, selon nous, amènera sans doute aussi la mort du cartilage).

Ces détails donnés, la synoviale sous-chondrale de M. Blandin, le tissu cellulaire sous-chondral de M. Gerdy, me paraissent déjà difficiles à admettre : la membrane, que dans certains cas les altérations chroniques mettent en évidence, n'est rien autre chose que la membrane des bourgeons charnus formée aux dépens du système médullaire des os. (*Sousdiarthrite* de M. Gerdy.) Le fait est certain, et il est bien d'autres objections.

En résumé, on peut tirer de cette observation la conséquence suivante : la synoviale chondrale est réelle ; dans le cas où je l'ai trouvée, décollable probablement sous l'influence des causes morbides, elle se poursuivait des ligaments au périoste, du périoste au cartilage sans interruption, ce qui était très visible, surtout au point de réflexion de la membrane sur le cartilage et aux places où elle se continuait encore avec des portions parfaitement blanches comme dans l'état naturel et où nos adversaires l'eussent positivement nié *à priori*, au premier coup d'œil.

Si elle eût été une fausse membrane, elle n'eût point adhéré au cartilage, qu'ils supposent mort; ou bien, comme elle était molle, récente, on eût pu l'enlever aisément sans détruire le poli du cartilage. Or, il n'en était pas ainsi.—Autres réflexions. L'ankylose celluleuse de l'articulation tibio-tarsienne ne donne-t-elle pas à penser qu'elle a dû procéder par injection, vascularisation, cellularisation et adhérence de la membrane synoviale chondrale? le cartilage se résorbant inégalement par le mouvement vital d'irritation qui s'opère au dessus et au dessous de lui dans la synoviale chondrale d'une part, et dans la membrane médullaire de l'autre. En effet, il arrive assez souvent qu'à la face profonde la membrane des aréoles osseuses s'enflamme, se boursouffle, se congestionne, bourgeonne et détache le cartilage, qui paraît alors usé, fendillé, troué, détruit, desquamé, dissous, ramolli. Ainsi, je comprends tous ces phénomènes de disparition de cartilage et de formation de certaines espèces d'ankylose.

Si dans d'autres cas plus communs de tumeur blanche la synoviale des cartilages a rarement l'initiative de la maladie, cela ne prouve qu'une chose : c'est que cette résistance à la maladie est sans doute un résultat de l'organisation qui la fait intimement adhérer à un tissu peu vivant lui-même. La crête synoviale que j'ai observée sur la tête de l'astragale démontre aussi la réalité des végétations dites du cartilage. Le plus souvent cependant ces végétations appartiennent à la couche pseudo-muqueuse qui se forme sous le cartilage des extrémités articulaires, spongieuses des os malades; le cartilage est alors perforé, et une végétation s'introduisant dans la perforation vient s'étaler au dessus de son niveau. Il est fâcheux que, dans ces pièces anatomiques, il n'y eût pas eu des articulations à fibro-cartilages inter-articulaires : la démonstration eût été plus complète. Ainsi l'on voit que nous ne confondons pas les pseudo-membranes et les bourgeons charnus sous-cartilagineux avec les fongosités de la membrane synoviale qui sont très distinctes. Telle est mon observation, elle renferme plus d'un mot de réponse à mes adversaires.

Mais poursuivons contre eux nos deux points principaux de discussion, à savoir : l'existence de la synoviale chon-drale, et la vitalité des cartilages diarthrodiaux. Comme une erreur ne va jamais sans une autre, après avoir supposé le cartilage diarthrodial à nu dans l'articulation, ils ont ensuite par cela même supposé qu'il était privé de vie ; ce n'était plus qu'un corps à organisation physique, un produit de sé-crétion. Toutes ces propositions sont réunies, concentrées, résumées dans une thèse récente (mars 1844), véritable œuvre de patience et d'instruction, due à mon collègue M. Richet, prosecteur de la Faculté de Paris ; je m'en prends donc à cette thèse. Examinons-la ensemble. (Je m'attacherai par-ticulièrement à sa partie anatomique.)

B.— *Thèse de M. Richet. Continuation de la réplique.*

L'auteur commence par y distinguer, 1° les vrais carti-lages (tissus cartilagineux proprement dits), 2° les faux car-tilages (tissus fibro-cartilagineux), et fonde sa distinction sur des caractères différentiels d'organisation : voilà un clas-sement de corps organisés et vivants, je l'admets. « Puis, ajoute-t-il, les cartilages articulaires sont du nombre des cartilages vrais et leur type même », je l'admets encore ; puis, tout à coup, par un changement d'idées fort inattendu, suit une autre déclaration ; ces mêmes cartilages articulaires sont désignés à la case des produits épidermoïdes, organiques et non organisés, non vivants, purs parasites, insusceptibles de maladies propres, si ce n'est de lésions chimiques, physiques ou mécaniques. Quant à ceci, je ne l'admets plus. Pourquoi, de la part de l'auteur, ce déplacement subit : c'est une contradiction flagrante dès le début de la rédaction, et c'est un tort. Est-ce que le cartilage d'ossification n'est pas non plus un cartilage vrai? comme aussi les cartilages costaux, les cartilages laryngiens dont l'ossification est seulement retardée ? Est-ce que le cartilage diarthrodial en est originairement distinct chez le fœtus ? Est-ce que chez les poissons chondroptérygiens, dans les articulations laryngiennes des animaux supérieurs, cette fusion originelle ne persiste pas? Est-ce qu'ils ne vivent pas et ne sont point organisés de la même façon? Le cartilage articulaire n'est donc point une sécrétion ; il n'existe donc point de synoviale sous-chondrale, ni aucun autre mode de séparation entre lui et le cartilage d'ossification. Voici d'ailleurs des auteurs recommandables qui déposent favorablement dans le sens de notre opinion :

Bichat dit quelque part : Il répugne d'admettre que le fluide d'une cavité séreuse quelconque, si homogène dans sa nature, soit fourni par le concours de plusieurs organes (fibreux, etc., qui ne sont nullement sécréteurs), et non par une membrane unique appropriée à cette sécrétion. De même, il nous répugne autant de penser qu'une même membrane kysteuse, le tissu le plus simple de tous, puisse produire à la fois plusieurs sécrétions si hétérogènes : la synovie, le cartilage et l'épithélium dans une même cavité, le plus souvent très limitée. Ajoutez la matière colorante qu'on rencontre dans ou sous la séreuse chez quelques animaux, et vous aurez quatre sécrétions pour une même membrane séreuse. — La supposition est vraiment trop aventurée. Il n'y a que les muqueuses qui, en se continuant, présentent l'exemple de sé-

crétions variées; mais cette variété de produits est en rap•
port direct avec une variété de la structure crypteuse de la
membrane. Rien de pareil pour les kysto-membranes parfaitement uniformes et semblables à elles-mêmes dans tout
leur trajet. Quelles exceptions! Parmi toutes les kysto-membranes, la synoviale seule sécrèterait un cartilage; et parmi
tous les cartilages, le diarthrodial serait seul sécrété? Les
transformations cartilagineuses des séreuses sont-elles donc
des sécrétions de ces membranes? Pourquoi supposer que la
synoviale commence par être appliquée sur le cartilage qui
doit s'ossifier et sécrète ultérieurement un cartilage permanent par sa face interne? Est-il donc plus difficile d'admettre
la synoviale sur le dernier cartilage que sur le premier?
Quant aux cartilaginifications morbides, elles sont dessous,
dans ou dessus les séreuses, et alors dans leurs fausses membranes. En supposant la synoviale sous-chondrale, que de-
vient-elle, histologiquement parlant? En vérité, l'exceptionalité invoquée ici par les auteurs est trop subversive de tout
ordre pour qu'elle puisse durer devant le principe de la
règle. Une exception non formelle, douteuse, est par cela
même nulle. Aussi la portion sous-chondrale de la synoviale
me paraît déjà devoir être repoussée par ces arguments.

En voici un autre qui vient porter appui aux précédents;
il est de mon ami Gosselin, prosecteur et agrégé de la Faculté
de Paris (thèse 1843). « Comme il n'y a avant l'ossification
complète aucune ligne de démarcation entre le cartilage diarthrodial et l'épiphysaire, on ne voit pas à quel endroit et à
quel moment la synoviale pourrait s'interposer à ces deux
parties; et d'ailleurs sur le maxillaire et la clavicule, dont les
cartilages diarthrodiaux sont si manifestement coiffés par le
périoste : cette manière de voir est encore moins admissible. »

La comparaison avec la constitution folliculaire et sécré-
toire des dents est loin d'être une preuve, — et puis dans les
pseudo-diarthroses trouvez-vous la synoviale sous le carti-

lage nouveau pour la sécréter? Evidemment non ; et cette prétendue synoviale sous-chondrale, mise en évidence par la maladie, où est-elle placée? dans l'os même sous la lame compacte? Que dira-t-on encore des cartilages des amphiarthroses? La théorie que nous combattons est-elle plus tenable devant l'étude des fibro-cartilages interarticulaires complets et libres? A ceux-ci il faut bien reconnaître une synoviale à leur extérieur, quel sera alors leur mode de génération? Assurément une autre que leur sécrétion par cette membrane qui les recouvre ; et la disposition des bourrelets fibro-cartilagineux qui bordent la marge du vrai cartilage diarthrodial ; elle devra aussi embarrasser nos adversaires. Les détails de mon observation d'une synoviale chondrale, mon article sur la continuité des kysto-membranes nous serviraient encore contre eux.

Rappellerai-je ces phrases remarquables de Bichat : « Il n'y a aucune ligne de démarcation sensible entre le cartilage qui doit devenir os et celui qui doit rester tel. Le défaut d'ossification des cartilages des articulations mobiles dépend uniquement des lois de la nutrition osseuse ; la nature borne là l'exhalation du phosphate calcaire, comme elle borne à l'origine d'un tendon l'exhalation de la fibrine du muscle qui lui correspond. »

M. Gosselin remet en œuvre le même fait d'ostéogénie pour en faire un caractère de vitalité du cartilage, et la réplique est encore péremptoire. En effet, les cartilages permanents ou inossifiables (diarthroses), ont primitivement fait partie des cartilages temporaires que l'ossification a ultérieurement envahis. Si donc dans ce temps il était impossible d'y apercevoir la moindre frontière, de les distinguer en un mot l'un de l'autre, pourquoi irait-on admettre une différence de nature, d'origine, de vitalité, ils sont donc tous vivants et organisés. « Les cartilages diarthrodiaux, dit M. Gosselin, adhérent ou non, restent indéfiniment cartilages, ils sont une partie d'eux-mêmes,

Pour s'en convaincre, il suffit de faire attention au mode de formation; presque tous sont constitués simplement par une des extrémités non ossifiée des cartilages épiphysaires. Bichat l'a bien indiqué, et cependant on semble l'avoir oublié alors qu'on s'occupe de la structure des cartilages diarthrodiaux, et qu'on discute la question de leur vitalité. Il n'y a pas de doute pour moi qu'ils ne jouissent de l'organisation et de la vie, qu'ils ne contiennent de la nature organisée et organisable; car, si je les examine sur des sujets nouveau nés, avec ou sans injection préalable, il m'est impossible de tracer une limite entre le cartilage épiphysaire et le cartilage diarthrodial; c'est une seule et même substance dont une partie seulement s'ossifiera plus tard. Or, serait-il rationnel d'admettre qu'une portion de cette substance soit organisée, sans que l'autre le soit également. »

Le même auteur excepte quelques cartilages diarthrodiaux qui seraient quasifibreux, comme formés par du périoste étendu sur les surfaces osseuses. Quoi qu'il en soit, ce caractère tiré de l'embryogénie contre la sécrétion du cartilage, et pour son organisation, est vraiment irréfutable. Ai-je besoin d'insister, de répéter ici l'assentiment de Burdach, d'Andral, etc.

Le premier ne dit-il pas : Là où existe une articulation, l'ossification ne s'étend pas jusqu'à la limite extrême de la dernière couche du cartilage épiphysaire, laquelle persiste et constitue le cartilage articulaire ; les vaisseaux rouges ne s'y prolongent plus, puisque les cartilages diarthrodiaux doivent être permaments. L'os, en effet, avant d'être os est figuré complètement dans sa partie fondamentale, typique, en cartilage. — La cartilaginification est donc antérieure et se fait par places distinctes, excepté dans les points où seront les futures articulations ; elle vit par une vascularisation qui ne devient visible que lorsque l'os paraît.

Le second ajoute : Chez les poissons chondroptérygiens, dont le squelette ne s'élève jamais à l'état osseux, des vaisseaux bien développés parcourent le tissu cartilagineux, et la vie vasculaire est aussi bien au centre qu'à la périphérie articulaire du cartilage. Ce dernier détail d'anatomie comparée est vraiment important dans la question présente, et M. Richet vient proclamer organiques et non organisés les cartilages articulaires, par cela même qu'il ne peut les injecter chez l'homme ! Est-ce que les cartilages des articulations diffèrent beaucoup des fibro-cartilages ? Or, ceux-ci n'ont-ils pas des vaisseaux ? Est ce que sur des fœtus on n'est pas parvenu à en montrer (M. Giraldès, agrégé de la Faculté de Paris, — Godin, Demeaux). Si ces vaisseaux se rapetissent, diminuent de nombre, disparaissent même chez l'adulte, devez-vous conclure qu'ils n'existent pas.

Si vos injections ne pénètrent pas, ce ne sera pas une nouvelle raison de les récuser absolument. — Tenez donc compte de la spécialité d'existence fonctionnelle de ces cartilages, de leurs différents âges, et suivez tous leurs changements.

D'ailleurs, personne n'a soutenu que le cartilage diarthrodial fût vasculaire à l'égal de l'organe qui l'est le plus. Bichat ne vous parle-t-il pas de la lenteur, de l'obscurité des phénomènes de la vie dans ce tissu. Quant au degré de vitalité, ne dit-il pas que les cartilages sont aux autres parties de l'économie ce que les zoophytes et autres animaux à circulation capillaire, sont aux animaux mieux organisés, à circulation générale et à double cœur. Autant la vie considérée dans la série des êtres qu'elle anime par suite de différences dans son activité, autant elle diffère sous le même rapport examinée en particulier dans les organes de chacun de ces êtres. Cela est surtout vrai des cartilages articulaires, si j'avais un nom à leur donner pour exprimer leur densification croissante, et leur diminution graduelle de vitalité, je les appellerais cartilages corticaux. Ce nom rappellerait l'état analogue dans lequel se trouve la sub-

stance compacte ou corticale de l'os par rapport à la substance spongieuse ou médullaire. — Je ne puis faire une
meilleure comparaison. Cette substance compacte de l'os
a été un cartilage vivant, puis un tissu osseux aréolaire, puis
un tissu osseux compacte; or, cesse-t-elle d'être vivante
parce qu'elle est moins injectable qu'auparavant? Il en est
de même du cartilage articulaire — le défaut d'ossification
n'est pas non plus le signe de l'absence de la vie en lui; si
l'ossification n'a pas lieu, n'en attribuez pas davantage la
cause à l'absence de fibres, structure, selon vous, plus vivante, car les fibro-cartilages sont réfractaires à l'envahissement du phosphate calcaire, et dans l'ankylose disparaissent plutôt que de s'ossifier visiblement; je dis visiblement,
car M. Raspail admet une certaine dose de phosphate calcaire à l'état de combinaison intime dans tous les cartilages
quels qu'ils soient, dose qui devient sensible par les réactifs. Le tissu fibreux lui-même ne devient osseux qu'en passant par l'état cartilagineux. Ainsi une autre raison supérieure, à nous inconnue, a établi cette règle.

J'entends murmurer autour de moi de singulières conclusions : rien de vasculaire, rien de réactionnel; point de
vaisseaux (ce qui est contestable), donc point de phénomènes morbides, ni inflammation, ni ulcération, ni suppu-
ration dans le cartilage; mais des ramollissements, des
usures, des érosions; ces cartilages se polissent et s'usent
comme les dents, existent seulement pour des fonctions
mécaniques, et se conservent par les lois physiques, au
lieu de vivre et de se nourrir comme les tissus voisins; ils ne
peuvent être livrés qu'à la toute puissance des forces chimiques et physiques, le seul genre d'altération de structure originelle ou secondaire qui leur appartienne; aussi
peuvent-ils rester exposés au contact de l'air sans changer
d'état. Il est facile de répondre : la synoviale chondrale,
qui existe réellement et donne le poli aux cartilages et les

protège, pourquoi ne supporterait-elle pas l'effort des pressions, et sans en souffrir ? Celle des fibro-cartilages inter-
articulaires, que vous êtes moins disposé à nier, les supporte bien ; et les cartilages laryngiens, et les cartilages
des squelettes des poissons chondroptérygiens, sont-ce des
surfaces mécaniques, des épidermes, des produits de sécrétion ou des parties vivantes ? Moins un tissu est vasculaire,
et moins il est organisé, et moins il est susceptible de maladies dites vitales, et plus il est menacé de mortification
et par suite d'élimination ; c'est vrai ; mais d'une moindre
vitalité, devez-vous conclure à une vitalité nulle ? Est-ce que
tout ce qui n'est pas de la classe des excreta dans le corps
des animaux n'y vit pas avec ou sans vaisseaux et nerfs visibles ? Est-ce qu'il y a quelque chose qui s'use parmi les parties vivantes ? Est-ce qu'il y a des substances qui aient le
privilége de rester mortes au milieu d'elles ; la microscopie
veut juger seule et devient l'arme de nos adversaires ; mais
quelle arme ! Les coups qu'elle porte sont bien insignifiants et
inopportuns dans les questions de vitalité des tissus. Qu'elle
discoure tant qu'elle voudra sur la composition initiale utriculaire des corps (Schwann) sur les corpuscules primaires
(Purkinje), etc., mais qu'elle ne vienne pas décider en maître si absolu sur la qualité morte ou vivante des particules.

Voici une manière de s'entendre sur la classification des
corps vivants et organisés, et des corps organiques et non
organisés. Que M. Richet nous permette cette citation de
M. de Blainville : « Toutes les fois, dit ce célèbre natu-
raliste, qu'une substance suspectée d'être inorganique se
continuera avec d'autres parties douées de la vie, assurez,
sans crainte de vous tromper, qu'il y a organisation. » Or
tel est le cas du cartilage : on a donc eu le tort très grand
de vouloir le comparer aux productions phanériques (poils,
dents, etc.) qui ne tiennent pas à l'organisation proprement
dite, et sont par conséquent caduques (excreta).

Mon ami et collègue Demarquay fait l'observation suivante, sur l'explication de l'usure du cartilage. Si les os malades se gonflent, les surfaces articulaires sont plus serrées l'une contre l'autre, et les points les plus usés seront précisément ceux qui auront été le plus comprimés dans la position demi-fléchie que les malades donnent instinctivement à leur jointure souffrante. La compression agit ici comme ailleurs, elle atrophie, elle excite dans ou sous le cartilage la force de résorption. De là ces apparentes usures dont parlent les auteurs. L'usure sénile des cartilages tient à la même cause. La pression est le résultat de la rétraction fibreuse et musculaire, et de l'induration des parties molles autour de la jointure ; de même chez les vieux chevaux, qui dans certaines articulations des membres offrent le même aspect selon MM. Girard et Dupuy, d'Alfort.

La question n'est point encore vidée, M. Richet, malgré son opposition à la doctrine que nous soutenons, à savoir : la continuité synoviale et la vitalité cartilagineuse dans les articulations mobiles, va lui-même nous aider, à son insçu, à gagner notre propre cause. Sa thèse est assez riche pour en fournir les moyens, même à nous, ses adversaires. Et d'abord, je prends acte des passages suivants : je ne dirais vraiment pas mieux : « La surface polie des cartilages articulaires se continue sans ligne de démarcation tranchée avec celle de la synoviale qui constitue les parois de la cavité arthrologique ; on peut, avec plus ou moins d'habileté, enlever sur la surface chondrale une lamelle mince, pellicule transparente comme une pelure d'ognon, paraissant visiblement se continuer avec le feuillet superficiel de la synoviale ; mais cette lamelle ne peut pas être poursuivie bien loin des bords du cartilage, bientôt elle se déchire, et il devient impossible de la ressaisir. »

En effet, la dissection ne peut davantage dans les articulations saines, mais dans les articulations malades, elle est plus complète, ainsi qu'on a pu le voir par notre observation ; en conséquence, les détails de l'auteur ne sont-ils pas suffisants pour faire penser que cette membrane qui se dissèque assez loin, et donne le poli au cartilage, comme elle le donne au ligament de l'articulation, est précisément la synoviale, et qu'elle passe sur les cartilages comme sur les ligaments. Plus loin, la thèse parle du dépoli du cartilage, quand on le dépouille de cette membrane. Enfin elle représente celle-ci comme étant un épithélium pavimenteux, tel qu'il se rencontre dans presque toutes les séreuses (Rudolphi, Valentin, Henle). Pourquoi donc, d'après ces auteurs, est-elle épithélium sur le cartilage, et point sur le ligament ? Où donc cet épithélium commence-t-il ? Car vous dites : la synoviale empiète sur le cartilage, dont la substance, selon M. Velpeau, votre maître, soit dit en passant, finit par être le siège d'une vascularisation maladive, et par s'organiser de la circonférence au centre. Des vaisseaux se prolongent de plusieurs millimètres sur la marge cartilagineuse, et vous les décrivez minutieusement. Je comprends, vous conservez autant de synoviale qu'il vous en faut pour constituer une de vos espèces d'arthropathies aux dépens des parties fibreuses que vous considérez presque comme des corps inertes, et vous retranchez autant de synoviale qu'il vous en faut pour faire paraître le cartilage articulaire comme une portion épidermoïde, incapable de devenir le siège primitif d'une tumeur blanche. Ainsi, selon les besoins de votre cause, vous disposez de l'anatomie, vous l'interprétez à votre façon ; que dirait la nature, si elle vous entendait ? De fait, un cartilage enveloppé d'une membrane vivante telle que la synoviale, vous eût embarrassé, et votre thèse n'eût pas eu ses coudées franches ; je comprends tout cela.

Rappelons encore à M. Richet l'opinion de M. Raspail sur les cartilages : « Le ligament, le tendon, le cartilage et l'os, ces quatre sortes d'organes ne sont que quatre termes pris sur la progression qui incruste de sels calcaires un *tissu animal.* »—Les cartilages vivent donc aussi pour M. Raspail.

Je reviens sur quelques détails de l'auteur qui sont fort bons. « Si l'on presse les vaisseaux de la synoviale enflammée avec la pulpe du doigt, de manière à faire refluer le sang du côté des cartilages, on voit ce liquide remplir petit à petit des vaisseaux d'une ténuité excessive et dont la couleur rouge tranche sur la blancheur laiteuse des cartilages sur lesquels ils se prolongent de 1 à 2 millimètres, puis le sang revient subitement sur lui-même par des anastomoses en arcade pour retourner dans les gros troncs de l'articulation dont on l'avait chassé, il ne peut s'avancer au-delà; j'ai vu mieux encore. Quelquefois c'est une espèce de chémosis, disposée autour du cartilage, ne se borne pas toujours là; dans l'observation que j'ai rapportée, des vaisseaux du centre, qu'ils soient de nouvelle formation ou non, convergeaient vers ceux de la circonférence, et se fussent joints par les progrès de l'injection de la vascularisation; ainsi toute la synoviale chondrale peut être rougie par leur présence.—Vous voulez un épithélium; le microscope, dites-vous, vous donne raison sur ce point (Henle, Burgrave, Meckauer), soit; mais au moins n'appliquez pas un épiderme séreux sur un épiderme cartilagineux, et ne montrez pas de vaisseaux entre eux, même de nouvelle formation, car alors je ne vous comprends plus, à moins que je me rappelle les motifs de votre thèse.

Quant à moi qui ne les ai pas, je parlerai autrement : sur le cartilage vivant je ferai passer la synoviale vivante avec son aspect épithélial, si elle en a un; j'ajoute cela, car le microscope renseigne quelquefois si bien que, d'après Meckauer, les couches ou cellules superficielles des cartilages, aplaties par la pression des surfaces articulaires, ressembleraient tellement aux cellules épithéliales pavimenteuses, qu'il serait impossible de distinguer si elles sont à la synoviale ou au cartilage. Cherchez donc à vous éclairer sur cet

14

épithélium ! Mais aussi pourquoi être si difficile à se laisser fasciner, pourquoi s'étonner ? Est-ce que le corps tout entier n'est pas aussi une fabrication d'épithelium, dans tous ses points ? On en met partout, dans les tumeurs, à la surface des plaies, et déjà il y a un cancer épidermique ! Quelle science que cette microscopie ! On y voit mille et une merveilles : une miette de matière, un atome, est un panorama immense orné de descriptions les plus fastueuses.

Mais j'arrive aux preuves sur lesquelles la thèse fonde la non vitalité des cartilages diarthrodiaux :

1° Ils sont insensibles : ah ! leur sensibilité est en effet latente, comme celle du tissu fibreux dont vous parlez. Beaucoup d'actions mécaniques ne développent pas de douleurs ; mais, comme le fait observer judicieusement M. Maissiat, votre argumentateur, chaque tissu, si peu sensible qu'il soit, a cependant sa manière de sentir, il a sa sensibilité spéciale, et lorsqu'on a mis le doigt sur le moyen de la mettre en évidence, elle se manifeste aussitôt. Ainsi le tissu fibreux, bien isolé, insensible à la section, aux caustiques, etc., comme l'expérience le démontre, ne l'est plus du moment qu'il subit un mouvement de torsion ; dans l'entorse, c'est lui qui souffre ; de même trouvera-t-on l'espèce de sensibilité dont les cartilages diarthrodiaux jouissent en particulier. L'observation de la douleur aiguë résultant de l'interposition d'un corps étranger entre les surfaces articulaires, n'est pas une preuve parfaite, car la synoviale chondrale peut revendiquer sa part de souffrance. Des expériences nouvelles sont donc nécessaires. On a invoqué ensuite l'usure du cartilage ; un mot à ce sujet : Un os se creuse sous les battements d'un anévrysme ; il perd son périoste, est-ce de l'usure ? et la perte de substance est-elle une preuve d'insensibilité du tissu ? Ces deux faits morbides sont très comparables l'un à l'autre. Réfléchissez.

2° Ils ne se conservent que par imbibition ou endosmose ; ils n'existent, nous dit-on, qu'aux dépens des tissus et des

iquides qui les environnent (os et liquides synoviaux). Croit-
on, par un fait d'imbibition, témoigner de leurs qualités de
corps organiques et non organisés, de productions parasites ;
mais les parties les plus vivantes en sont aussi le siège. Ce
n'est donc pas un signe de non-vie. Les animaux infusoires,
les œufs récents, les fausses membranes nouvelles, s'imbi-
bent soit d'air, soit de liquide, et ils vivent. Et cependant
point de vaisseaux encore, et les cartilages de poissons chondroptérygiens ne vivront-ils pas? Si les cartilages diarthrodiaux se colorent dans toute leur épaisseur en jaune par la
bile (Bichat), en violet par l'acide aloétique (Flourens), en
rouge par les épanchements de sang (Laugier), enfin s'ils
prennent toutes sortes de nuances, selon la couleur des liquides que M. Richet injecte dans l'intérieur de l'articulation,
la peau subit aussi les mêmes colorations, comme on peut
le voir dans l'ictère, les ecchymoses, etc. et pour cela n'en vit
pas moins : la circulation et la perméabilité locale, voilà les
deux moyens de l'imbibition ; ce n'est pas une propriété particulière, elle est commune à tous les tissus, ils se laissent traverser par les substances ou les retiennent et s'en colorent,
selon leurs affinités et leur action. Le prussiate de potasse met
douze minutes à traverser l'aponévrose du fascia lata, et huit
heures la peau (Libkuckner); ces tissus en ont-ils moins de
vitalité. Le polype desséché sera animé par une goutte d'eau,
c'est bien de l'imbibition pour vous, et cependant c'est un
corps doué de la vie, un animal. A bien prendre votre expression, tout organe est parasite de son voisin ; il l'est en effet,
et sans cesser d'être très vivant ; car la nutrition, la santé ou
la maladie du milieu organique où tel tissu que vous voudrez
se trouve, agissent nécessairement et incessamment sur lui.
Après tout, cette imbibition est de l'absorption et rien de plus
vital dans ce phénomène. (*Voy.* physiologie des séreuses.)

Les autres cartilages enveloppés ou non de périchondre
ne donnent-ils pas les mêmes résultats que les cartilages

diarthrodiaux? Or, la vie diffère-t-elle essentiellement dans toutes les variétés d'un même tissù, et puis les phénomènes d'imbibition sont-ils donc si bien les conditions de conservation des produits épidermiques? Un épiderme est sécrété, un cartilage l'est-il? est-ce le même genre de reproduction quand l'un et l'autre sont détruits? L'épiderme a des glandes (appareil kératogène, Breschet); il est sans cesse fourni et renouvelé; que la peau vienne à être complètement détruite, elle ne produira plus d'épiderme : *Sublata causâ tollitur effectus*. Le cartilage, au contraire, procède autrement que par sécrétion; aussi se produit-il partout, même accidentellement, mais il se forme plus particulièrement dans les régions ou sphères squelettiques, où semble se faire la fluxion cartilaginifère ou osseuse pour remplacer un cartilage ancien, ou préparer une nouvelle formation d'os. Je ne vois en tout cela que des phénomènes de la vie et des arguments multipliés contre notre adversaire.

Enfin une dernière preuve de la non vitalité des cartilages diarthrodiaux, aussi peu vraie que les précédentes, est celle-ci : leurs décollements, dans les maladies des articulations et sur les moignons des sujets amputés dans la contiguité des membres. Répondons. Un tendon se mortifie, il est éliminé; n'a-t-il donc pas vécu *Vita propria?* Il a son principe de conservation et son principe d'action comme les autres parties. J'en dirai autant du cartilage diarthrodial; il n'y a pas que lui qui se décolle par le pus : on a observé également le même décollement sur un même sujet entre l'épiphyse et la diaphyse (cas de diathèse purulente, *Ancell.* 1838, Londres). Soutiendrez-vous que le cartilage intermédiaire entre ces deux portions de l'os était un parasite, un épiderme comme l'autre, que sais-je, moi? Le décollement de ees cartilages a-t-il lieu dans les arthrites aiguës des parties molles, cas où le tissu osseux articulaire n'est pas encore malade comme dans la plupart des tumeurs blanches. C'est dans celles-ci qu'on l'observe plutôt. En résumé : un cartilage se développe sous une séreuse, il y adhère intimement ; pousserez-vous l'incrédulité, à cause de la difficulté de la dissection, jusqu'à penser qu'elle n'existe pas? Le cartilage diarthrodial a une nutrition obscure, il a une vie propre très limitée ; mais enfin il vit.

Je terminerai par un dernier argument que me fournit l'organogénésie : l'étude du développement des os sésamoïdes juge parfaitement la question ; la kysteuse est d'abord en contact avec le tendon ; celui-ci s'indure, se cartilaginifie et s'ossifie ; la séreuse tendineuse a-t-elle changé ses rapports? Non évidemment. Rappellerai-je encore la reproduction d'une substance cartilagineuse sur les têtes osseuses qui se sont dépouillées de leur cartilage primaire. Laennec l'affirme ; ce ne sont pas les restes de l'ancien, car ils n'ont plus les mêmes caractères. J'excepte l'éburnation de l'os et le tissu fibreux densifié qui se rencontrent parfois à sa place. Eh bien! n'êtes-vous pas convaincu maintenant comme moi?

Récapitulons : La synoviale chondrale est réelle, et n'est point un raffinement anatomique comme le dit Gordon, d'Edimbourg ; les cartilages vivent, comme tous les tissus placés au dessus et au dessous d'eux dans l'échelle de la vitalité des solides.

On a dû remarquer jusqu'alors, que dans la doctrine de Bichat, tout est régulier, uniforme, tandis que du côté de ses adversaires, tout est contradiction, confusion, suppositions, exceptionalité. C'est le sentiment de l'ordre qui le guidait et le soutenait, c'est ce même sentiment qui va me donner la force de continuer le combat.

C. — Traité des cavités closes.

Il reste, en effet, à vider la question de la membranisation organique du tissu kysteux. Cette fois, il s'agit de M. Velpeau.

Le nom propre de sa doctrine est celui-ci : *Traité des cavités closes*. Et déjà ce nom lui-même n'est pas nouveau, car je lis dans Raspail : Les articulations, en anatomie générale, sont les analogues d'une cellule, ainsi que toute cavité close si grande qu'elle soit. (*Chimie organique*, t. III, p. 344). Mais peu importe, passons de suite à la préface. « Au surplus, dit l'auteur, avant de décider si d'autres l'ont pensé ou dit avant moi, on voudra bien, j'ose l'espérer, voir si ce que j'avance est exact ou non, si la doctrine que je propose ou que je défends mérite ou ne mérite pas la préférence sur celle qui règne généralement aujourd'hui, eu égard aux cavités closes. »

Malgré toute la satisfaction que j'éprouve à me ranger à l'avis de mes professeurs, cette fois je différerai complètement d'opinion avec M. Velpeau, et je ne suis pas le seul qui, ouvertement ou non, s'inscrit contre la doctrine nouvelle. Le préambule qu'on vient de lire me paraît la discréditer, je dirai même presque la condamner. Les séreuses existent ou n'existent pas, il n'y a donc pas de préférence à demander. C'est une question de vie ou de mort pour l'un ou l'autre système. Si M. Velpeau est sûr de lui-même, que Bichat soit détrôné ; j'y consens, car la vérité avant tout. Mais non, son début plein d'hésitation n'est pas celui d'un maître nouveau qu'on attend, c'est le langage d'un auteur qui, profitant habilement des difficultés d'un sujet, cherche à en ébranler le système sans être convaincu de sa réussite ; il ne sait si son œuvre est supérieure ou non. Examinons donc attentivement.

L'idée-mère qui a servi de point de départ aux deux traités auxquels nous faisons allusion, est si profondément différente, qu'une seule doit survivre au débat. De quel côté est donc la meilleure, la plus juste, la plus réelle : elle appartient, si je ne m'aveugle point, à Bichat, je le dis hautement par avance. Ce couronnement du célèbre auteur du

Traité des membranes ne doit pas exciter la jalousie de
M. Velpeau qui, lui aussi, porte des couronnes scientifiques,
car il est mérité.

Sans doute, comme le dit M. Malgaigne, ce nouveau pré-
dicateur de la philosophie de vérification de toutes les acquisitions de la science, nous sommes un peuple douteux par
nature. De tous les principes de Descartes, le doute philosophique est celui qui s'est le plus scrupuleusement conservé
parmi nous; la foi ou la tradition demande à être raisonnée, examinée et prouvée, et ce besoin est de notre époque,
de notre pays. Très bien. Quand des notions acquises, soupçonnées d'être fausses, sont du domaine public, la libre discussion, ce puissant moteur du progrès, peut et doit s'y
attacher sans considération du nom qui les protège; c'est le
droit et le devoir de la critique. La doctrine de la résignation
aux faits accomplis ne sera jamais acceptable en science?
Mais avant de vouloir fermer le passé et ouvrir l'avenir, n'allons pas faire obstacle et nuire à la sagesse des conceptions
de nos prédécesseurs. Pour secouer le joug de l'autorité et
briser les fers de la chaîne traditionnelle, il faut au moins
savoir si ce que l'on attaque est une faute, une erreur, et si
ce que l'on propose est bien la réalité, car il vaut mieux avoir
raison avec la tradition que de se tromper en dehors d'elle.
En agissant ainsi, l'on se montre plus sage que Sylvius qui,
de peur de commettre un sacrilège scientifique, préférait
errer avec Galien que d'avoir raison avec l'audacieux anti-
galéniste André Vésale, ce célèbre restaurateur de l'anatomie
humaine. Or, cette fois, M. Velpeau en voulant innover
s'est mépris lui-même, il devait échouer. Néanmoins son
effort d'opposition à la doctrine généralement reçue n'aura
pas été entièrement inutile, car une question sur laquelle,
après solution obtenue, l'on s'endort dans la plus profonde
indifférence, est-elle tout à coup attaquée dans ses fondements, le réveil suit, et elle s'illumine immédiatement sous le

feu de la discussion. Enfin, la vérité un instant obscurcie n'en jaillit qu'avec un plus vif éclat.

Comme je l'annonçai, parmi les journaux de médecine, il en est qui se taisent ; ils ne font aucun commentaire sur l'opinion de M. Velpeau, qu'ils citent tout simplement. Tels les *Archives,* la *Lancette, l'Expérience,* le *Journal des Connaissances médico-chirurgicales,* les *Annales de Chirurgie.* Quant à la *Gazette médicale,* si elle élève sa voix, c'est pour revendiquer sa part du travail. Seul, le *Journal de Chirurgie* qui, à ses risques et périls, a véritablement créé, de nos jours, la critique scientifique en médecine, s'aventure à juger le fond et la forme du mémoire.

Selon M. Gosselin, la manière de voir de l'honorable professeur de la Charité est, à tout prendre, très spécieuse ; elle est exagérée, selon M. Malgaigne ; moi, je la crois vicieuse par la racine, nullement conforme à la nature, stérile et sans profit pour la science. Les détails suivants prouveront la vulnérabilité des nombreux sophismes dont elle s'enveloppe. Déjà les termes du procès sont connus ; j'éviterai donc, autant que possible, les répétitions en poursuivant mon appréciation de l'oraison des cavités closes. Je commence donc mon œuvre de réhabilitation. En vérité, je vais avoir l'air de découvrir une seconde fois les séreuses, mes clientes actuelles. La faute en est à M. Velpeau.

Ce qui me fit élever autour de son livre une nuée de doutes, ce fut cette première pensée : il n'est pas possible que tant de médecins instruits se soient trompés à la fois, sur un point d'anatomie qui, à chaque ouverture de cadavre, se présente à leurs yeux sans qu'ils le cherchent, et abandonnent leurs croyances sans s'expliquer pourquoi ils changent. Je crus plutôt à une défection qu'à un changement de drapeau ; le temps était venu de réagir, et il m'a semblé nécessaire de rallier force arguments et de proclamer derechef : la kystologie est une réalité, les membranes kysteuses sont parfaitement distinctes, caractérisées, d'une seule pièce, et se font remarquer par leur aspect régulier, leur poli général, leur continuité. Leur membranisation est évidente par l'art de la dissection dans certains points, elle devient plus difficile à isoler au moyen du scalpel dans certains autres, en raison de ses adhérences plus intimes ; mais cette dernière circonstance ne doit point faire oublier leur présence. — Les parties à surface lisse la doivent au tissu kysteux qui leur est appliqué et non à un état particulier de la substance même de l'organe, qui, selon les explications de M. Velpeau, serait à nu. — Les organes qui répondent aux cavités kysteuses, sont recouverts par les parois de ces cavités, et ces parois sont des membranes. — L'on ne peut toujours les détacher partout et entièrement, de manière à obtenir intégralement le sac complet qu'elles représentent, parce que de fortes adhérences en empêchent la séparation ; cette difficulté n'implique pas l'idée que ce sac n'existe pas. — « Si, comme l'observe M. Gosselin, les parties articulaires ou splanchniques ont quelque chose des propriétés anatomiques ou physiologiques des synoviales ou des séreuses, c'est que ces membranes les tapissent réellement; car il n'y a pas d'effet sans cause. Si la séreuse ou la synoviale, dans les points où on les démontre a tel ou tel caractère, nous devons attribuer à leur présence les caractères semblables que peuvent offrir les organes voisins. La conclusion est naturelle et fondée sur l'analogie. L'aspect lisse de l'intestin grêle, de la vessie, etc., est dû à un feuillet séreux parfaitement démontrable ; j'en conclus que l'aspect lisse du foie est dû aussi à un feuillet séreux, bien que je ne puisse séparer celui-ci de l'enveloppe fibreuse propre à cet organe. De même pour les cartilages et les fibro-cartilages interarticulaires ; la synoviale leur donne le poli et le luisant que la synovie seule ne serait pas apte à produire d'une manière aussi régulière et aussi complète ; aussi admettons-

nous les membranes composées de Bichat, les fibro-séreuses, les séro-muqueuses ; et les deux parties adhérentes l'une
à l'autre, n'en vivent pas moins, avec leurs qualités propres
et spéciales. »

Continuer sur ce ton à réfuter le système de M. Velpeau,
c'est consolider la doctrine opposée. Or je dis, si vous re-
tirez à un édifice sa base, il tombera nécessairement, si
l'esprit conçoit une idée malheureuse, celle-ci ne donnera
jamais un livre entièrement bon, puisque lui-même ne sera en
grande partie que le développement de cette idée ; elle le dé-
pare donc et n'a pas droit d'asyle dans la mémoire des
hommes. C'est un peu l'histoire du Traité des cavités closes,
je parle seulement ici de la partie anatomique, car quant à
la partie chirurgicale, M. Velpeau (*Traité des hydropisies
des cavités closes*) s'y montre comme toujours un praticien
distingué et digne d'être imité.

Mais plus on réfléchit en lisant son anatomie et plus on
se sent l'esprit comme heurté. Grand Dieu ! quelle exclamation auriez-vous fait entendre vous tous, Bordeu, Pinel,
Bichat, si de votre temps on eût tenté de mettre au néant
tout ce genre d'organes si nombreux, si vastes, dont vous
avez indiqué si admirablement et si logiquement l'anatomie,
la physiologie et la nosologie ! Ce qui arrive cependant aujourd'hui, votre tâche eût été à recommencer, car vous
n'auriez pas voulu que la science de l'organisation placée par
vous dans la bonne voie en sortît tout à coup. Assurément
M. Velpeau, un des auteurs qui ont le plus écrit sur les
sciences médicales, a commis un excès de plume ; condam-
nant à mort sans rémission toutes les séreuses, il a joué avec
leurs fantômes et s'est égaré. Entendez son langage ; il est
nouveau, captieux, mais, je l'espère, incapable de persuader
personne : feu les membranes kysteuses ne sont plus que
des états des surfaces dont le poli est accidentel, mécanique,
un effet de l'art. Ici le poli est synovial, là il est séreux ; le

poli sépare la contiguité des organes, le poli remplace le tissu, le poli est partie intégrante des organes limitrophes des cavités closes. Le poli de ces diverses surfaces textulaires se continuant de l'un à l'autre forme ces cavités. Le poli tantôt appartient à une couche d'épiderme, tantôt à la substance propre de l'organe, tantôt à la couche du tissu cellulaire qui accompagne tous les organes. Il n'y a plus de péritoine, mais une cavité péritonéale, etc. Le poli est la surface et la surface le poli. Une surface se développe, il y a une anatomie, une physiologie, une pathologie de surface, une cavité se traite, se guérit. Quel monologue nébuleux! Voilà certes un raisonnement inimaginable qui procède singulièrement et varie bien dans le sens de ses expressions. Aussi il menace naufrage.

Qu'est-ce après tout que la surface polie d'un organe généralement parlant, si ce n'est cet organe lui-même? Le poli d'un métal n'est-il pas toujours ce métal? L'empêche-t-il de subir l'influence des réactifs chimiques et des combinaisons d'amalgame? Le poli n'isole donc pas les organes; ceux-ci seraient donc baignés immédiatement par les liquides de la cavité, ce qu'il est difficile de croire. Les membranes séreuses sont seules aptes à contenir ces liquides et à les séparer des organes voisins. Mais si dans votre pensée les parois vivantes des cavités, car elles sont vivantes, ne sont que des ligaments polis, des cartilages polis ou des muscles polis, d'où proviendra la sécrétion? Assurément ce ne sera ni du ligament, ni du cartilage, ni du muscle, tout lisses qu'ils soient. Je sais ce que vous allez me répondre, et M. J. Guérin réclamera sa part dans cette théorie (1) que vous invoquerez, poursuivi que vous êtes par l'idée de la non-existence du tissu kysteux; vous aimerez mieux celle-

______

(1) Théorie qui, selon le journal *l'Expérience,* remonte assurément plus haut que M. J. Guérin.

là que la nôtre qui accorde le rôle de la sécrétion aux kysto-membranes, et vous nous direz : espace clos, vide par le frottement des deux surfaces, appel ou déplacement à l'intérieur de la cavité des fluides dits exhalés. C'est le fait général de l'influence de la pression atmosphérique, intervenant dans le mécanisme de l'exhalation des cavités closes ; mais si vous rejetez le corps isolant naturel dont je parle, ne craignez-vous plus l'action et la réaction perpétuelles, alternatives du liquide sur ces différents solides, et de ceux-ci sur le liquide ; car une surface ne protége pas la vie de l'organe dont elle fait partie. Vous ne pouvez rendre cette surface morte, paroi isolante, vous avez beau la métamorphoser en couche inerte, inorganique, que vous appelez épiderme. Mais encore une fois où sera l'organe sécréteur de cette production épidermique constituant la paroi de vos cavités closes : je ne sache pas que personne ait jamais osé attribuer au cartilage, au ligament, etc. l'agence de cette sécrétion, pas plus que celle des fluides de la cavité. Cette faculté, il faut en convenir, appartiendrait à un autre tissu, si épiderme il y a réellement.

Puis, vous prévoyez l'objection, vous avez probablement conscience de votre embarras, car votre interprétation anatomique change du tout au tout et devient une concession, et vous ajoutez : la couche isolante est dans la partie celluleuse périphérique des organes, la cavité n'étant que l'écartement de ces mêmes couches celluleuses. — Pour le coup, est-ce échapper adroitement à la difficulté de la situation que vous vous êtes faite en avançant votre thème. Comment, vous niez qu'il soit possible de détacher les membranes séreuses en entier, et vous parlez de continuité de surfaces séreuses, de parois épidermiques ; enfin, des couches cellulaires de vos cavités, vous les avez donc disséquées. Ah ! oui, vos cavités sont circonscrites par du tissu cellulaire poli ! C'est là votre dernier mot, et c'est pour le dire que vous avez dépensé tant de pages, que vous vous êtes annoncé comme l'antagoniste de Bichat, destiné à le renverser de fond en comble. Allons, M. Velpeau, vous ne différez guère de lui que d'une erreur typographique, cela est visible, même à travers les obstacles des mots; vous dissimulez mal une dispute de termes, ce ne sera jamais une dispute sérieuse sur la nature de la chose. Du moment que vous avouez que les organes sont tapissés par du tissu cellulaire poli à l'intérieur, chargé ou non d'épiderme et formant une surface continue, close, vous avez absolument décrit la chose, sans en dire le nom, c'est accorder à la fin de la page ce que vous refusiez en la commençant; mais nous ne prendrons pas le change, vous avez beau faire, vous n'êtes pas tant schismatique que vous paraissez l'être, M. Velpeau, et nous rions de la docte plaisanterie d'un de nos défenseurs qui s'écriait gaîment : « après tout on ne connaît que la surface des choses. » — Ainsi, vous avez l'air de croire autrement que l'école de Bichat, et, à tout bien considérer, la distance d'elle à vous est presque entièrement franchie. En effet, n'est-ce pas être du même avis, que d'appeler une séreuse, soit une membrane cellulaire particulière, comme une aponévrose est aussi une membrane cellulaire particulière, soit une couche de tissu cellulaire condensé et poli, etc. N'est-ce pas deux dénominations pour le même sens.

Mais je continue à argumenter et je vous suppose un plus grand dissident. — Je crois d'abord nécessaire, en bonne anatomie, de remettre le mot membrane séreuse, partout où vous avez inscrit le mot surface séreuse; il me semble en effet dur d'écrire, pour être conséquent avec soi-même, le péritoine est une cavité et non une membrane; de montrer les cavités closes composées de pièces et de morceaux, formées par des parois ou plutôt par des organes si divers, et vivants d'une vie si différente, des cavités existant par elles-mêmes, sécrétant, absorbant, suppurant, etc. Comprenez si vous pouvez une cavité close malade, une surface qui équivaut presque, dans la pensée de l'auteur, à zéro de matière, une surface sans quelque chose enfin, sans aucun *substratum* corporel. — Est-ce que le poli du péritoine n'est pas le signe de cette membrane. Et ces lambeaux de véritables membranes que vous concédez malgré vous, sont-ils, à eux seuls, la source des sécrétions des cavités closes, et le siège de leurs maladies. Les oubliez-vous ? Ce seul fait de lames séreuses complètement isolées d'une part, et continues de l'autre, avec les lames adhérentes, suffit, dit M. Ollivier d'Angers (*Dict. des Sciences médicales*), pour démontrer la réalité des membranes séreuses : et nous partageons sa manière de voir.

Le développement des cavités closes vous offrira-t-il plus de ressources pour défendre votre système de dénégation ; voyons : ici votre rôle est fatalement tracé par l'ordre de vos propres idées, vous n'y échapperez point ; vous serez mécanicien jusqu'au bout, vos recherches d'embryogénie se ressentiront en effet de ces préventions. Voyons votre automatisme. Refusant l'organe, vous avez voulu aussi refuser à la nature le pouvoir de lui donner le poli de surface comme caractère d'organisation ; vous avez même transposé ce poli des séreuses sur des organes étrangers. — Vos prédécesseurs, mécaniciens comme vous (Bordeu, Villermé), mais non anti-kystologistes comme vous, recherchaient l'identité, la spécificité des causes, qui produisent les séreuses, pour arriver à l'affinité de nature, les autres caractères constitutionnels justifiant cette donnée. — Mais ce n'est pas là votre but. Vous êtes dans les espaces, et vous cherchez à leur formation une cause uniforme ; le mouvement des parties ne vous paraît pas leur être étranger, seulement, au lieu d'être accessoire, il devient tout à coup pour vous le *sine quâ non* des cavités closes et de leur poli. — Vous ne vous êtes même pas demandé si la coïncidence assez constante de ces deux faits, mouvement et poli, devait nécessairement entraîner l'idée que l'un de ces faits fût générateur ou le précurseur, la cause enfin de l'autre; et, si cette conclusion était bien à l'abri de toute contestation, vous avez résolu absolument la question dans votre sens, et vous voilà empressé de prouver que ce poli de surface est le résultat de quatre espèces de mouvements. Une surface qui se développe, voilà qui est original. Il y a du choix, du reste, dans votre théorie.

D'abord le mouvement de soufflet; celui-ci se conçoit parmi vos partisans : les organes limitrophes d'une cavité close représentent l'étoffe ou les parois de l'instrument, et dans le jeu de leurs actions, ils ont alternativement et presque à tout instant de la tendance à s'écarter et à se rapprocher. De là formation d'un vide ou cavité intérieure. Le mouvement de pression leur paraît admissible au même titre; mais on ne distinguera guère une grande différence entre le glissement et le froissement dont les synonymes, selon votre langage, sont le frottement, le plissement, le chiffonnage. L'action me paraît être la même et se résume dans un mouvement de va et vient. — Quant à la subordination des formes de la cavité à l'espèce de mouvement qui l'a créée, les exemples donnés ne prouvent pas que leur influence soit spéciale; car, le plus souvent la combinaison de vos mouvements est générale, unanime. Les formes, d'ailleurs, sont peu différentes et plutôt dues au degré d'étendue du mouvement et surtout à la forme des organes de la cavité. Rappelons aussi que cette opinion, sur ces sortes d'influences mécaniques, a été partagé, même par des hommes qui croyaient à la membranisation kysteuse. Quant à nous, nous croyons à la création spontanée des membranes closes; elles se détachent de la masse organique au temps chaotique où tout est homogène et continu. A l'exemple des autres parties de l'économie, elles ont leur place déterminée par la nature, et en même temps se forme la cavité par le dépôt ou sécrétion qui écarte les feuillets membraneux. Vous même n'êtes pas si loin de le penser; car, par une sorte de contradiction que je ne chercherai pas à expliquer, vous faites intervenir (article développement des cavités articulaires) d'autres actions. Ces cavités apparaissent, dites-vous, dès qu'il s'établit un travail de résorption entre deux points déterminés de la matière primitive qui se continuaient et se touchaient précédemment, d'où l'écartement, une espèce de décollement ou creusement. Quand il y a un fibro-cartilage interarticulaire, le travail est double, il se passe au dessus et au dessous de de lui.

Cette opinion, déjà plus vitaliste et voisine de la nôtre, n'est pas tout à fait la même cependant; le travail que nous supposons est plutôt une œuvre de création de membranes vésiculaires, qui déjà sécrètent à leur face interne et se dilatent autant par l'accumulation intérieure du liquide que par l'accroissement des parties voisines qui adhèrent à elles, d'où la cavité qui frappe votre vue.

Après ces mots que nous venons de rapporter, vous semblez craindre d'être sorti de votre ligne, et vous voilà de nouveau attiré vers vos idées de mécanique, les fibro-cartilages interarticulaires qui présentent une ouverture de communication entre les deux cavités d'une même articulation, ne doivent, assurez-vous, leur perforation qu'à l'usure, la pression ou frottement; et tous ceux que l'on trouve incomplets à la naissance ont été dans le principe complets. — Pour mon compte, j'en ai observé d'incomplets à cinq mois de vie intra-utérine. Or, je ferai une simple question : Le fœtus remue donc beaucoup à cet âge, pour posséder déjà des fibro-cartilages perforés? Et les autres fibro-cartilages qui se conservent entier pendant toute la vie extra-utérine, comment ont-ils pu supporter tant de frottements sans éprouver le même sort. Un autre phénomène de l'ordre vital se manifeste donc ici, obscur dans son mécanisme, mais incontestable dans ses effets.

Après cela, vous lâchez votre dernier argument. Les surfaces articulaires costo-sternales ne sont pas lisses comme les costo-vertébrales. Que signifie cette comparaison, et quelle déduction pouvez-vous en tirer contre nous? Il est facile de l'expliquer. Les articulations symphysaires ne sont pas d'abord des diarthroses. Quand le mouvement est insensible dans une intersection du squelette, l'union des parties est plutôt ligamenteuse ou ligamento-cartilagineuse que synoviale; si par quelques circonstances, il devient plus prononcé, une membrane lisse s'y développe, comme lorsqu'elle diminue dans une jointure antérieurement très mobile, il s'opère d'abord l'ankylose celluleuse. Dans les articulations costo-sternales, les cartilages ne sont pas devenus des cartilages diarthrodiaux, et dans les articulations ankylosées les cartilages diarthrodiaux finissent par disparaître, ils s'en vont. D'autre part, on peut se demander si ces articulations costo-sternales, qui toutes, sauf la deuxième, sont embryonnaires, n'ont pas encore de synoviale, uniquement parce que le temps a manqué à leur production. L'exemple n'est donc pas bien choisi pour démontrer le mécanisme de formation des cavités articulaires. Et si l'on prouvait à M. Velpeau, que certaines parties sont lisses et cavitaires tout en étant immobiles (ex. : nos kysto-membranes d'inclusion), que certaines cavités closes existent avant le moindre mouvement (ex. : la plèvre chez le fœtus qui ne respire pas), enfin, que telles parties sont douées des mouvements les plus étendus et continuels, sans qu'il s'y forme des cavités closes (ex. : le tissu cellulaire situé derrière le pharynx); que nous répondrait l'auteur?

Enfin, je termine ce paragraphe par les réflexions de M. Andral et Bichat : « Et même, quand le frottement a agi manifestement dans les points où se forment des bourses séreuses, il n'est pas sûr, dit M. Andral, que le tissu cellulaire devienne du tissu séreux, uniquement parce qu'il est soumis à une compression insolite, ou par suite du frotte-tement qu'il éprouve. Je ne pense pas que dans cette expli-cation, puissent rigoureusement rentrer tous les faits de ce genre jusqu'à présent observés. Il semble plus conforme à la vérité, de ne regarder ici la cause mécanique que comme secondaire, et de ne voir dans ces faits que l'accomplisse-ment d'une grande loi des corps organisés, en vertu de la-quelle la modification de la structure d'une partie suit néces-sairement la modification de ses fonctions.» (*Précis d'ana-tomie pathologique*). Autre observation : Si le poli persiste au dessus de la fausse membrane, il faudra bien reconnaître que le mouvement ne se passant plus sur la surface lisse de la séreuse, ne l'entretient pas, et que sa permanence tient à d'autres causes.

Bichat, répondant à Bordeu, qui comme M. Velpeau ex-pliquait la formation, et même le poli des séreuses par le frottement et la compression mécanique, insistait sur les faits suivants : pourquoi, quel que soit l'âge auquel on exa-mine le fœtus, trouve-t-on le péritoine et les membranes sé-reuses aussi développées à proportion que leurs organes cor-respondants. Comment se forment les replis nombreux de ces membranes, tels que le mésentère, l'épiploon, etc.? Pourquoi est-il des parties où elles n'existent pas, quoique ces parties soient exposées à un frottement égal à celui des parties où on les rencontre? Pourquoi, par exemple, la vessie en est-elle dépourvue sur les côtés, tandis que sa partie supérieure en est tapissée? Pourquoi l'épaisseur des membranes n'aug-mente-t-elle pas là où le mouvement est le plus fort, et ne di-minue-t-elle pas là où il est le plus faible? Depuis quand, au dedans, le frottement peut-il produire un corps organisé? Comment allier la texture vasculaire de ces membranes avec la pression qui les produit? » Oui, qu'il nous dise quel mou-vement forme ces replis, comment des parties qui ont autant ou plus de mouvement, sont sans séreuse, comment l'épaisseur n'est pas une proportion des pressions, comment le frottement n'use pas, comment la circulation continue malgré les pressions exercées sur elles.

M. Velpeau n'a pas attaqué ces questions, il a glissé à côté; il ne pouvait faire autrement (voyez encore notre article précédent sur la nature et le développement des kysto-membranes).

Menons à fin notre revue, passons à la pathologie, et attendons là notre adversaire. Le système du professeur de la Charité y puisera-t-il plus de force, j'en doute, comme on va le voir : pouviez-vous admettre, lui dirons-nous, en pathologie ce que vous teniez tant à nier en anatomie. Refusant l'organe, il vous a bien fallu abandonner les maladies de cet organe et les déplacer sur d'autres, sur ceux qui limitent vos cavités closes, et c'est ce que vous avez fait. Ainsi la pseudo-membrane du péricarde, devient pour vous le produit d'un muscle poli et d'une membrane fibreuse polie : étrange résultat! Les inflammations, les altérations des cavités closes ou des membranes séreuses, sont les inflammations et les altérations des tissus divers entrant dans la composition de l'enceinte de ces cavités. Or, n'est-ce pas confondre les maladies extérieures aux kysto-membranes, avec celles qui sont propres à celles-ci, mêler ensemble leurs maladies primitives et consécutives? Ne les reconnaîtriez-vous que pour ces lambeaux, qui méritent, selon vous, le titre de membranes sur les replis, aux culs de sac de réflexion et aux franges synoviales là où elles ne revêtent rien; la pathologie de ce grand système, qui à vos yeux est moins que rien, pas même une ombre, aurait déjà de grandes chances de réalité. Cette pathologie n'a-t-elle pas sa physionomie particulière, et cette singularité nosologique serait-elle dépendante d'un poli de surface, d'une simple modification de forme de tissus si divers.

En tous cas, M. Malgaigne en fait la remarque, comment ces aptitudes pathologiques nouvelles, acquises par un changement de forme ou de surface, seraient-elles si générales, partout si identiques et si indépendantes de la variété de tissus qui la revêt? Cela seul suffirait pour admettre dans chaque cavité close une membrane unique et sans lacunes, puisque toute la surface, qu'elle appartienne à tel ou tel tissu peu importe, est partout néanmoins apte à contracter par exemple l'inflammation pseudo-membrane; le péritoine et toutes les autres parties du même système sont dans ce cas.

Donc similitude d'effets, similitude de cause. A vous même, M. Velpeau, il vous arrive d'oublier le point de vue où vous vous êtes placé, ainsi page 106, vous parlez selon vos premières et anciennes croyances, c'està dire comme nous. Cette fois vous ne faites plus aussi bon marché de la raison humaine et de l'observation de tous. « Le travail organique connu sous le nom d'inflammation adhésive, est, dites-vous, en quelque sorte propre au tissu cellulaire? Cette phlegmasie se développe et se complait d'autant plus dans les cavités closes que ces cavités ont des parois plus lisses, plus complètement séreuses. Là, comme dans le tissu cellulaire, elle fait que les parois opposées ramenées au contact se collent, s'unissent, reviennent à leur état embryonnaire en quelque sorte, et que la cavité s'efface absolument. » — Ailleurs vous vous servez des expressions ordinaires, tunique vaginale, plèvres, sacs herniaires, péritonite, etc. En effet, les hernies des séreuses, des synoviales peuvent-elles être autre chose pour vous que pour les autres. Mais vous rusez avec l'ambiguité des termes, mais sans toutefois y cacher de différence au fond. « La maladie des cavités closes, ajoutez-vous, siège dans ce qu'on appelle la séreuse et qui est la paroi de la cavité, plutôt que dans la couche organique sous-jacente à cette paroi qui limite les expansions vasculaires et nerveuses de celle-ci. La surface séreuse est attaquee assez vite, secondairement, elle est bientôt rendue méconnaissable par cette atteinte ; plus d'aspect lisse, humide, la maladie a réagi sur elle et l'a détruite. » Or, n'est-ce pas faire comme tout le monde ? c'est à dire admettre une altération de texture de l'organe, qu'ailleurs vous niez avec tant d'opiniâtreté. Insensiblement vous reconnaissez donc aux cavités closes une paroi séreuse, seulement vous n'avez pas l'air de l'avouer.

Votre observation est vraie quand vous dites : Les cavités closes sont comme des vases inertes hermétiquement fermés; les matières naturelles, la sérosité (hydropisie), et le sang (épanchement hématique) s'y conservent impunément, soustraites qu'elles sont aux réactions de l'organisme et de l'atmosphère, sans causer de perturbation par leur nature, et sans changement bien appréciable dans leur composition, si l'on excepte cependant le renouvellement moléculaire qui s'y opère tant que rien de physique ou d'organique ne vient altérer les parois du foyer; des matières nuisibles ou inutiles y stagnent même, séparées de l'organisme par elles, elles sont donc les corps isolants de ces liquides en rétention, tandis que si ces liquides venaient à s'épancher dans le tissu cellulaire ils seraient bien vite résorbés, disparus, tout en se montrant bénins dans leur contact. » Pourquoi donc cette différence? si les parois de vos cavités closes sont du tissu cellulaire ainsi que vous le prétendez, celui-ci s'infiltrera et n'isolera pas ici comme partout ailleurs.

Ah! mais, direz-vous, c'est un tissu cellulaire particulier ; je vous comprends, vous ne voulez point prononcer le nom de membrane séreuse, qui expliquerait tout ; vous préférez le vague, le paradoxal, le confus, le pointilleux, plutôt que de consentir à penser comme les autres. Votre position est telle, qu'en vérité vous semblez prendre goût à vous tromper vous-même, à être dupe de votre propre idée, en vous mettant à son service, et quand même. Votre cause, mal inspirée par la tête, est boiteuse par les jambes ; elle se traîne péniblement à travers les concessions qu'elle déguise de son mieux, et les modifications de langage variant à tout moment de sens, marquent les embarras de votre marche. J'ai regret à le dire : M. Velpeau est un tel homme, qu'il y a plus à louer qu'à blâmer dans ses ouvrages; j'ai donc joué de malheur en tombant sur celui où il a été le moins heureux.

Mais poursuivons, et essayons de tourner la thèse de M. Richet contre ce professeur, opposons l'élève au maître. Voici le désaccord entre eux : il est facile de le découvrir, bien qu'il ne soit pas avoué, déclaré hautement, mais il est stéréotypé. M. Velpeau niant les membranes kysteuses, affirme que leurs maladies appartiennent plutôt aux tissus sous-jacents; et voilà justement son élève qui, étudiant les arthropathies, semble s'attacher à prouver tout le contraire. Selon lui, dans les rhumatismes, les tumeurs blanches, etc., le tissu ligamenteux des articulations ne s'enflamme point; n'a pas le pouvoir d'être le point de départ et le siège primitif de l'affection; il reste intact, et n'y participe qu'exceptionnellement; enfin ses lésions sont secondaires, consécutives à celles de la *synoviale* et des os; il ajoute que, sous le rapport des degrés de la susceptibilité inflammatoire, d'après les données anatomiques, les ligaments sont à une immense distance des tissus précités, la synoviale et l'os. — Partout où il y a des membranes fibro-séreuses ou fibro-synoviales, si une phlegmasie se déclare dans leur épaisseur, la statistique démontrera qu'elle siège quatre-vingt-dix-neuf fois sur cent dans l'élément kysteux, et non dans l'élément scléreux. Voyez les cas de rhumatisme et de péricardite (Bouillaud), de méningite, d'arthrite, etc., pour cette raison les aponévroses ne sont nullement malades.

M. Richet dit : le tissu fibreux est privé de vaisseaux et de nerfs; sa sensibilité, sa vascularisation arborisée, sont rares, sinon nulles, partant point d'inflammation. Si le périoste, la dure-mère, la tunique albuginée, la sclérotique,

présentent particulièrement beaucoup de vaisseaux, cela
dépend de cette circonstance qu'ils sont simplement le support des vaisseaux destinés aux organes sous-jacents, et leur
servent de passage et favorisent leur distribution ultérieure;
si ces membranes paraissent rougies, vascularisées, enflammées, elles ne contribuent cependant point à l'inflammation, au moins dans les premiers temps. Que répondrons-
nous à ces propositions, la plupart trop absolues? ceci : la
nosologie primitive du tissu fibreux n'est pas à repousser;
la sensibilité de ce tissu, fort obscure, se développe néanmoins par la torsion, la seule manière de la provoquer, sorte
de promonition qui supplée à celle de la peau pour éviter de
nous blesser. Les ligaments vivent, se nourrissent, se ramol-
lissent, se gélatinisent, s'allongent, se relâchent et favorisent
quelques luxations, ou s'épaississent et s'indurent, s'infiltrent
des liquides morbides ambiants (voy. *Journal de chirurgie*,
1843, M. Putégnat), comment échapperaient-ils puisqu'ils
sont situés entre une synovite et la tumeur blanche des autres
parties molles qui environnent la jointure?—Le tissu fibreux
n'est donc pas si inerte, si réfractaire aux maladies qu'on
veut bien le dire; si l'on voit des vaisseaux en très petit
nombre, si rares qu'ils soient, il y en a, il peut même s'en
montrer d'autres qui étaient invisibles, et cette pauvreté vasculaire explique simplement la rareté des maladies du système et sa conservation longtemps intacte au milieu des
désordres voisins, mais ne repousse pas absolument l'inflammation. Enfin, nul organe n'étant complètement isolé, l'existence de la vascularité commune des os, de la synoviale,
du périoste, des ligaments même, porte à penser que l'un de
ces tissus ne peut être longtemps malade sans que l'autre y
participe, et que l'affection peut commencer par l'un ou par
l'autre; car la différence de structure n'est pas une barrière
insurmontable à cette transmission.

Enfin, voici l'important de la thèse de M. Richet, la membrane synoviale est acceptée, et l'on ajoute qu'elle est plus souvent malade que le tissu fibreux qui lui est accolé. — J'admets si bien cette opinion, que je crois aussi que le prétendu panaris tendineux n'est qu'un panaris séreux. — Nous tenions à faire ressortir ce fait de la dissidence du maître et de l'élève, qui se séparent sur le point capital de la question présente.

Les membranes kysteuses sont si bien reconnues du domaine de la matérialité animale, leurs fonctions physiologiques et pathologiques sont si bien appréciées dans leur mécanisme et leurs lois, que de tout temps on leur a appliqué les moyens thérapeutiques et chirurgicaux. L'homme de l'art est souvent obligé de compter avec elles, et M. Velpeau ne fait pas autrement. Il traite les maladies des cavités closes comme d'autres praticiens les maladies des membranes kysteuses, ce qui est la même chose.

Nous n'avons pas à attaquer l'article *Usages des cavités closes*, parce que ce sont les mêmes que ceux des membranes kysteuses, sauf la différence d'objet auquel on les attribue de part et d'autre. (D'ailleurs, voyez ce que nous disons des Fonctions et de la reproduction des kysto-membranes.)

Ainsi notre tâche est remplie, notre adversaire consentira-t-il à comprendre que lorsqu'on est sorti de l'ordre, le progrès est d'y rentrer? Je ne sais, mais voici ce que je dirais si j'avais un résumé à faire :

Les principes scientifiques (l'analogie, la raison, l'observation, etc.), développés par Bichat, forts de leur antiquité, ne périront pas encore, car leur emploi méthodique a une trop grande valeur entre des mains exercées — La méthode naturelle qui est un des plus beaux fleurons de l'anatomie phi·losophique, et que Bichat a si heureusement appliquée à l'étude des tissus, est, et sera toujours inébranlable, elle repose dans sa puissance et ne succombera pas devant des opinions remuantes, désordonnées, impossibles. — La doctrine de la membranisation, et de la continuité du tissu kysteux, est un fait déjà reconnu, et qui aura gagné à devenir de plus en plus positif par suite de l'attaque dont elle a été l'objet, — Toutes les espèces kysteuses ont une vitalité, une organisation, un développement, uniformes, des fonctions et maladies communes.—Leurs affections entrent pour une grande part dans les cadres nosologiques : or, un ordre d'organes aussi bien établi, et leurs analogies, ne s'annulent pas ainsi d'un seul coup de plume.—La kystologie se sauvegarde elle-même. — La doctrine des surfaces anatomiques qu'on veut substituer à la doctrine des membranes organiques me paraît être une erreur de fait, une hérésie anatomique, un non-sens ou une illusion ; elle peut être rangée au nombre des impossibilités naturelles, et Bichat, le défenseur des kysto-membranes, pèse de tout le poids de son autorité sur son adversaire ; les conséquences des surfaces anatomiques tombent par cela même. Leur déchéance est inséparable. Enfin, le *Traité des cavités closes* démolit le réel et n'édifie que le paradoxe. Maintenant que la kystologie est raffermie sous le rapport anatomique, physiologique, clinique et thérapeutique, la couronne de Bichat se maintiendra toujours sur sa tête, et elle ne sera pas renversée de si tôt.

Je regrette, je le répète, d'avoir eu au commencement de ma carrière de publiciste à combattre l'honorable M. Velpeau, qui se recommande par tant de titres dans l'enseignement. Ses ouvrages d'anatomie topographique, de médecine opératoire, d'accouchement, de clinique chirurgicale, sont justement appréciés de tout le monde, sauf quelques taches, et ont rendu des services réels aux élèves. Si ma volumineuse réplique, d'ailleurs exempte de toute personnalité, a été vive, c'est que l'équilibre de la médecine française m'a paru par dessus tout intéressé dans le débat, ainsi que celui de la raison en anatomie. En effet, nier l'organisation des membranes séreuses et synoviales, c'était rayer impitoyablement comme non avenue la plus belle partie de l'anatomie générale de Bichat, c'était anéantir toute la pathologie de l'endocarde, de la membrane interne des vaisseaux, de l'arachnoïde, du péritoine, de la plèvre, de toutes les membranes articulaires, enfin de toutes les kysto-membranes simples ou composées, naturelles ou accidentelles, y compris les nouvelles que nous nous proposons de démontrer tout à l'heure. — C'était au moins déplacer le siège de certaines affections que tous les hommes de notre ère ont l'habitude d'attribuer au système kysteux. Il ne manquait plus que M. Velpeau niât aussi la membranisation du tissu cellulaire, les idées actuelles eussent été au comble du bouleversement. C'est à ne rien laisser debout. Tels sont pourtant les effets et conséquences du *Traité des cavités closes*, œuvre de renversement. Je ne sais si l'auteur y a bien songé : son livre, assurément sérieux, équivalait à une révolution en kystologie, et déshéritait toutes les notions acquises de leur véritable sens.

Il fallait empêcher cette réaction illogique. Quoique jeune homme, je suis venu défendre les croyances anatomiques et nosologiques de la majorité des médecins; heureux si j'ai pu ramener à mon sentiment mes adversaires par mon argumentation, et par les raisons de ma préférence pour la doctrine de Bichat, je crois avoir amené la question à ce point où sa solution n'est plus difficile, et où elle est au contraire très acceptable.

Ce chapitre terminé, j'avais l'intention d'intercaler ici le tableau synoptique de toutes les kysto-membranes de glissement. En cela, j'aurais été merveilleusement aidé par deux bonnes thèses parues en 1839, et dont les auteurs sont MM. Padieu et Marchal. Mon but était de montrer de cette manière la multiplicité des dépendances du système kysteux, qui dans chaque localité pouvaient devenir l'une ou l'autre le foyer de certaines maladies; mais je renvoie, comme je l'ai dit, ce travail à l'époque où je m'occuperai de traiter de l'anatomïe descriptive et chirurgicale de chaque genre et de chaque espèce de membranes kysteuses. Ce qui pourrait faire l'objet d'un second volume.

Et sans plus tarder, je passe à l'exposition de ma nouvelle doctrine kystologique que j'ai soutenue (thèse 1844), sous la présidence de M. le professeur Blandin, juge le plus compétent dans la matière. (*Res anatomica.*)

KYSTOLOGIE NOUVELLE.

Deuxième partie.

NOUVELLE DOCTRINE KYSTOLOGIQUE.

Doceo ut discam. (Seneque.)

« La considération de l'ensemble de tous les systèmes
organiques nous montre la nature uniforme dans tous
ses procédés , variable seulement dans les résultats ,
avare des moyens qu'elle emploie , prodigue des effets
qu'elle en obtient, et modifiant de mille manières quelques
principes généraux qui, différemment appliqués, président
à notre économie, et en constituent les innombrables
phénomènes. » (Bichat.)

CONSIDÉRATIONS GÉNÉRALES.

« Partout où vous trouverez un liquide séreux naturel, ac-
cumulé entre les tissus, dans un espace clos, cherchez-lui une
membrane kysteuse pour enceinte et origine. » Tel est l'alpha
et l'oméga, le premier et le dernier mot de notre mémoire
entier ; c'est toute la parole nouvelle que j'apporte et sou-
mets à l'opinion publique. En la portant à la connaissance
de mes lecteurs, je leur ouvre tout un microcosme kystologique jusqu'alors inédit, et devant intéresser au point de vue
de l'anatomie, de la physiologie, de la pathologie et de la thé-

rapeutique. Ce que j'y avance recevra d'eux, je l'espère, la sanction accordée à tous les faits bien avérés. En attendant qu'ils donnent à ma pensée l'hospitalité dans leurs convictions, j'ai cru nécessaire d'y préparer les esprits par l'examen de certaines questions préjudicielles. Mon plaidoyer en faveur d'une classe de membranes organiques qui n'avaient même pas de nom dans la langue anatomique, avait besoin, je le répète, d'établir franchement son terrain de discussion. — Le problème de la membranisation du tissu kysteux, déjà définitivement résolu par Bichat, était remis en doute par M. Velpeau, bien qu'il fût devenu vulgaire à force d'être répété. Il m'a bien fallu intervenir dans le débat ; je me suis prononcé et rallié à Bichat ; mes convictions m'y entraînant, je leur ai obéi, d'autant plus que c'était en même temps servir la médecine française ; d'ailleurs, je ne pouvais éviter cette polémique sans négliger les moyens d'appuyer les assertions de ce mémoire. Ensuite il importait, pour un autre motif, d'exposer au préalable les caractères objectifs et subjectifs qui sont les attributs du système kysteux ; car je devais les invoquer, afin de montrer que mes kysto-membranes font réellement partie de la même et grande famille des séreuses. Ainsi la membranisation, la continuité, l'homogénie hystologique de ces nouvelles espèces, etc., sont donc des points de leur histoire déjà décrits et qui leur sont donnés en partage.

Le parallèle tracé entre les deux traités de Bichat et de M. Velpeau n'aura donc pas été inutile, un pur hors d'œuvre. Il me permet d'avancer plus librement sans hésiter, sans craindre d'être arrêté dès le premier pas par cette exclamation : « Il n'y a plus de membrane séreuse ! pourquoi cette hardiesse d'en proposer d'autres encore ? » C'est maintenant que je vais rassembler ici la somme de données suffisantes pour légitimer le travail que j'ai entrepris. Je ne dispute pas scholastiquement sur des choses conjecturales, invisibles, microscopiques. Il s'agit ici de grosse anatomie, j'en appelle à l'inspection, aux preuves d'analogie, d'observation, à la logique.

Si néanmoins vous voulez contester, être douteux, ne pas voir avec nous, alors je vous répondrai comme Bichat répondait à ses adversaires au sujet du passage de l'arachnoïde sur la dure-mère, de la synoviale sur les cartilages diarthrodiaux. J'imiterai aussi la tactique que ce brillant auteur suivait, lorsque, saisi des rapports existant entre toutes les espèces kysteuses, il serrait ses arguments pour convaincre le public médical de leur parenté. L'on se rappelle encore le succès prodigieux de ce raisonnement concis, décisif, dont il accompagnait sa découverte de l'arachnoïde, de la synoviale et celle des kystes : « puisque, d'une part, la nature intime d'un organe quelconque est déterminée quand on a démontré : 1° sa texture, 2° ses propriétés vitales, 3° ses fonctions, 4° le caractère qu'imprime son organisation à ses affections morbifiques ; puisque, d'autre part, il est évidemment prouvé que, sous ces quatres rapports essentiels, les membranes en question sont analogues aux membranes séreuses, je crois que, sans crainte d'erreur, je puis établir comme une conséquence de ce qui vient d'être dit, cette proposition générale : Toutes ces membranes, par leur nature, appartiennent à la classe des séreuses. » Ce raisonnement sera aussi le mien pour mes kysto-membranes ; l'induction y triomphe et c'est justice.

Qui sait apprend encore. J'ai donc appris quelque chose de plus quand je me suis aperçu qu'il existait un corps d'organes, de fonctions, de maladies, qui n'avait été aucunement apprécié. Il me reste à indiquer ce que je crois avoir trouvé, et en auteur responsable, je déclare que j'ai fait de la kystologie une question de classification et une question d'organographie. Je n'ai exprimé dans toutes ces généralisations que ce dont j'ai eu l'idée ou le sentiment ; si je me suis trompé, la critique me le dira. Je l'attends. Enfin, kystologiste comme Bichat, dissident avec M. Velpeau, j'indiquerai les analogies et les différences que présente ma doctrine avec celle de *l'anatomie générale*. Nul doute que mes localisations organiques ne trouvent encore à s'augmenter si on les poursuit dans toute la chaîne des êtres et dans la série des formations solidiennes. Nul doute qu'elles n'atteignent tout le degré de réalisation et de démonstration désirable, et que l'exactitude de mon rationalisme et de ma devination ne soit jugée par des recherches ultérieures faites sur une plus grande échelle. Quant à ce moment, voici toutes les membranes que j'ai pu grouper ensemble pour en créer un système à part, en raison de l'existence de l'identité du principe qui les domine, et des détails communs de leur histoire. Quelques unes existaient, mais sans détermination hystologique, et attendaient un classificateur. Or, j'en ai plus que doublé le nombre connu, je les ai casées, je leur ai donné leurs lettres de naturalisation. — Viendra-t-on me les contester?

KYSTOLOGIE GÉNÉRALE.

Généralités des kysto-membranes d'inclusion.

J'appelle kysto-membranes d'inclusion toutes membranes séreuses qui présentent un contenu, mentionné en anatomie sous les noms d'humeurs, de fluides, d'eaux, de milieux, etc. L'amnios est le type de cette classe d'organes. C'est dans ce cadre que je place toutes les membranes séreuses qu'il m'a été donné de découvrir. Je les oppose aux kysto-membranes de glissement, et je crois le faire avec raison. Il convient, désormais, de distinguer dans le système kysteux ces deux classes de membranes très remarquables par la diversité

assez prononcée de leurs attributs anatomiques et physiologiques, et au fond très analogues cependant; la différence
des mots indique la différence des choses. Or, ce n'est pas un
artifice systématique qui trace ici la ligne de démarcation,
c'est la nature elle-même.

Ainsi, je dis en les voyant : Voilà des membranes kysteuses, leurs caractères le prouvent assez, et quand on trouve ces
signes, il faut bien convenir que ce sont des membranes de
cet ordre. En effet, même forme vésiculeuse, même circonscription close, même continuité de tissu, même poli, même
épithélium, même genre de kystéose, d'affections, mêmes
propriétés vitales, même organisation et à peu près même
fluide, etc. Mais si elles leur ressemblent sous tous ces rapports, elles manifestent aussi de l'éloignement sous certains
autres que nous allons indiquer, d'où leur individualité
kystologique qui contraste avec celle des autres séreuses.

Ainsi les kysto-membranes d'inclusion ont pour caractères
propres :

1º De former des cavités closes à parois écartées, c'est à
dire que la circonférence de leur sphère kysteuse est à distance du centre, de façon à ce que les côtés opposés de leur
surface libre ne puissent jamais arriver au point de contact ;
cette disposition tient à deux causes : d'abord aux connexions
de la surface adhérente aux organes voisins ; ensuite à la
masse du contenu ; la forme de l'espace varie ; aussi l'aire
de cette sphère kysto-membraneuse prend-elle des dénominations spéciales. Ici elle s'appelle chambre, canal, ventricule ; là, capsule, labyrinthe, etc.

2º D'adhérer à des organes peu ou point du tout mobiles.

3º D'offrir toutes un contenu plus ou moins considérable,
soit demi-solide, soit demi-liquide, soit entièrement liquide :
remplissant et dilatant en tout temps leur cavité ; elles sont
naturellement hydropiques; l'eau est le principe dominant
de leur contenu.

4° D'exister en vue de servir de corps contenant avant tout, et en même temps de corps isolants et sécréteurs. Elles séparent un fluide, elles le renferment, et elles empêchent, par leur interposition, que les parties adjacentes ne soient touchées immédiatement, ni par elles ni par lui.

5° De plus, membranes et fluides sont appelés à protéger des organes délicats; c'est donc bien un appareil tutaminal.

6° D'être très souvent multiloculaires, disposées en cloisons, ou replis, ou en une agrégation de vésicules kysteuses, contenant la même matière dans un point très souvent circonscrit.

7° D'être en général moins dissécables que les kysto-membranes de glissement, puisqu'elles se réduisent à une pellicule très mince, qui se révèle plutôt par son poli, sa surface lisse, son épithélium, ses maladies, que par son isolement à l'aide de l'art de la dissection beaucoup plus facile à demander qu'à exécuter. Car, cette pellicule fait presque corps avec l'organe qu'elle revêt. Ces caractères sont suffisants pour justifier leur existence, et rompre toute espèce de doute à leur égard. Certaines kysto-membranes de glissement n'ont guère plus d'épaisseur, ni moins d'adhérences. Bichat disait de ces dernières : C'est à peine si la comparaison des bulles de savon pourrait exprimer la finesse, la ténuité, et la transparence de leur tissu. — D'ailleurs, les kysto-membranes d'inclusion sous tous les autres rapports se montrent les analogues des kysto-membranes de glissement. Inutile de répéter ces détails, nous y renvoyons.

Enfin les kystes accidentels sont le plus souvent des kysto-membranes d'inclusion.

Ce simple aperçu résume toutes les principales différences. Comme on le voit, les kysto-membranes d'inclusion sont loin d'être contiguës à elles-mêmes, sans écartement des parois; loin d'accompagner des organes mobiles, d'être presque vides, à peine humidifiées par une couche liquide si mince qu'on l'appele rosée ou vapeur, et destinées à favoriser le mouvement des parties ambiantes. Leur présence est plutôt subordonnée à l'inclusion du contenu, et à la protection ou tutamination des organes qu'elles baignent.

Les anatomistes ont toujours été éloignés de préciser la nature kystologique de certaines membranes, par des raisons peu valables ; l'absence de frottement des parois ; la densité de quelques unes de leurs humeurs, étaient causes de leur doute ; je les lève aujourd'hui en établissant mes kysto-membranes d'inclusion.

Parmi elles on compte les diverses séreuses de l'œil, des centres nerveux, de l'œuf, etc. Un tableau inséré à la fin de l'ouvrage indique leur nombreuse collection.

Mais continuons, en faisant marcher de front les généralités de l'histoire collatérale de ces membranes et de leurs contenus, et selon l'ordre où je les ai conçus. C'est en commençant ce chapitre d'anatomie humorale tout nouveau et qui mérite d'être développé, que j'ai soupçonné l'existence jusque alors inconnue de la plupart de ces kysteuses.

D'abord, il m'a semblé voir qu'il existait un certain nombre de liquides organiques spéciaux, normalement et nécessairement déposés et accumulés sur plusieurs points du corps humain, que tous y restent circonscrits, contenus, sans circulation ou déplacement aucun, en dehors du grand mouvement du fluide vital, sans communication avec l'extérieur, à siège encore indéterminé par les auteurs ; il m'a semblé voir qu'ils persistent durant la vie extra utérine, si leur présence est indispensable aux fonctions des organes qu'ils baignent ou qu'ils disparaissent à une certaine époque, et ont été seulement en rapport pendant un temps avec la période de développement de tel ou tel appareil. Or, ces liquides ainsi définis, que j'appellerai, faute d'autre qualification, liquides *immobiles et interposés* du corps humain, forment

une classe à part comme les kysto-membranes qui les enveloppent et se distinguent de tous les autres liquides, soit
pathologiques, répandus à l'intérieur des séreuses et des muqueuses, dans le tissu cellulaire et le parenchyme des organes; soit naturels, dont la présence est normale, tels ceux
de sécrétion circulant dans les cavités muqueuses, ceux
d'hématose véhiculés dans les voies circulatoires. — Les
seuls liquides qui dans les parenchymes, puissent être vagues,
sont ceux qu'une membrane pyogénique ou kysteuse n'a pas
eu le temps d'entourer.

Les nôtres sont des accumulations provisionnelles, des cavités humorales, satisfaisant à certains besoins, d'où certaines
dispositions locales des parties. Les espaces où elles se trouvent sont désignés, chez les auteurs, par les noms particuliers que nous avons déjà rapportés. L'étude collective de
ces liquides de nouvelle catégorie, est à faire. Elle n'a pas
été tentée jusque alors : en voici une faible esquisse.

1° *De leur nature*. — Le principe aqueux est reconnu
en être la base, ils sont tous originairement séreux, sauf le
degré de consistance et de liquidité qui vient à varier de l'un
à l'autre. Parfois l'on rencontre des cristallisations solides au
milieu de quelques uns de ces liquides. Ex. : les otolithes,
à moins qu'on ne les considère comme des corps étrangers
de séreuses, normaux en cette circonstance. — La première
inspection ne démontre pas autre chose; quant à l'analyse
minutieuse, la zoochimie seule est compétente pour différentier ces liquides par la composition intime de leurs éléments, si cette composition, par extraordinaire, n'est pas à
près identique pour chacun d'eux. Ils diffèrent cependant
plus entre eux que le fluide des kysto-membranes de glissement, le diagnostic microscopique et le diagnostic chimique prononceront.

2° *De leur localisation et immobilité*. — C'est un point
capital à bien déterminer. Ici je dois discuter, car je me

trouve en opposition avec les croyances généralement admises. Selon moi, tous ces liquides ne sont pas vaguement accumulés entre les organes, d'ailleurs inaptes à les sécréter, ils sont et doivent être circonscrits par des membranes kysteuses naturelles, organes éminemment isolants à la manière des pseudo-membranes, des surfaces pyogéniques relativement aux liquides pathologiques, à la manière aussi des kystes accidentels, relativement à certains corps étrangers, etc. Il est en effet difficile de comprendre, en consultant les analogies et l'ordonnance générale de l'économie, que des tissus, tels le nerveux, l'osseux, le fibreux, soient en contact immédiat avec des liquides sans l'intermédiaire d'une séreuse, quand, tant de fois, nous avons la preuve des dispositions contraires. Pourquoi en serait-il autrement dans les petites choses que dans les grandes, l'imprévu est-il donc l'impossible? Si l'on eût mieux logiqué sur ce point d'anatomie, on n'eût point été parler du contenu, sans dire un mot de la présence du contenant, et *à fortiori* de la nature kysteuse de celui-ci. L'uniformité des objets déjà connus n'est-elle pas un guide pour cette appréciation, et ici ce n'est pas simplement une coïncidence, mais un rapport de causalité entre le liquide séreux et son organe. Ainsi, tout le monde connaît les humeurs de Scarpa et de Cotugno dans l'oreille, les eaux de la membrane caduque, les fausses eaux de l'amnios, le liquide du cinquième ventricule du cerveau, le liquide sous-arachnoïdien de M. Magendie; et personne ne s'est demandé si ces divers liquides cités avaient un corps limitant autour d'eux; on pense plutôt qu'ils baignent librement et immédiatement les tissus entre lesquels la nature les a intercalés. Ce n'est pas notre opinion. La quasi-loi que nous avons posée, en écrivant ce paragraphe, nous autorise presque à reconnaître une séreuse autour de tous ces liquides; s'il n'en était point ainsi, l'harmonie de la nature serait rompue; ce serait là, en vérité, de l'exceptionnel, de l'hétérogène, une sorte d'incompatibilité, une contradiction flagrante. Or, dans la nature même, l'exceptionnel, s'il en est quelquefois, a sa raison légitime, sa justification pleine et entière, et d'ailleurs mieux vaut préjuger dans le sens de la règle que d'établir des conjectures qui soient des exceptions. Ces prétendues anomalies que l'on voudrait représenter comme des jeux ou bizarreries de la nature, je ne les admets pas. La nature, dit Chaussier, ne joue jamais. — Et j'attribue l'exception plutôt encore au système de ceux qui l'ont inventée qu'à la nature, et pour cette raison je m'en méfie davantage. Cette pensée devait me conduire à découvrir, à deviner, ou à supposer des séreuses là où les organographes n'en ont point mentionné, qu'il me soit donc permis d'en créer quelques unes. On en a bien admis pour telle ou telle humeur, et ces auteurs ont été assez heureux pour leur imposer leurs noms, (ex. la membrane de Demours, de Jacob, etc.) nous pouvons bien, à notre tour, en proposer et rester dans le vrai ou tout au moins dans le rationnel des choses ; la logique et la philosophie des faits anatomiques se plaçant dans notre balance. Déjà il m'a été possible de voir par mes yeux quelques unes des kysto-membranes d'inclusion, que je veux faire sortir de l'oubli dans lequel les laissaient les anatomistes avant moi. Certainement oui, si dans les choses visibles la nature prend des précautions d'isolement interorganique, et use du procédé du kyste pour séparer tous les solides entre eux, soit les solides des liquides, soit même les solides des corps étrangers ; pourquoi dans les choses moins visibles et plus difficiles à démontrer, telles que l'appareil labyrinthique de l'oreille interne, etc., supposer cette nature organisatrice se déviant de la règle, et se jouant de la raison humaine en ne voulant plus créer les mêmes dispositions.

Je le demande, dans l'hypothèse de l'absence de la séreuse, comment se ferait la sécrétion de ces liquides ? Concevez-vous le perioste labyrinthique sécrétant l'humeur de Cotugno, la face externe de l'arachnoïde sécrétant le liquide cérébro-spinal. Il faut donc convenir de la nécessité d'une séreuse pour sécréter, contenir et isoler ces liquides, enfin pour protéger par leur interposition les organes voisins. Le raisonnement, l'exercice des sens, l'emploi des divers procédés de préparation anatomique, sont des moyens utiles pour cette révélation, en se suppléant l'un l'autre, ou bien en se corroborant mutuellement. En résumé, il n'est pas à notre avis, dans le corps humain, un seul des liquides de la catégorie que nous étudions en ce moment, sans enveloppe kysteuse; ils sont tous enkystés.

3° *De leur durée.* — Elle est temporaire ou permanente; en tous cas, si un liquide, après avoir existé, disparaît normalement, selon les lois du développement du corps, il ne s'en va point sans son contenant, lequel change de nature et dégénère en tissu cellulaire, et même se réduit à rien, de telle sorte qu'on en perd la trace plus tard. Loin d'avoir une durée égale à celle de la vie entière de l'individu, quelques unes sont déjà disparues à la naissance; aussi, pour trouver le plus grand nombre de ces kysteuses, faut-il les chercher avant cette époque.

4° *De leur masse, renouvellement et lésion de quantité.* — Leur abondance est proportionnée à la grandeur de l'espace que laissent entre eux les organes; ces liquides, collectés dans leurs cavités closes respectives, limités par leurs membranes naturelles, sont réglés dans leur quantité en vue des usages qu'ils remplissent. Il se passe en eux un mouvement continuel de renouvellement au moyen de l'exhalation et de l'absorption opérées par leur enveloppe, qui, après tout, est leur organe sécréteur propre. Nul autre tissu que le kysteux ne peut s'acquitter de cette sécrétion. Leur mesure est physiologiquement comptée. Ils doivent être susceptibles de diminution ou d'augmentation ou crue; par cela même, ces changements anormaux de quantité peuvent assurément nuire, et les fonctions des organes se troubler par suite de ces variétés de sécrétion. Ainsi, certaines espèces de surdité et d'amaurose tiennent probablement à cette cause unique. — Leur soustraction serait également nuisible.

5° *De leurs usages.* — Ces liquides établissent la distance des parties, leur procurent l'espace dans lequel les organes qu'elles entourent peuvent se développer librement ; elles empêchent leurs adhérences, conservent leur indépendance, amortissent les pressions ; ils jouent un rôle tantôt de simple remplissage, tantôt de protection ; dans les organes des sens, les uns servent à la transmission des vibrations sonores, les autres sont des milieux que traverse la lumière ; enfin il en est qu'on suppose destinés à nourrir le fœtus, etc. Ce sont en même temps des liquides en réserve pour les besoins d'eau, que nécessitent les actions vitales, etc. Si l'organe varie peu, le but fonctionnel varie beaucoup, comme on peut s'en apercevoir.

6° *De leurs altérations.* — Elles dépendent de l'altération de leur contenant ; de là aussi des troubles fonctionnels dans les organes voisins.

Les kysto-membranes d'inclusion dont j'ai déjà indiqué l'histoire différentielle et analogue en les comparant aux kysto-membranes de glissement, ne pouvaient manquer d'être trouvées ; elles ressortent nécessairement de l'étude de leurs liquides ; elles sont partout où ceux-ci se rencontrent ; elles en sont l'enceinte et la source ; quoique toutes de même nature, matériellement parlant, elles fournissent cependant des produits un peu différents, quant à la densité et à leurs éléments chimiques ; elles ont la même durée que leurs produits ; les influences maladives déterminent en elles une disposition à sécréter trop ou pas assez et à changer la composition normale de leurs fluides ; de là des troubles dans l'économie ; enfin les usages de ceux-ci leur reviennent de plein droit, car tout doit être rapporté de préférence à ce qui engendre et non à ce qui est engendré ; — leur siège est ordinairement profond ; — elles circonviennent indifféremment les organes des deux vies, ceux de la plasticité végétative, comme ceux de l'animalité la plus élevée ; — elles sont susceptibles de maladies, à l'instar de tout solide vivant; — on en compte de vingt à vingt-quatre espèces, — paires dans les organes pairs, impaires dans les viscères médians et symétriques ; — elles sont ordinairement indépendantes les unes des autres et également séparées des kysto-membranes de glissement. — Ce qui prouve l'analogié de leurs sécrétions, c'est la facilité avec laquelle des portions de cristallin déplacées, soit dans les oculo-séreuses des chambres antérieure et postérieure de l'œil, soit dans l'intérieur de la membrane vitrée, y disparaissent totalement. — Les opérations qu'on tente sur elles sont très limitées ; il n'y a guère que la ponction de l'œil dans les cas d'hydrophthalmie, de phlegmon de l'œil, les opérations de cataracte, de pupille artificielle ; les opérations d'hydrocéphalie et d'hydrorachis,— le changement des proportions de leurs sécrétions compte beaucoup parmi leurs maladies ; — leur séméiotique est aussi très bornée; elle n'est créée que pour l'œil et les centres nerveux ; — enfin la thérapeutique ne s'adresse guère qu'aux kysto-membranes de ces derniers organes.

Tous les détails particuliers trouveront mieux leur place dans l'étude de chacune des kysto-membranes d'inclusion, et nous allons y passer. Je crois avoir assez insisté sur la nécessité de former ce nouveau groupe de contenants et de contenus. Les généralités formulées plus haut me paraissent les caractériser autant que possible. Personne, je pense, ne contestera ces points qui résument mon article et avancent la solution de la question.

1° Les kysto-membranes doivent se diviser en deux classes ; les unes sont les kysto-membranes de glissement ou hypohydratées, ce sont celles de Bichat; les autres sont des kysto-membranes d'inclusion, ou hyperhydratées, ce sont les miennes; et l'amnios en est le type. Cette classification est fondée sur des caractères différentiels et des caractères communs. Enfin il est une kysto-membrane mixte, la séreuse des voies circulatoires.

2° Tous les liquides exhalés, non circulants, et normalement accumulés, sont localisés, ont une enveloppe membraneuse du genre kysteux; en un mot, ils sont véritablement enkystés. Ils forment, entre tous les liquides du corps humain, une série spéciale. Ce sont les liquides immobiles et interposés de l'économie. C'est pour eux que les kysto-membranes d'inclusion existent.

3° Celles-ci sont leur corps contenant, isolant et sécréteur, choisi par la nature.

4° Toute pseudo-membrane autour d'un liquide n'est pas un kyste tant qu'elle n'a pas encore acquis cette transformation.

5° Celles que nous annonçons n'ont point été soupçonnées.

Il me tarde de donner des explications sur chacune d'elles, et en même temps de critiquer les non sens anatomiques que je trouverai en chemin.

KYSTOLOGIE SPÉCIALE.

A. KYSTO-MEMBRANES D'INCLUSION NORMALES.

> Totum interim humanum corpus non mente
> solum verum et oculis præambulasse non
> pœniteat.   (BONN. 1763.)

§ 1°. APPAREIL DE LA VISION.

(*Oculo-séreuses.*)

On ne sait pas encore, dit Mandl, à quels systèmes organiques appartiennent quelques uns des tissus qui entrent
dans la composition de l'œil (*Anatomie générale,* 1843).
La lecture de la thèse de M. Giraldès (1834) m'avait déjà
donné cette opinion. Nous venons essayer de faire disparaître cette insuffisance de la science, en mettant, le plus
possible dans notre description, de la clarté, de l'uniformité,
de l'ordre et de l'exactitude, qualités qui d'ailleurs me paraissent être dans les choses que je vais décrire.

Le globe oculaire renferme à son intérieur un certain
nombre d'humeurs, toutes bien localisées, et par conséquent, selon nous, de vraies kysto-membranes d'inclusion.
Les généralités qui précèdent éclairent ce dernier aperçu.
Les humeurs qui constituent les milieux transparents de l'œil
ont chacune une densité, une topographie et une forme déterminées et spéciales, et leurs différences matérielles déci-
dent du caractère de la puissance dioptrique propre à chacune d'elles ; les membranes, également diaphanes, ont aussi
leur part dans les phénomènes physiques de la vision, soit
comme moyen de transmission ou de modification optique.
— M. Giraldès est si loin de s'occuper de la nature kysto-

logique de ces membranes, qu'il s'exprime ainsi : « Toutes les masses liquides ou demi-solides de l'œil se trouvent circonscrites dans des cavités ou dans des enveloppes destinées à les contenir et à les nourrir pendant un certain temps, au bout duquel les moyens de nutrition disparaissent, s'atrophient, et elles restent alors au milieu des parties comme des parasites, peut-être par le seul fait de l'endosmose et de l'exosmose. » Cet exposé n'est pas le nôtre ; les membranes ne font pas l'office de simples capsules amorphes, contenant une matière morte semblable aux ostéides de l'oreille des poissons et aux ostéides dentaires ; je n'admets pas non plus que les parties aient eu leur temps de vitalité, se nourrissant à la manière d'une hydatide au milieu des organes. Ce que nous savons, c'est que ces membranes ont les caractères des séreuses, et particulièrement des kysto-membranes d'inclusion ; la différence de densité de leurs contenus n'est pas une condition matérielle assez grande pour nous faire perdre de vue la classe de produits à laquelle ils appartiennent, ni leur source originelle. Ainsi donc, autant d'humeurs de l'œil, autant d'oculo-séreuses ; l'humeur est le produit et le contenu, l'oculo-séreuse est l'organe producteur et le contenant qui lui correspond. Chacune de ces membranes est à trajet continu et indépendant, et doit être conçue, d'après la règle générale, séparable de ses voisines et concourant à former une série de ballons complets ou cellules oculaires fermées. Tous ces sacs séreux sont disposés d'avant en arrière par plans adossés les uns aux autres ; ils sont isolés et isolables, et laissent passer la lumière comme les humeurs qu'ils sécrètent. A leur intérieur on remarque une disposition singulière, commune d'ailleurs à beaucoup de kysto-membranes d'inclusion ; à savoir, des brides, des filaments, des lames parcourant leur cavité, quelque chose de cellulaire segmentant leur contenu et faisant croire par illusion à la vitalité de celui-ci, par cela seul que ces sortes d'adhérences

polies de l'intérieur, sont le support et le véhicule des vaisseaux.

Voilà comme je comprends ces développements kystologiques et leurs fonctions ; je les spécifie, je les caractérise,
je les classe, et je rapproche leur physionomie de celle des
kysto-membranes d'inclusion d'autres lieux. L'homme qui n'a
ni foi ni loi anatomiques court trop de risques de marcher à
l'aventure, de faire fausse route ; il est timide, embarrassé,
en pays inconnu, sans but ; il ne conclut à rien, ne décrit qu'à
moitié, la confusion de son récit dévoile l'ignorance des
choses, et l'expose, ce qui est pire, à avancer les plus grandes
irrationalités. Quant à nous, nous avons confiance dans notre
loi ; elle nous paraît fondée.—C'est notre point de ralliement,
aussi toutes les difficultés se simplifient devant nous.

Voyons ; n'est-il pas plus raisonnable en effet d'admettre
que chaque humeur soit sécrétée et non nourrie par la membrane qui la circonscrit, que de considérer par exemple
l'humeur aqueuse comme un écoulement de l'humeur vitrée
par des canaux imaginaires, tels ceux des procès ciliaires
(*Ribes*), ceux de l'espace godronné de Petit (*Dugès*) ; etc?
N'est-il pas plus raisonnable d'admettre la séparation de
chaque oculo-séreuse que d'inventer gratuitement la rétention de l'humeur cristalline dans le dédoublement de la
membrane voisine ou hyaloïde, quand toutes ces humeurs
ont des propriétés physiques et des sources si différentes?
N'est-il pas plus raisonnable d'admettre que chaque membrane et ces vaisseaux forment un tout nécessaire à la sécrétion de l'humeur qui y est contenue, que d'exclure la
membrane de son action légitime? Dans la sécrétion glandulaire, est-ce que jamais il vous est arrivé de faire abstraction de la glande pour accorder tout le rôle de la fonction
aux vaisseaux purement et simplement? Pourquoi donc changer de langage et de vue? Enfin quelle serait la membrane
de l'humeur aqueuse si celle-ci est le regorgement de l'hu-

meur vitrée? Qu'est-ce que le dédoublement de l'hyaloïde, anatomiquement parlant? Voyons, expliquez-vous, avez-vous juré d'augmenter les obscurités déjà si épaisses de la splanchnologie?

Certes on n'eût pas dit tout cela, si l'on se fût demandé que sont ces membranes, quelle est leur signification, à quels autres organes membraneux peut-on les comparer? Par induction, ne doivent-elles pas se comporter à la façon des séreuses? Or, cette manière de procéder dans les interprétations anatomiques me paraît un guide sûr; et nous l'avons. Il serait si difficile d'être infidèle à ses tendances de généralisation et d'échapper à ses instincts, surtout quand ils semblent vous réussir! Continuons donc nos propositions à l'aide de ces éléments de jugement. — Nous allons suivre l'ordre de plans dans lequel se rencontrent les oculo-séreuses; et souvenons-nous de ceci : Confondre, c'est ignorer; distinguer, c'est savoir.

1er PLAN. — *Oculo-séreuses des deux chambres de l'œil.*

(Membrane de l'humeur aqueuse; Dieddel, 1729; Zinn, 1755; Descemet, 1758; Bonn, 1763; Demours, 1767, et ma séreuse de la chambre postérieure, 1844.)

Chez l'homme adulte il y a une seule humeur aqueuse remplissant les deux chambres de l'œil, comme il y a une seule kysto-membrane ou oculo-séreuse; mais avant la perforation de l'iris il y a deux humeurs aqueuses, si je puis ainsi dire, de même il y a deux oculo-séreuses, l'une située dans la chambre antérieure, l'autre dans la chambre postérieure du globe de l'œil. L'iris sépare la première de la seconde; l'ouverture de ce diaphragme a trait essentiellement à l'histoire de la formation de ces deux séreuses. — Tous ces points méritent d'être fixés.

Les auteurs, incertains sur la nature, la texture et les

caractères de cette double kysto-membrane, ont beaucoup varié sur son trajet. Ainsi, pour les uns, la membrane de l'humeur aqueuse s'étend derrière la cornée et s'arrête aux limites de cette partie ; d'autres la promènent jusque sur la surface antérieure de l'iris et l'y perdent, en la faisant terminer à la pupille : d'autres enfin, plus hardis, osent la pousser à travers la pupille et la retourner sur la face postérieure de l'iris, mais ne savent plus ce qu'elle y devient; selon Weber, elle rejoindrait la membrane de Jacob. Je le demande, est-il raisonnable de laisser ainsi une séreuse en chemin ? Est-il possible qu'elle s'étale sur une partie et cesse tout à coup ? Qu'est donc la face antérieure de la capsule cristalline ? Qu'on réponde à ces interpellations. N'est-il pas plutôt évident que cette séreuse ne peut échapper à la loi commune de ses congénères ; continuité, membranosité de tissu, opposition et jonction à elle-même, forme vésiculaire et exhalation par toute son étendue ? En conséquence de cette loi, j'ai complété le trajet de la kysto-membrane des deux chambres de l'œil en la faisant passer sur la capsule cristalline et rejoindre à elle-même. Démours, J. Cloquet, Arnold prennent la responsabilité de la première portion du trajet, et moi celle de la seconde et dernière portion. Toutes deux appartiennent au même tout chez l'adulte, et sont extrêmement délicates, adhérentes, également difficiles à isoler, anatomiquement parlant.

Mon interprétation me paraît si logique qu'à peine s'il est besoin d'y regarder, et une bonne anatomie raisonnée peut souvent se passer des yeux de l'observation, quand il s'agit d'un fait qui rentre dans un grand nombre de faits de même espèce. Je dois encore dire que le sac capsulo-pupillaire de Valentin et de Bischoff, renié par Wrisberg et Arnold, est plutôt décrit confusément par eux comme un lambeau de membrane appliquée seulement à l'iris, sans nature déterminée, que comme une vésicule, ainsi que semblerait l'indi-

quer le nom ;—d'où il résulte que la fixation d'une oculo-séreuse dans la chambre postérieure de l'œil m'appartient
entièrement. Et cette membrane, avant l'époque de la formation de la pupille, tapisse toute la face postérieure de l'iris,
y compris la membrane pupillaire, elle se réfléchit ensuite
sur la face antérieure du cristallin pour se continuer avec
elle-même; par son trajet elle détermine la chambre oculaire postérieure que M. Giraldès croit à tort imaginaire ;
c'est un sac séreux complet sans ouverture, placé derrière
l'iris, entre lui et le cristallin, et présentant deux feuillets
l'un irien et pupillaire, l'autre cristallinien. La facilité de la
production de pseudo-membranes (fausses cataractes) au
niveau de la pupille et dans la chambre ophthalmique postérieure s'observe et semble nous donner raison. D'autre part,
cette oculo-séreuse peut s'hydropiser, son liquide augmenter et
s'accumuler anormalement, d'où une espèce d'hydrophthalmie
que les auteurs passent sous silence et qui est propre à cette
séreuse. M. Ribes dit avoir observé cette collection hydropique dans un cas d'imperforation de l'iris. Enfin, répétons-
le, l'iris et le cristallin sont les deux surfaces sur lesquelles
elle s'attache.

Quant au trajet de l'oculo-séreuse de la chambre oculaire
antérieure, il est connu; elle tapisse la face postérieure de
la cornée, se réfléchit sur la face antérieure de l'iris en la
revêtant tout entière; elle se prolonge au devant de son
centre, c'est à dire au devant de la membrane pupillaire (Arnold). Ce sac séreux sans ouverture se distingue également
en deux feuillets continus l'un à l'autre. Le premier est cor-
néen, le second irien et pupillaire. Il est propre à l'iris et à
la cornée. Il est indépendant du précédent.

Mais il arrive un temps où les deux cavités séreuses communiquent entre elles par une ouverture spontanée; alors
on n'aura plus qu'une seule membrane en forme de bissac,
rétrécie, étranglée au niveau de la pupille, renflée en avant

et en arrière de l'iris, répondant tout à la fois à la face postérieure de la cornée aux deux faces antérieure et postérieure de l'iris, et enfin à la face antérieure de la capsule
cristalline.—Un épithélium a été indiqué pour la membrane
de Demours.

Faisons un retour sur l'iris. Voyons d'après ces nouvelles
dispositions anatomiques comment se comportera ce diaphragme de l'œil.

Un des faits les plus intéressants de l'oculogénie est assurément d'abord l'imperforation de l'iris apparente du troisième au septième mois de la vie intra-utérine ; et ensuite la
déhiscence de son centre appelé membrane pupillaire, déhiscence qui a lieu au terme de sept mois et d'où résulte la
pupille.

La membrane pupillaire signalée en 1738 par Wachen-
dorff, puis par Haller, Sœmmering, J. Cloquet, n'est point
une membrane particulière distincte, mais bien une fraction
de l'iris. Elle occupe le champ de la pupille purement et
simplement, et tient de la structure de l'iris, comme la partie
tient de la nature de son tout quand celui-ci est homogène.

Elle est constituée de même que le diaphragme irien dont
elle n'est, après tout, que le point central, le prolongement
de son bord interne (Giraldès), c'est à dire qu'elle présente
les feuillets réunis des deux sacs séreux adossés l'un à l'autre, et, de plus entre ces deux feuillets, la substance propre, intrinsèque de l'iris.

L'imperforation irienne, en d'autres termes, la membrane
pupillaire des auteurs persiste parfois plus longtemps, au
delà même de la naissance, et devient ainsi une cause de cé-
cité congénitale. D'autres fois on observe une demi-déhis-
cence, une coarctation de l'iris (atrésie pupillaire). La persistance de la membrane chez certains animaux est limitée,
quant à sa durée, au temps où les petits gardent leurs yeux clos.

L'iris imperforé forme dans l'intérieur du globe oculaire une

cloison complète, interposée à la cornée et au cristallin, éloignée de ces deux parties par un intervalle parfaitement appréciable quant à sa forme et à ses dimensions sur un œil
congelé, rempli qu'il est par un liquide susceptible de se
cristalliser sous l'influence d'un froid intense. Ces deux espaces ou chambres dont l'un est antérieur, l'autre postérieur
à l'iris, ont pour chaque paroi une kysteuse particulière, et
pour contenu un fluide analogue, ainsi que nous l'avons dit.

La continuité de ces deux kysteuses et le mélange de
leurs deux liquides ne datent que du moment où s'effectuera
la déhiscence du centre irien.

Comment s'établit cette communication ultérieure? on a
supposé le centre de l'iris faible, transparent, sans vaisseaux, circonscrit par les anses vasculaires qui doivent un jour
border la pupille. Si donc, par suite du développement général, l'organe s'agrandit, cette portion centrale se rompt,
se déchire mécaniquement, et les anses vasculaires se rétractent (J. Cloquet). Ce n'est peut-être pas le véritable mode
de la perforation de ce diaphragme, car certaines communications semblent être dues ailleurs à des procédés différents. Tel le travail qui amène la fusion de deux os
voisins en un seul (l'os canon des ruminants), véritable résultat d'une résorption moléculaire, d'une disparition de
substance et non de déchirure. Il est encore permis de penser qu'à l'exemple de toute partie vivante qui se perfore pathologiquement, il s'opère en la membrane pupillaire une
sorte de ramollissement moléculaire et de décohésion que
suit la déchirure. Toutes ces hypothèses sont au moins
aussi probables que celles de M. J. Cloquet. Mais quels seront les éléments sur lesquels porteront ces divers modes de
perforation? Il est évident que l'on devra beaucoup tenir
compte des deux feuillets séreux iriens. Nous appelons, dans
ce cas, l'attention sur la présence de ces feuillets. —De même,
quand il s'agit des causes de la persistance de l'imperforation

de l'iris, l'arrêt du développement qui s'est opposé à la réalisation des phénomènes cidessus énoncés, doit certainement
comprendre les mêmes feuillets.

En dernier lieu, je me range à l'avis de Béclard touchant
la perforation et l'imperforation de l'iris. Voici sa formule
passée inaperçue dans les auteurs qui l'ont suivi; « Le défaut
ou la présence d'anastomoses qui lient la convexité des anses
vasculaires de l'iris entraîne la destruction ou la persistance
de la membrane pupillaire. » Cette influence me paraît avoir
une réelle valeur, on devrait la généraliser et expliquer par
elle toutes les imperforations, les atrésies normales et pathologiques, et toutes les déhiscences également normales
et pathologiques du corps humain. La membrane pupillaire
est un type.

Continuons encore nos propositions qui relèvent de la
présence de deux oculo-séreuses dans les chambres antérieure et postérieure de l'œil.

La grande circonférence de l'iris est liée aux parties adjacentes, par la réflexion antérieure et postérieure des oculo-
séreuses. Le décollement de l'iris, ou l'opération de la pupille artificielle intéressera donc nécessairement les deux
feuillets séreux.

Un feuillet de l'oculo-séreuse de la chambre postérieure
du globe oculaire est appliqué au cristallin; il pourra donc
devenir le siège primitif d'une cataracte, sans que la capsule cristalline proprement dite soit gagnée de suite par la
tache opaque.

Le pigmentum de la peau des nègres ne change rien à la
nature des éléments cutanés. Il en sera de même pour l'u-
vée, relativement à l'iris; d'ailleurs, cette uvée est parfois
absente. Ex. chez les Albinos. — La glande choroïdienne
qu'on a inventée pour la sécrétion du pigmentum n'est pas
concevable, vu que les caractères des glandes lui manquent. Enfin cette matière pigmentaire est plutôt déposée.

Où? dans ou sous la séreuse, car autrement si elle résidait sur la surface interne de la séreuse, elle pourrait se mêler à l'humeur aqueuse et nuire à la transparence des milieux. Il en est de même pour les kysto-membranes chargées de matières colorantes chez quelques animaux. — Je ne dirai rien des membranes Ruyschienne et uvéale, si ce n'est que les auteurs ne les précisent nullement, et obscurcissent plus qu'ils n'éclairent la description.

2° PLAN. — *Oculo-séreuse cristalline.*

Le cristallin, humeur exhalée, concrétée, solidifiée par couches ou par fragments, est entouré d'une capsule ou kysto-membrane propre, qui est le troisième sac séreux par ordre de plan; cette capsule qui est son organe formateur, n'est point un dédoublement, ni un emboîtement de la membrane hyaloïde; celle-ci paraît simplement déprimée, en raison de la position et de la forme de lentille biconvexe que présente le cristallin. La kysto-membrane cristalline répond, par sa face interne, au corps du cristallin; par sa face externe, et en avant, au feuillet cristallinien de l'oculo-séreuse de la chambre ophthalmique postérieure, et en arrière, au feuillet cristallinien de la membrane hyaloïde. De notre description, on conclut naturellement que la capsule cristalline doublée en avant et en arrière par le feuillet correspondant de deux oculo-séreuses voisines, peut présenter quatre espèces de cataractes capsulaires ou membraneuses. Ce fait est assez curieux et neuf, bien qu'il ne modifie en rien la pratique des opérations. L'on voit que nous sommes loin d'admettre avec Dugès Young, le cristallin comme un corps vivant, actif, muni de vaisseaux, de nerfs, de muscles même. Car rien n'est moins prouvé. L'organe producteur est seul vasculaire. En effet, les vaisseaux ciliaires d'un côté, descendent entre les deux feuillets antérieurs à la capsule cristalline; et, d'un autre côté, un rameau de l'artère centrale de la rétine, vient se placer entre les deux feuillets postérieurs de cette même capsule, après avoir traversé le système vitré.

La segmentation du cristallin est-elle due à l'artifice des procédés qu'on emploie pour la démontrer, ou bien à l'existence de replis de la capsule propre tendant à se multiloculer, lesquels nullement soupçonnés, chargés même peut-être de quelques vaisseaux, peuvent expliquer la divergence d'opinions sur la nature du cristallin. Celui-ci est réellement sécrété. Sorti de sa capsule, il est remplacé par un autre cristallin plus ou moins semblable ; abaissé avec sa capsule, il s'y conserve et peut remonter à sa place première ; abaissé sans elle, il se résorbe et disparaît (Cocteau, Sœmmering, Malgaigne).

L'union entre les deux feuillets de segment postérieur de la capsule cristalline, n'est pas aussi intime centralement qu'entre les deux feuillets du segment antérieur ; en revanche, celui-ci est plus épais. L'union du système cristallinien et du système hyaloïdien tient plutôt à l'adossement et à l'adhérence de leurs membranes respectives, qu'au dédoublement de l'un d'eux, pour envelopper l'autre. Ces humeurs sont d'origine kysteuse. Or, comment le dédoublement de leur membrane propre pourrait-il être kysteux ? Je ne comprends pas bien qu'on ait eu besoin de dédoubler (supposition bizarre), l'une de ces membranes pour contenir deux humeurs si différentes dans leur nature objective, quand il était si facile de penser que les deux humeurs avaient chacune leur enveloppe spéciale.

Le petit canal circulaire, insufflable, de forme bosselée, renflée d'espace en espace, appelé canal godronné (Petit), me paraît devoir être localisé autrement qu'on ne le suppose. Il est une dépendance de la membrane hyaloïde, dans le point où après avoir tapissé la face postérieure externe de la séreuse cristalline, elle s'avance sur sa circonférence, et se replie sur elle-même pour continuer son trajet sous la rétine et former des replis à l'intérieur. Bref, c'est un canal hyaloïdien, en dehors et à la circonférence de la capsule cristalline.

3e PLAN. — *De l'oculo-séreuse vitrée.*

(Membrane hyaloïde.)

On désigne sous ce nom la membrane qui produit et contient l'humeur vitrée; celle-ci, à compartiments membraneux, répond par sa face externe aux procès ciliaires, à la rétine, à la face postérieure de la capsule cristalline, et par sa face interne à son contenu, à un rameau vasculaire qui traverse son milieu. De ce côté, elle envoie à l'intérieur, vers le centre du corps vitré, une foule de prolongements circonscrivant des espaces cellulaires communiquant entre eux, et où s'amasse l'humeur vitrée. Peut-être primitivement a-t-elle été composée de vésicules agrégées et indépendantes? Au point où la membrane rencontre le nerf optique, elle se réfléchit sur l'artère nourricière des feuillets cristalliniens, le rameau capsulaire de l'artère centrale de la rétine, qu'elle enveloppe à la façon des synoviales entourant les ligaments inter-articulaires, et lui forme une sorte de fourreau, appelé par J. Cloquet canal hyaloïdien. Il est dirigé antéro-postérieurement, suivant l'axe du corps vitré, et vient s'épanouir sur la capsule cristalline. Cette oculo-séreuse ne répond à la capsule cristalline que par un feuillet unique qui passe en arrière d'elle (Giraldès); c'est une séreuse à cloisonnements. Le canal de Petit lui appartient.

4e PLAN. — *De l'oculo-séreuse sous-choroïdienne.*

(Membrane de Jacob.)

Jacob admet une pellicule transparente, intercalée entre la choroïde et la rétine, aperçue par Langensbek et Walter, elle est considérée par J. Wéber, J. Franzel, Delrymphe et Jacob, comme séreuse. Jacob lui attribue l'espèce d'hydropisie oculaire connue sous le nom de staphylôme postérieur de l'œil. Giraldès la nie, parce qu'il ne sait pas pourquoi elle existerait. Cela ne prouve rien. Nos tendances de localisation nous portent au contraire à adopter cette membrane comme siège de cette affection, à elle aussi les ossifications de la rétine? — La difficulté ou les exigences de la démonstration anatomique ne nous arrêtent pas; car si la dissection ou l'isolement par le scalpel d'une partie est la meilleure manière de constater cette partie, elle n'est pas absolument nécessaire, et ne constitue point le seul moyen d'arriver au même but. —Le staphylôme postérieur de l'œil n'aurait-il pas aussi pour siège la membrane d'Arnold? C'est une chose que nous donnons à examiner.—L'oculo-séreuse sous-choroïdienne présentera donc, comme toutes les autres membranes analogues, deux feuillets, l'un choroïdien, l'autre rétinien. Il en résultera que la rétine, élément nerveux sensorial de la vision, se trouvera située entre deux liquides, eux-mêmes contenus dans leur séreuse propre, comme on l'observe déjà pour l'axe cérébro-spinal et le nerf acoustique. Plus loin, nous nous proposons de tracer le parallèle de cette disposition commune qui, sans aucun doute, a des rapports avec la physiologie de ces organes. Ainsi : d'un côté on trouve l'humeur jacobienne et sa membrane, de l'autre l'humeur vitrée et l'hyaloïde, au milieu la rétine.

5e PLAN. — *De l'oculo-séreuse sous-scléroticale.*

(Membrane d'Arnold, tissu cellulaire sous sclérotical de M. Giraldès.)

Cette membrane, dite séreuse, est placée, selon Arnold, entre la choroïde et la sclérotique. Cet auteur la regarde comme un sac complet, tout à fait semblable aux poches séreuses, et présentant deux feuillets, l'un sclérotical, l'autre choroïdien. Si elle existe, elle me parait être plutôt une kysto-membrane de glissement qu'une kysto-membrane d'inclusion. On n'y a pas observé de liquide collecté à l'état normal, et puis l'on croit qu'il se passe des frottements continuels entre la sclérotique et la choroïde, résultats de l'action musculaire environnante. En tout cas, elle n'est pas le prolongement de l'arachnoïde.

Je ne dirai rien du canal de Fontana, de ce petit conduit circulaire injectable placé au point de réunion du cercle ciliaire, de la cornée et de la sclérotique. La séreuse de ce canal est la membrane interne d'un vaisseau; son contenu bien observé décide la question.

Appendice. Je ne quitterai pas la description des différentes parties kysto-membraneuses de l'œil, sans rappeler le passage de la conjonctive au devant de la cornée, disposition anatomique tout à fait semblable à celle du passage de la synoviale articulaire au devant des cartilages diarthrodiaux. Je remets en saillie cette comparaison si souvent répétée par les partisans pour et contre. Aujourd'hui, l'opposition à la conjonctive cornéenne tombe comme tombera celle qu'on dirige contre la synoviale chondrale ; le même ordre d'arguments triomphera : le principe de la continuité des membranes, l'anatomie comparée et l'anatomie pathologique, sont les sources des témoignages les plus péremptoires : on ne peut de bonne foi se refuser à la réalité, les esprits rebelles devront se rendre. En effet, pouvez-vous admettre qu'une muqueuse, partout ailleurs continue à elle-même, cesse d'être autour de la cornée, ce serait alors une erreur de la nature manquant à son plan d'unité de composition ; que les vascularisations superficielles, circonférentielles ou centrales de la cornée, n'appartiennent pas au feuillet conjonctival, j'espère que vous ne supposerez pas ici comme sur les cartilages une fausse membrane. Enfin, la prolongation et continuité

des vaisseaux de la conjonctive scléroticale avec ceux de la
conjonctive cornéenne, la cutanisation de cette dernière,
comme j'en ai vu un cas parfait à Bicêtre pendant mon inter-
nat, et enfin la dissection de cette portion conjonctivale,
heureusement obtenue par mon ami et collègue M. Guérin
(concours de prosecteur, 1843), sur les yeux d'un poisson
(la dorade), tout concourt à justifier l'existence de la conjonctive cornéenne.

Je saisis cette occasion, pour indiquer une expérience de
M. Tavignot, touchant la synoviale chondrale. Après avoir
laborieusement enlevé la pellicule superficielle d'un cartilage
diarthrodial, il la soumit aux réactifs chimiques, compara-
tivement au cartilage, et obtint des effets différents, en raison
de la différence du tissu, sans aucun doute.

Résumé. Autant d'humeurs de l'œil, autant de membranes, et celles-ci sont toutes des séreuses, comme les humeurs sont toutes leurs sécrétions; la différence de densité
de ces sécrétions n'indique pas une différence essentielle
d'organes.

La chambre postérieure de l'œil, qui est fermée chez le
jeune fœtus, est tapissée entièrement, sans interruption aucune, par une vésicule kysteuse étalée, d'une part, sur l'iris
et la membrane pupillaire ; de l'autre, sur la capsule cristalline. C'est notre oculo-séreuse de la chambre postérieure de
l'œil, analogue à l'oculo-séreuse de la chambre antérieure.
D'où il résulte les conséquences suivantes.

Le champ de la pupillle est occupé et barré par l'adossement de deux séreuses dont les cavités séparées s'appellent
chambres de l'œil, l'une antérieure, l'autre postérieure.
L'iris imperforé est interposé entre elles deux. La débis-
cence pupillaire détermine la communication des deux chambres, la continuité de tissu de leurs deux membranes et le
mélange de leurs deux fluides. L'ouverture de la pupille,
ou plutôt la communication des séreuses précitées, s'effectue

par le même mécanisme que la fusion des deux os qui composent l'os canon des ruminants. Les opérations et les maladies de l'iris attaquent les feuillets séreux iriens antérieur et
postérieur. Le feuillet cristallinien de l'oculo-séreuse de la
chambre postérieure peut être le siège d'une cataracte membraneuse antérieure, différente de la cataracte capsulaire
antérieure proprement dite ; de même que la portion de la
membrane hyaloïde appliquée au feuillet postérieur de la
capsule cristalline peut s'opacifier comme celui-ci et devenir
un des sièges de la cataracte capsulaire postérieure.

Les pigmentums sont sous séreux, ainsi que l'indique l'a-
natomie comparée ; cette matière colorante est plutôt déposée
qu'elle n'est sécrétée. L'appareil chrômatogène de la peau
est loin d'être prouvé pour tout le monde ; il n'est point d'appareil glanduleux pour cette matière. Par ces détails, l'on
peut comprendre la localisation du pigmentum irien.

Le canal godronné de Petit est un canal essentiellement
hyaloïdien.

L'oculo-séreuse sous-choroïdienne et l'oculo-séreuse sous-
scléroticale se placent sous le patronage de plusieurs noms
de l'Allemagne fort recommandables. Nous n'en dirons pas
davantage.

L'oculo-séreuse hyaloïdienne est un exemple de la disposition cellulaire de quelques kysto-membranes d'inclusion.

Il est aussi une théorie de l'ouverture de la membrane
pupillaire qui me semble satisfaisante, et peut être appliquée
à toutes les déhiscences et atrésies ou imperforations du
corps humain ; elle consiste à dire qu'elles reconnaissent
pour causes, les premières la présence, les secondes l'absence d'anastomoses vasculaires d'un côté à l'autre.

Telles sont les parois de l'intérieur de l'œil.

§ 2ᵉ APPAREIL DE L'AUDITION.

Oto-séreuses.

L'état de l'organographie de l'oreille paraissait si confus que l'Ecole de Paris a jugé à propos de donner pour sujet de thèse les questions suivantes. D'où vient l'humeur du labyrinthe? Quelle est la nature des poches labyrinthiques? M. Darcet a répondu : « L'origine du liquide labyrinthique est dans les vaisseaux du périoste et dans *une membrane hyaloïde à cellules,* » sans autre explication plus étendue. Ce fait se passait en 1842. Pour rendre justice à tout le monde, je dirai aussi que je viens de lire à l'instant le développement du labyrinthe de l'oreille dans Bischoff. Mon opinion y est pressentie, mais sous l'enveloppe d'un langage embarrassé. Il y a pour cet auteur une *vésicule* (sac vestibulaire et limacéen), et un *revêtement épithélial du périoste*. N'en est-ce pas assez pour affirmer que le périoste, avec épithélium, soit une fibro-séreuse. J'ai fait plus, je me suis prononcé et j'ai admis dans l'oreille interne deux oto-séreuses, et cela depuis plus de quatre ans; on conçoit combien j'ai dû être satisfait de me rencontrer avec Bischoff, qui devient une seconde autorité, et un appui très favorable à mon opinion. Ce n'est pas tout. Nous comptons encore d'autres témoignages. Henle, Pappenheim, en poursuivant partout leur épithélium interne, ont constaté même sur le labyrinthe membraneux des cellules épithéliales. Raison de plus pour persister dans nos déterminations anatomiques. Meckel a également dit son mot : Dans l'explication de l'exhalation des fluides de l'oreille, cet auteur semble ne pas se contenter du rôle des extrémités des artères (dont on peut voir la description graphique laborieusement détaillée par M. Poumet; thèse, 1842); il fait intervenir une membrane particulière; mais il est loin de la spécifier complètement. « Durant les deux premières périodes de la vie, dit-il, on trouve entre les deux labyrinthes une membrane qui n'est point le périoste de la portion osseuse, quoiqu'on soit dans l'usage de la considérer comme telle; mais qui appartient à la classe des *séro-muqueuses* (*voyez* Tissu *séro-muqueux* de M. Blainville). C'est ce que démontrent les nombreux vaisseaux qu'elle reçoit » (t. III, p. 181).

Pour le coup la phrase de Meckel est plus explicite que chez tous les autres auteurs, et cependant il faut bien croire qu'elle n'a pas eu de retentissement, puisque la plupart des anatomistes qui ont suivi, si ce n'est tous, l'ont passé sous silence. Et pourquoi ? Parce que Meckel lui-même n'avait pas une idée bien arrêtée sur ce point. Le mot seulement lui a échappé presque à son insu. Il n'avait pas conscience de sa portée.

A notre tour à parler. Certaines humeurs ont été indiquées dans l'intérieur de l'organe de l'ouïe; elle remplissent particulièrement l'oreille labyrinthique. Leur localisation devait être précisée par nous de la même manière que celle des liquides intérieurs et extérieurs des centres nerveux, comme aussi pour l'œil; la force de notre généralisation nous portant aux mêmes conclusions. Sans aucun doute, perfectionnée par les travaux modernes, l'organographie de l'appareil de l'ouïe et des centres nerveux, qui sont peut-être les parties du corps les plus étudiées, semblait être si complète à quelques auteurs, qu'il n'était plus possible d'y rien ajouter; comme si l'on connaissait le lendemain de la science. Cependant, nous trouvons encore le moyen d'y signaler quelque chose de neuf. Au moment où nous écrivons, il est besoin pour nous faire comprendre, de rappeler l'état de nos connaissances touchant l'anatomie de structure de l'oreille, puisque d'elle nous désirons entretenir nos lecteurs.

Si l'on compulse les ouvrages récents les plus compétents sur cette matière, si l'on rassemble les idées des auteurs qui font autorité, tels que Scarpa, MM. de Blainville, J. Cloquet, Ribes, Itard, Breschet (1834), etc., si l'on résume enfin les résultats de leurs recherches, voici en abrégé ce que l'on trouve pour la composition de l'oreille interne de l'homme : 1° *Un labyrinthe solide* osseux divisé en trois parties : le limaçon, le vestibule et les canaux demi-circulaires. 2° *Une membrane* tapissant intérieurement ce labyrinthe solide, elle est considérée comme un périoste fin (M. Brière de Boismont), comme de nature ignorée (H. Cloquet, M. Cruveilhier). Personne ne l'a donné comme fibro-muqueuse, et c'est avec raison, car il aurait fallu lui trouver une continuité avec la muqueuse tympanique, ce qui n'est pas. Admettons donc cette membrane à titre de périoste, car il n'est pas de surface osseuse entièrement nue, c'est à dire sans périoste. Et afin qu'on se souvienne de sa présence, nommons cette membrane *labyrinthe périostique ou capsulaire*. Je dis capsulaire parce que lui seul persistant en l'absence du labyrinthe solide soit osseux, soit cartilagineux, cas que l'on observe chez quelques espèces animales, il n'a plus ses connexions comme périoste ni comme périchondre. Il est alors une simple membrane fibreuse. 3° *Le labyrinthe membraneux des auteurs*, diversement conformé dans son étendue, de là des noms différents accordés à plusieurs parties de son trajet : portion renflée du vestibulaire, sac, utricule, ampoules, tubes demi-circulaires, cornes, etc., comme l'on dit grands et petits culs de sac de l'estomac, sinus maxillaire et sphénoïdal des fosses nasales; noms qui indiquent seulement des parties autrement configurées d'un même tout; donc nulle autre importance quant à la fonction elle-même. Le labyrinthe membraneux est flottant, séparé qu'il est par un liquide du labyrinthe périostique, il ne tient à celui-ci que par des filaments probablement vasculaires; et lui-même renferme un autre liquide.

Recherchez-vous quelle est sa nature, sa composition, il

n'en est pas dit un mot complètement satisfaisant.—Comparetti et Scarpa le surnomment nervoso-membraneux. Une trame nerveuse provenant du nerf acoustique, épanouie en bulbe creux et par conséquent ayant une cavité-ventricule, le constituerait. — M. de Blainville prétend et ce sont là ses paroles : que c'est une membrane propre puisqu'elle permet à l'humeur contenue par elle de conserver une figure déterminée ; elle forme un tout suspendu par les fibrilles nerveuses ; dans son humeur ou à sa surface se remarque des parties plus ou moins crétacées, quelquefois même osseuses, qui s'y sont déposées. — M. Breschet s'exprime ensuite à peu près en ces termes : chaque filament du nerf acoustique traverse un trou osseux d'une étroitesse capillaire, puis après avoir passé par cette filière que M. Cruveilhier appelle lame criblée du rocher en la comparant à la lame criblée de l'ethmoïde, tous apparaissent engainés par les prolongements du labyrinthe membraneux, ils s'y répandent, font même saillie du côté de l'intérieur de la poche, que celui-ci représente ; enfin le névrilemme les réunit tous ensemble. Telle est la trame du labyrinthe membraneux.

Ainsi parlent ces auteurs ; ils entreprennent ensuite la comparaison des humeurs de l'oreille avec celles de l'œil, mais ils ne pensent nullement à en faire autant pour les contenants, et comment pouvaient-ils le faire puisqu'ils n'en avaient aucune idée. Or, avec l'idée de ce grand principe : il n'est point de liquide immobile et interposé du corps humain sans enveloppe kysteuse, nous venons achever cette comparaison de l'œil et de l'oreille déjà commencée pour leurs humeurs. M. Laurent, de Toulon, satisfait de mon travail m'y engagea et j'ai résumé ainsi ce point de vue.

Voici d'abord la description nouvelle : Les parties molles de l'oreille interne sont de dehors en dedans : le périoste — une première kysto-membrane d'inclusion — la trame nerveuse ou rétinienne de l'oreille — une seconde kysto-mem-

brane ; — les liquides sont en énumérant toujours de dehors
en dedans : l'humeur de Cotugno (1760), (périlymphe de
M. le professeur Breschet), — le second l'humeur de Scarpa
(endolymphe de M. Breschet, *vitrine auditive*, de M. de
Blainville) ; — et d'où viennent-ils ces liquides ? Répondre,
n'est-ce pas critiquer la manière dont on a localisé les humeurs
de l'oreille avant nous. En effet, les auteurs sont convenus
de les placer, ce qui est assez mal pensé : 1° entre un périoste et un nerf — 2° dans l'intérieur même du nerf, au
lieu de soupçonner des kysto-membranes autour d'elles. —
Qui donc sécrètera ces liqueurs, si ce ne sont des séreuses.
— Sera-ce le périoste ? qui peut le croire ; et puis sera-ce le
nerf ? assurément non. Devons-nous donc surprendre qui que
ce soit en restant fidèle à nos principes et en offrant la naturalisation de deux oto-séreuses, l'une pour le premier espace,
l'autre pour le second. Sur un fœtus de cinq mois, sur le rocher d'un cheval et celui d'un homme adulte ramollis par
l'acide nitrique, nous avons pu constater les caractères objectifs de ces kysto-membranes, que nous distinguons :

1° *En oto-séreuse labyrinthique ;* occupée par le liquide
de même nom (humeur de Cotugno). Elle a une portion pariétale appliquée au périoste, et une portion réfléchie sur le
nerf acoustique. Cette oto-séreuse appartient à toutes les divisions de l'oreille interne, elle est étendue au vestibule,
aux canaux demi-circulaires et même au limaçon ; et par
l'ouverture de communication des deux rampes du limaçon
(l'hélicotrème de M. Breschet), elle parvient jusqu'à la
fenêtre ronde qu'elle clot en formant une paroi de plus au second tympan. Elle seule existe avec son liquide dans le limaçon. Elle est lisse, polie, et très adhérente au périoste.

2° *En oto-séreuse ventriculaire.* Si la précédente est située
entre le labyrinthe périostique ou capsulaire et le labyrinthe
nervoso-membraneux, celle-ci est située au centre de ce
dernier dont la cavité peut s'appeler ventricule de l'oreille

ou du nerf auditif. Elle la tapisse et contient le liquide ventriculaire (l'humeur de Scarpa), et chez l'homme une sorte de poussière graveleuse, calcaire (otoconie de M. Laurent et Breschet), rudiment des otolithes trouvées chez presque toutes les espèces animales des vertébrés et particulièrement chez les poissons, sortes de corps étrangers normaux de cette séreuse qui les produit comme la muqueuse produit les calculs qu'on y rencontre. La kysto-membrane limitée au développement de labyrinthe nervoso-membraneux, ne s'étend pas plus loin que lui, et par conséquent ne va pas dans les cavités limacéennes de l'oreille; la branche nerveuse cochléenne forme en effet un cordon plein. Elle ne paraît pas communiquer avec la précédente. La périlymphe et l'endolymphe ne sont donc pas absolument le même fluide, l'un n'est pas le reflux de l'autre. L'opinion qui admettait au milieu des liquides des deux oto-séreuses de l'air ou des gaz (Brugnone et Ribes) est repoussée par M. Breschet. Les phénomènes physiques de l'audition s'expliquent bien sans le besoin de l'intervention des fluides aériformes dans les cavités labyrinthiques.

Lorsqu'il existe une fracture du rocher il arrive assez souvent, selon l'observation de M. Laugier qui a fait cette découverte (1840), de voir s'écouler par l'oreille une sérosité d'abord sanguinolente, puis incolore, quelquefois très abondante, surtout dans les instants ou le blessé se mouche. Interne du service de MM. Laugier et Marjolin à Beaujon, j'ai pu constater une fois ces écoulements séreux de l'oreille qui sont un symptôme local de la fracture du rocher, et de plus, selon M. Laugier, d'un épanchement de sang au dessus ou au dessous de la dure-mère, et en communication directe avec la félure de la portion pétrée de l'oreille. Trois opinions se sont fait jour pour l'explication de la présence de la sérosité dans la conque de l'oreille. La première attribue ce liquide à l'oreille elle-même, elle fut promptement aban-

donnée par cette seule raison : l'humeur auditive existe en
très petite quantité, elle a peut-être de la peine à se reproduire, donc elle ne peut contribuer à cet écoulement qui est
très considérable et persiste abondant pendant plusieurs
jours. Cet argument me semble devoir perdre de sa valeur
du moment qu'on admettra avec moi deux oto-séreuses, organes perspiratoires certainement aptes à fournir, dans un
temps donné, beaucoup plus de liquide auriculaire qu'on ne
l'avait pensé jusqu'alors. On sait avec quelle facilité et promp-
titude se reproduit l'humeur aqueuse des chambres de l'œil;
pourquoi l'humeur des chambres auditives ne serait-elle pas
dans le même cas?

C'est ainsi que le perfectionnement de l'anatomie importe
à l'interprétation des phénomènes pathologiques. Ce n'est
pas que je veuille récuser au profit de mes oto-séreuses les
deux autres opinions qui font venir l'écoulement séreux de
la sérosité du sang épanché entre les os et la dure-mère
(M. Laugier), ou du fluide céphalo-rachidien par endosmose (Bodinier, *Bulletin de la Société anatomique*, 1844).
Mais je tiens à rendre à mes oto-séreuses leur part dans la
production de ce phénomène pathologique. Je dois l'avouer,
s'il est exact que dans des cas semblables de fracture du
crâne on remarque des œdèmes du cuir chevelu par le même
mécanisme, il faudra bien avouer que les oto-séreuses y sont
étrangères, et que M. Laugier ou M. Bodinier ont raison
pour ces cas là.

Comme conséquence des dispositions anatomiques que je
viens d'exposer, on remarquera les faits suivants : le nerf
auditif, à l'instar de la rétine et des centres nerveux, est
flottant entre deux couches liquides dont il est séparé par les
deux oto-séreuses, le labyrinthe nervoso membraneux est
compris entre leur adossement comme la rétine entre celui
des oculo-séreuses hyaloïdienne et jacobienne. Vaisseaux,
expansions du bulbe acoustique, névrilemme, et tissu cellu-

laire, voilà la trame de ce labyrinthe le plus concentrique de tous, et qui est à la fois, ainsi qu'on le voit, vasculaire, nerveux et celluleux.

Notons que les aqueducs du vestibule et du limaçon ne sont point des prolongements, des cœcums de ce labyrinthe étendus presque sous la dure-mère, mais bien des canaux diploïques ou vasculaires selon M. Ribes.

Le second tympan, *tympanum secundarium* (septum de la fenêtre ronde), est formé par l'adossement de la muqueuse tympanique et du feuillet pariétal limacéen de l'oto-séreuse labyrinthique. La base de l'étrier au lieu d'être baignée à nu, directement, comme le prétend M. Breschet, par la périlymphe, est recouvert de ce dernier feuillet.

Observons enfin que l'on doit une place à la pathologie de ces kysto-membranes de l'oreille ; elle mérite l'attention des chirurgiens auxquels il arrive peu ou même pas du tout de faire l'examen cadavérique des maladies profondes de l'oreille.

Tous ces détails donnés, nous sommes en mesure d'établir un parallèle plus complet entre les parties analogues de l'oreille interne et de l'œil, et de formuler ici l'homotypie des séreuses des organes des sens, en y ajoutant même la comparaison des dispositions semblables des enveloppes des centres nerveux dont nous parlerons tout à l'heure.

Voyez notre tableau, il exprime l'idée du rapprochement de certaines données communes attestant visiblement quels sont les l'ordre et plan toujours providentiels et toujours admirables de la nature, et en particulier dans les appareils de la plus haute animalité, ceux de la promonition sensoriale, ainsi qu'on peut le juger.

CENTRES NERVEUX.	OREILLE INTERNE.	GLOBE DE L'ŒIL.
Crâne et rachis . . .	Rocher (labyrinthe osseux).	Orbite.
Dure-mère	Labyrinthe périostique ou capsulaire.	Tuniques fibreuse et cellulo vasculaire du globe de l'œil.
Arachnoïde et kystes sous-arachnoïdiens	Oto-séreuse labyrinthique.	Oculo-séreuse de Jacob.
Liquide sous-arachnoïdien.	Liquide labyrinthique (ou périlymphe).	Humeur du staphylôme postérieur.
Ventricules de l'encéphale.	Labyrinthe nerveux acoustique. . . .	Rétine.
Cérébro et médulloséreuse centrales.	Oto-séreuse ventriculaire	Oculo-séreuse des deux chambres de l'œil. — du cristallin. — du corps vitré.
Liquide ventriculaire.	Liquide ventriculaire ou endolymphe. .	Humeur aqueuse, cristallin et corps vitré.

Tel est l'appareil de l'oreille interne, sujet si obscur, sur lequel nous aurons jeté quelque jour nouveau, à l'avantage de l'anatomie, de la physiologie, de la pathologie de cet organe des sens.

En résumé, au nombre des parties molles de l'oreille interne, je crois pouvoir faire admettre deux kysto-membranes d'inclusion autour des deux liquides qu'on y a observés :

Une oto-séreuse labyrinthique, située entre le périoste et le nerf acoustique, et sécrétant l'humeur de Cotugno;

Une oto-séreuse ventriculaire, à l'intérieur du nerf acoustique, renfermant et sécrétant l'humeur de Scarpa et les otolithes.

Il résulte de ces dispositions, que le second tympan est formé par l'adossement de la muqueuse tympanique d'un côté, et de l'oto-séreuse labyrinthique de l'autre côté. La base de l'étrier est entre ces deux membranes de nature différente.

La pathologie de ces séreuses nouvelles doit être comptée dans les maladies de l'oreille interne ; les altérations des liquides sont subordonnées à celles de leurs organes sécréteurs. Certaines surdités n'ont pas d'autre origine.

Les tubes et sacs membraneux du labyrinthe sont formés précisément en grande partie par ces séreuses.

§ 3e APPAREIL DE L'INNERVATION.

Encéphalo et médullo - séreuses.

Les centres nerveux présentent à leur intérieur des cavités appelées ventricules du cerveau et canal de la moelle épinière. Des humeurs naturelles ou fluides les remplissent particulièrement dans les premières phases du développement embryonnaire, et exécutent des fonctions importantes. Cette sérosité, d'abord abondante, diminue ensuite et disparaît même dans plusieurs points, à mesure que la matière nerveuse s'accumule elle-même. Parfois elle persiste et même augmente ; de là l'hydrocéphalie ventriculaire congénitale, de là aussi, mais plus rarement, l'hydromédullie, espèce d'hydrorachis. — Indépendamment de ce liquide intérieur, les masses nerveuses centrales sont encore entourées extérieurement par une autre couche liquide, particulièrement dans certains espaces dont nous parlerons tout à l'heure.

Ainsi donc, chez le fœtus, liquides en dedans, liquides en dehors de l'axe cérébro-spinal. Il nous reste à les localiser, et mieux qu'on ne l'a fait jusque à présent, et à indiquer les kysto-membranes ou nervo-séreuses qui les entourent, les séparent des tissus voisins entre lesquels ils sont placés ; elles sécrètent en même temps qu'elles isolent les centres nerveux de leurs autres enveloppes membraneuses. Jusqu'à démenti motivé, nous admettrons les suivantes.

1° *Cérébro-séreuse multiventriculaire.*

(Arachnoïde interne de Bichat.)

Cette membrane des ventricules déjà décrite par Winslow, Haller ; admise analogiquement par Bichat, démontrée par Meckel, est aujourd'hui acceptée de tous, malgré les dénégations de M. Magendie (1827). Elle fait partie de la grosse anatomie réelle ; mince, lisse, blanchâtre, distincte du tissu sous-jacent ; à aspect épithélial vibratile ; à existence propre, difficile cependant à isoler. — Elle est commune aux deux ventricules latéraux, au ventricule moyen du cerveau et au quatrième ou sous-cérébelleux, et même au cinquième ventricule, sur lequel nous aurons à revenir. — Elle en parcourt tout le trajet ; les différentes saillies, commissures, canaux, trous de communications, les différentes substances grise, blanche, en sont tapissées, ainsi que les prolongements de la pie-mère, appelés plexus choroïdes, qui sont comme saillants, libres, flottants dans les cavités ventriculaires. — Aucune partie qui lui correspond n'est à nu. — On se demande de suite : la kysto-membrane des cavités encéphaliques serait-elle une kysteuse propre, ou bien le prolongement d'une autre, dite arachnoïde viscérale ?

La première opinion paraît plus probable, et voici pourquoi : la pie-mère n'est perforée, trouée en aucun point, par conséquent la séreuse des ventricules, appliquée à la face interne des hémisphères cérébraux, est concentrique à la pie-mère par ordre de superposition ; elle est en rapport avec la face profonde de cette membrane ; elle répond d'un côté à la substance nerveuse ; de l'autre, à la pie-mère des plexus choroïdes qu'elle entoure, interposée qu'elle est entre ces deux parties.

Est-ce à dire que le prolongement arachnoïdien de Bi-

chat (*Canalis Bichatii*), n'existe en aucun temps? Non,
nous l'acceptons, mais pas de la même manière. La pie-mère
suit toutes les circonvolutions des centres nerveux qu'elle tapisse immédiatement à l'extérieur; par suite de la révolution
de la surface encéphalique, elle se trouve emportée, englo-
bée dans les cavités que constituent les parties nerveuses
dans leur enroulement, de manière à présenter une portion
rentrée, interne, comme elle a une portion externe. La pie-
mère ventriculaire du cerveau et du cervelet, déprimée en
doigt de gants vers les ventricules, y flotte comme un repli,
prolongement libre appelé plexus-choroïde. — L'arachnoïde
toujours appliquée à la face externe de la pie-mère l'accompagne dans ses nouveaux rapports et ses nouvelles dispositions, entraînée qu'elle est au dedans des plexus, elle y forme
une poche séreuse, une sorte de tunique vaginale, ou d'arrière cavité des épiploons; mais elle ne va pas au delà du cul
de sac choroïdien; ces plexus sont donc séreux par leurs
deux surfaces, séreux à l'intérieur par la présence de l'a-
rachnoïde, séreux du côté où ils répondent aux cavités ventriculaires, au milieu desquelles ils se meuvent libres d'adhérences, par la présence de la cérébro-séreuse ventriculaire.
On le voit, le siège de l'arachnoïde rentrée, est bien différent; au lieu de le placer à l'intérieur des ventricules, nous
l'indiquons à l'intérieur des plexus, en un mot, il y a une
arachnoïde choroïdienne, et non une arachnoïde ventriculaire, et cette fraction du feuillet viscéral de l'arachnoïde
est indépendante de la cérébro-séreuse; par conséquent le
canal de Bichat est réel, il fait communiquer l'arrière-cavité de l'arachnoïde choroïdienne avec la grande cavité
arachnoïdienne. Bichat le considérait, à tort, comme l'entrée
des cavités encéphaliques; il le faisait siéger au milieu de
la grande fente cérébrale, au dessus du corps calleux et
même de la toile choroïdienne, sur le trajet des veines de
Galien, aboutissant au dessus de la glande pinéale. Selon

lui la paroi du canal arachnoïdien va s'insinuant et s'épa-
nouissant successivement sur tous les contours des différents ventricules, après avoir traversé et troué la pie-mère.
Ce trajet est erroné, le canal arachnoïdien est plutôt dans
l'épaisseur de la toile choroïdienne, il n'est que passager, il appartient à l'âge embryonnaire; car plus tard il s'efface et s'oblitère avec l'arrière-cavité arachnoïdienne, suivant le même mécanisme que l'ouverture de communication
de la séreuse du scrotum avec le péritoine.

L'on comprend pourquoi la plupart des auteurs ont cru
devoir le nier, car ils ne trouvaient plus à sa place, chez
l'adulte, qu'un infundibulum, un cul-de-sac, un trou borgne (Magendie, Martin Saint-Ange). On ne rencontre, en
effet, aucun orifice de conduit, disait-on, surtout si on ne fait
rien pour le créer, et l'arachnoïde descend simplement sur
le genou postérieur du corps calleux, et se réfléchit directement sur le cervelet. MM. Blandin et Blainville avaient
déjà apprécié, comme nous, ce qu'est le canal arachnoïdien,
seulement ils différent de nous en pensant que la cérébro-
séreuse soit le prolongement de ce canal.

Voici en quels termes en parlent les auteurs précités, soit
pour, soit contre.

« Au moment, dit M. Blandin, où les lobes du cerveau encore rudimentaires exécutent une sorte de mouvement de
révolution en arrière et en dedans qui doit donner naissance
aux ventricules et à ce moment où la surface de ces cavités
n'est pas complètement retournée et enroulée en dedans vers
la cloison, la pie-mère et l'arachnoïde qui lui adhère deviennent vers le sixième mois intérieures en suivant ce mouvement. D'abord le canal est une large ouverture qui se rétrécit ultérieurement et finit par s'effacer. » C'est ainsi que ce
professeur explique la pénétration de ces membranes et la
formation du canal de Bichat par l'évolution du cerveau.
C'est à cause de la présence et du développement de la céré-

bro-séreuse multiventriculaire, que le pie-mère interne ou plexoïde abandonne la surface des ventricules et se pelotonne en replis saillants dans leur cavité.

De son côté M. Magendie manifeste son incrédulité. « Le prétendu canal, dit-il, ne peut passer entre la glande pinéale et les tubercules quadrijumeaux, car une lame médullaire qu'il appelle valvule de la glande pinéale va du rebord de la commissure postérieure jusqu'à la glande, en remplissant tout l'intervalle compris entre ces parties et se confondant avec elles. Bichat s'en est imposé en croyant rencontrer son canal ; les procédés anatomiques qu'il employait pour le démontrer étaient de nature à le produire artificiellement ; l'enfoncement d'un stylet, le coulage d'un liquide, du mercure, l'insufflation aérienne, la dissection, sont capables de le pratiquer par rupture ou déchirure. Il faut convenir qu'un canal où des veines se croisent en tous sens, jusqu'au point de le rendre aréolaire, ne ressemble guère à un canal ; les orifices interne et externe sont aussi difficiles à découvrir l'un que l'autre ; enfin les liquides hydro-encéphaliques ne s'épanchent pas par cette voie. »

Il me semble qu'avec notre interprétation tout s'explique. Le canal arachnoïdien de Bichat, admis par Valentin et M. Blandin, se trouve positivement aux premières époques de la vie, mais il conduit, selon nous, dans l'intervalle des lames des plexus choroïdes, membranes plissées, repliées sur elles-mêmes et formant un diverticulum cœcal de la pie-mère, à l'intérieur duquel se prolonge l'arachnoïde, sans passer dans la cavité proprement dite des ventricules, puis il s'oblitère ultérieurement et par conséquent devient introuvable chez l'adulte ; peut-être quelquefois persiste-t-il, et Bichat est-il tombé sur une disposition semblable. Cette oblitération est plus ou moins complète, elle se fait par rétraction et agglutinement des faces correspondantes sur plusieurs points à la fois ; puis généralement, mais aussi parfois dans les intervalles des portions de l'arachnoïde choroïdienne se conservent intactes, peuvent même devenir hydropiques : de là ce que l'on a appelé à tort kystes des plexus choroïdes : ce sont autant de cavités séreuses naturelles de toute grandeur, dont il ne faut pas confondre les plus petites avec les pseudo-glandes lymphatiques de Pacchioni, que M. Blandin considère comme des granulations pathologiques. Cette espèce d'hydropisie rappelle l'hydrocèle celluleuse du cordon testiculaire; les conditions anatomiques sont parfaitement semblables.

En résumé, je le répète, l'arachnoïde intra-choroïdienne n'a qu'une existence fœtale, elle ne concourt pas au tapissement des parois ventriculaires; elle est propre au diverticulum plexueux de la pie-mère. Elle n'a aucune continuité avec la cérébro-séreuse multiventriculaire, et n'en est en aucune façon le prolongement. Elle en est séparée par la lame des plexus, de sorte qu'aucun liquide ne peut voyager ni refluer de l'une à l'autre, les parties étant intactes. L'arachnoïde funiculaire ou du canal de Bichat est transitoire.

Quant à la membranisation de l'encéphalo-séreuse ventriculaire et à sa sécrétion, je n'aurai à présenter ici que les considérations de Bichat pour la faire accepter, et en même temps classer parmi les séreuses; nous affirmons qu'elle a une existence isolée, et non continue à l'arachnoïde des plexus. M. Magendie est dans l'erreur quand il nie toute trace de membrane dans le troisième ventricule, l'aqueduc de Silvius, sur la valvule de Vieussens, et dans le quatrième ventricule, et quand il s'empresse d'ajouter : Encore moins voit-on une lame membraneuse qui fermerait en bas le quatrième ventricule, tant il est préoccupé d'y constater une ouverture de communication, d'attribuer le liquide intra-cérébral au reflux du liquide spinal, tant il est prévenu de l'exceptionalité de l'ouverture d'une séreuse dans du tissu cellulaire. Mais qu'il se détrompe : cette ouverture, alors même qu'elle existe, serait naturelle, car elle a lieu dans une autre membrane analogue (de même espèce, la kysteuse sous-arachnoïdienne), et se continue avec elle. Notre loi générale est trop juste et a déjà tant d'exemples en sa faveur, qu'il ne peut en être autrement. Le caractère de membrane close de toute manière serait donc encore cette fois sauvé, et rien n'empêche alors que le liquide du confluent ventriculaire ne soit sécrété localement par la membrane déployée sur les parois de la cavité nerveuse qui le contient, puisque ce serait la même surface membraneuse ou kysteuse qui, continuée, la produirait. La pie-mère, quoi qu'en dise M. Magendie, est étrangère à son exhalation ; les cavités encéphaliques ont donc leur membrane et leur liquide propres, comme la cavité sous-arachnoïdienne. Ici tout se passe dans l'ordre naturel des choses, que l'ouverture de M. Magendie reste ou se ferme. Je ne répèterai pas ici le mécanisme des oblitérations ou des communications des séreuses déjà exposé ailleurs.

La membrane ventriculaire est celluleuse, transparente et assez résistante, vasculaire ; elle se démontre : pressez un cerveau d'enfant ou d'adulte légèrement ramolli ; raclez de dehors en dedans, en enlevant peu à peu les couches qui la revêtent, et vous arriverez à la pellicule qui se détache ensuite au-delà (Meckel). Longet s'en est assuré lui-même à l'aide de ce procédé ; chez le fœtus, elle tranche par sa résistance avec la mollesse du tissu nerveux, qui est encore sans consistance. Reil lui décrit un épithélium comme aux autres séreuses. Un liquide baigne la cavité des ventricules à l'état normal (Galien, Willis, Vieussens), ou au moins c'est une vapeur séreuse condensable par une cause pathologique ou le froid cadavérique (Cotugno, Bichat, Meckel) ; c'est un liquide aqueux, selon Magendie, et il est séreux (*Pituite des anciens*).

Les auteurs qui admettent la communication de l'encéphalo-séreuse ventriculaire avec le tissu cellulaire sous-arachnoïdien (notre cérébro-séreuse sous-arachnoïdienne), s'expriment ainsi : « Cette ouverture (entrée des cavités du cerveau, Magendie) est l'orifice des cavités encéphaliques, médiane, triangulaire, située au bas du quatrième ventricule, au niveau du bec du calamus scriptorius, limitée en avant par le calamus lui-même, latéralement par les deux replis de la pie-mère qui s'élèvent des bords de ce calamus et tapissent la face interne des lobules du bulbe rachidien ; en arrière, par le vermis inferior revêtu d'une expansion de la pie-mère ; ouverture normale, constante, chez l'homme et les animaux, libre, quelquefois assez large pour qu'on puisse y introduire une très grosse plume, ordinairement de 4 à 8 millimètres de diamètre, rétrécie par l'origine des plexus choroïdes du cervelet (très bien décrits dans Boèrhaave) et par le passage des deux artères cérébelleuses postérieures, dilatable enfin dans les cas d'hydropisie. Ses bords lacérés ou repliés ne sont pas ceux de la valvule de Tarin ; celle-ci est placée plus antérieurement dans le ventricule, et dépend du tissu même du cervelet, comme la valvule de Vieussens. » (Longet, 1842.) La valvule de Tarin formerait donc, par ses deux valves frangées, l'orifice interne ou profond du canal de Magendie. Telle est la fente du cervelet, selon M. Magendie ; elle est cachée par la réflexion à distance de l'arachnoïde descendant du cervelet sur le bulbe spinal. M. Blandin croit que la valvule de Tarin est une lamelle membraneuse de la pie-mère, bouchant incomplètement le quatrième ventricule et offrant la fente du cervelet ; il ne faut pas la confondre avec la valvule de Malacarne ou tubercule lamineux du quatrième ventricule qui est formé par le processus vermiformis inferior du cervelet, surnommé luette, glande pinéale du cervelet, nodule de Malacarne, lobule médian de Chaussier. « C'est par cette ouverture que le liquide du rachis peut entrer dans les

ventricules du cerveau, et réciproquement par elle, un liquide contenu dans les ventricules, soit une injection colorée, le sang des apoplexies, la sérosité hydro-encéphalique
s'écoule et arrive dans la cavité sous-arachnoïdienne de
l'épine. » (Magendie.) Nous ne sommes pas bien fixés sur
ce point d'anatomie ; d'ailleurs, on sait que l'admission ou
le rejet de cette communication ne change rien à notre récit. Ainsi, peu nous importe que le cul-de-sac du quatrième
ventricule soit fermé complètement par la séreuse ventriculaire, la pie-mère et l'arachnoïde (Bichat) ou bien ouvert
(Magendie) ; que cette ouverture soit artificielle, accidentelle, susceptible d'oblitération, constante ou non chez tous
les animaux, puisque si elle existe, ce ne sera toujours que
la communication de deux séreuses.

Disons encore que le fait de cette communication directe
entre la sérosité ventriculaire et la sérosité spinale avait été
indiqué, mais non précisé quant au lieu et au mode, par
Cotunni : « His spinæ aquis eas etiam subinde commisceri
quasive a majoribus cerebri ventriculis per lacunar et Sylvii
aquæductum sive a propriis exhalantibus arteriis cerebelli
ventriculus accipiat ; cujus positio perpendiculata et via ad
spinæ cavum satis patens defluxum humoris in spinam ma-
nifesti. » Nous y reviendrons plus loin.

En résumé, la kysto-membrane ventriculaire ne se continue pas avec l'arachnoïde par le canal de Bichat ni avec les
plexus, mais elle recouvre ceux-ci et en est indépendante ; de
même elle ne se continue pas avec le névrilemme de la
moelle épinière, mais avec notre kyste sous-arachnoïdien par
l'ouverture de M. Magendie, et comme elle se continue aussi
avec la médullo-séreuse du canal central de la moelle épinière, toutes les sérosités spinales et cérébrales extérieure
et intérieure se mêleraient à ce compte. Le confluent serait
au calamus scriptorius.

2° *De la cérébro-séreuse du cinquième ventricule du cerveau.*

La cavité du septum lucidum (fosse de Silvius, ventricule de la cloison, frères Wenzell ; sinus du septum lucidum Chaussier, cinquième ventricule de Cuvier), dont il est parlé dans Winslow, a selon nous ses parois essentiellement kysteuses. Suivant que les auteurs ont admis ou rejeté la communication du cinquième ventricule avec les autres cavités de l'encéphale, ils y ont fait entrer ou en ont fait sortir l'arachnoïde interne de Bichat (cérébro-séreuse multiventriculaire). Quant à nous, nous l'avons toujours constaté, que la communication existe ou non, et quand elle existe, qu'elle soit ou non accidentelle. Nous sommes pour la continuité telle que l'avait établie Tarin (1750) ; et nous ne savons pourquoi Bichat l'a omise ; pourquoi, à son imitation, les auteurs ne pensent pas non plus à y mettre une séreuse. Ils décrivent le ventricule simplement comme une cavité à parois contiguës et quelquefois écartées par un épanchement aqueux, et c'est tout. Quant aux partisans de la communication de ce ventricule avec le troisième ou moyen, ils s'entendent assez pour en placer l'ouverture, quand elle existe, entre les deux piliers antérieurs du trigone cérébral (frères Wenzell) ; elle aboutit au trou de Monro vis-à-vis de l'enfoncement borgne qui se remarque entre la commissure antérieure et la bifurcation des piliers de la voûte dite à trois piliers (Olivier). Cette ouverture paraît au moins exister primitivement et se fermer ultérieurement. Meckel la croyait accidentelle.

En résumé, selon moi, le cinquième ventricule ne doit pas rester sans séreuse ; il est le plus souvent solitaire comme sa membrane, au moins chez l'adulte, et je nomme celle-ci cérébro-séreuse du septum lucidum. Je l'ai montrée très manifestement à des amis compétents. M. Cruveilhier et

M. Longet l'admettent également. A la rigueur, elle doit être considérée comme une dépendance primitive, un diverticulum de la grande cérébro-séreuse ventriculaire commune. Je ferai observer cependant que cette kysto-membrane d'inclusion du cinquième ventricule s'hydropise isolément. M. Breschet a plus d'une fois constaté, chez des enfants de six mois à un an, l'existence d'une véritable et unique hydropisie du septum lucidum. Je n'insisterai pas plus longtemps sur cette cérébro-séreuse que je crois incontestable, et maintenant entièrement fixée.

3° *Kysto-membranes sous-arachnoïdiennes.*

(Cavités sous-arachnoïdiennes et confluents, Magendie.—Tissu cellulaire sous-arachnoïdien, Longet.—Espaces sous-arachnoïdiens, Cruveilhier. — Cérébro-séreuse sous-arachnoïdienne, médullo-séreuse sous-arachnoïdienne, de l'auteur.)

Tous ces titres sont justifiés dans leur expression. Ils représentent chacun un détail particulier de l'histoire du sujet que nous allons entamer. L'idée de kystes sous-arachnoïdiens autour du fluide céphalo-rachidien qui me paraît naturelle et tout à fait fondée, n'était venue à l'esprit de personne avant moi, les auteurs n'en parlent nullement.—Que disaient-ils donc?

Je porte les regards sur le livre de Boerhaave (*Loco cit.*), sur ses leçons publiées en 1762, trente ans après les avoir prononcées, et j'y vois déjà la description suivante assez complètement formulée.— Les centres nerveux ne tiennent en quelque sorte aux autres parties du corps que par leurs vaisseaux et nerfs; ils sont isolés par un liquide normal, constant, logé dans la cavité qui sépare les involucres de ce système; liquide exhalé par les artères, résorbé par les veines comme celui de certaines membranes (de même espèce), tels que le péricarde, la plèvre, la tunique vaginale; liquide assez abondant qui peut déterminer des maladies en faussant les fonctions des organes sons-jacents, et qui par cela même acquiert une grande importance physiologique et clinique.

« In sano homine cavitas inter duram et piam matrem omni vitæ momento repletur rore quodam qui densatus apparet specie sensibili aquæ; totum ergò systema encephali ponitur in balneo vaporis perpetuo et ambitur mirabili hoc humore. Ille vero quia semper adest, hinc debet hic loci esse circulatio perpetua, debent adesse arteriæ exhalantes, debent pariter adesse venæ quæ exhalantem humorem in se recipiunt. — Si vero quâ cunque de causâ incipit augeri, comprimet partes subjectas earumque fonctiones lædet. Inde fiunt infiniti et valdè miri morbi qui tamen non fiunt à cerebro. » L'auteur cite plusieurs observations nécroscopiques de Bonet et autres qui, à la suite de catarrhes, d'hydropisies, ont trouvé ce même liquide : « Aperto capite superficies cerebri magna aquæ copiâ inundata reperiebatur. — Apertâ membranâ, aqua exstillavit. »

Du côté de la moelle, même liquide : « Ibi inter membranas similis liquor hæret qui has partes tenet laxas et a se mutuo aliquantum distantes. » Ces passages n'indiquent pas positivement le siège du liquide, tout en révélant son existence ; mais l'auteur mentionne plus loin Ruysch qui en effet est à ce sujet plus explicite, et a mieux vu : (De 1691 à 1728.) « Invenit Ruyschius aquam inter superficiem piæ matris et arachnoideæ tunicæ intercurrentem.

Voilà donc les faits qui ont subi l'épreuve de la vérification, de l'étude, et qui enfin ont reçu la consécration de l'expérience, de l'observation. — Coiter, Plater Lower ont fait également des ouvertures. « Et invenerunt totam cavitatem spinæ vertebrarum aqua limpidissima plenam. » Les preuves anatomiques et pathologiques abondent : « Habentur in operibus Willisii, Wapferi et Boneti observationes hominum post diù perpessos capitis dolores mortuorum in quibus tota superficies cerebri humida inventa est et superficies piæ matris lævis cellulosa visa fuit elevata specie membranæ tenuis ; imò tota pia mater gelatina quædam superfusa reperta est et quandò hæc superficies gelatinosa levissimè vulnerabatur, aqua pellucida exibat, patet. ergò quod sub arachnoidea et super piam matrem hydropis species esse posset. »

Cotugno, dont la vie scientifique est postérieure à celle de Ruysch et de Boerhaave, est à tort regardé comme le premier anatomiste qui ait découvert le liquide spinal, si analogue à celui des cavités séreuses, car il n'était pas ignoré à son époque. Cependant il convient de dire que non seulement il le décrivit sur le cadavre de l'homme, mais encore sur les tórtues, les poissons ; il fit des vivisections assez heureuses qui établirent bien le fait. Il s'appuya aussi sur le raisonnement. « Les centres nerveux, disait-il, ne remplissent pas exactement leur cavité nevrosquelettique. Nulle part, dans le corps des animaux, il n'existe de vîde (c'est le cas de dire : La nature a horreur du vide). Donc, pendant la vie, une vapeur séreuse ou un liquide aqueux doit le combler. En effet, les espaces intermédiaires aux solides sont occupés par des liquides ou par des corps gazeux. De même pour l'espace intra-rachidien et intra-cranien que laissent entre elles les membranes de l'axe nerveux ; cette manière de raisonner était assez juste ; — il entrevit même les communications du fluide vertébral avec ceux de l'encéphale.

Haller, qui vécut dans la dernière moitié du dix-huitième siècle, confirme toutes ces données ; il rappelle que dans les *Ephémérides des curieux de la nature*, on l'appelait *aqua limpida* ; il ajoute qu'une liqueur contenue dans les ventricules du cerveau pourrait descendre dans le canal rachidien jusqu'au bas du sacrum.—Depuis il se fit un grand silence, on n'en parla presque plus.

Sabatier, Boyer, ne s'en occupèrent en aucune façon.

Quant à Bichat, il s'attacha surtout à démontrer les fonc-

tions de l'arachnoïde, et particulièrement la sécrétion intra-
arachnoïdienne.

C'est ainsi en effet que l'on pensait généralement lorsqu'en
1825 M. le professeur Magendie (*Journal de physiol.*,
T. VII, n° 1, *Leçons sur le système nerveux, la physiologie*), en bon observateur, revint à l'opinion des anciens, la
fit revivre, et entre autres celle de Ruysch. De plus, il la dé-
veloppa, l'entoura de toutes sortes de considérations et
d'expériences ingénieuses. Il insista sur la présence du liquide, le nomma céphalo-rachidien, il fit une distinction
importante, en fixant définitivement son siège spinal, comme
Ruysch l'avait déjà vu, entre la surface externe de la pie-
mère et la membrane arachnoïde, dans la cavité sous-arachnoïdienne même, et non dans la cavité intra-arachnoïdienne;
il en fournit des notions exactes et lui donna plus de portée et
d'importance par ses dissections et ses vivisections, ses expériences et ses applications à la physiologie et à la pathologie.

On connaît déjà le trajet de l'arachnoïde viscérale sur
l'encéphale et la moelle épinière. Les anatomistes qui se
sont succédé depuis 1665, l'ont tracé avec une exactitude
d'autant plus complète qu'ils se rapprochent plus de notre
époque, où les méthodes descriptives ont reçu un haut degré
de perfectionnement, ainsi que nous l'avons dit. Bichat et
Cruveilhier surtout y ont apporté une louable minutie. Nous
n'y insisterons pas. Nous dirons seulement dans la cavité
cranienne, l'arachnoïde adhère cellulairement à la pie-mère
au niveau des circonvolutions cérébrales; mais elle s'en éloigne vis à vis des anfractuosités et des scissures des lobes,
de manière à intercepter avec elle autant d'espaces qu'il y
a de sillons cérébraux; l'écartement des deux membranes
est surtout sensible dans certains points. Tels les espaces
sous-arachnoïdiens décrits aussi par Bonn et par Boerhaave
comme des écartements.

M. Cruveilhier distingue des espaces antérieurs et posté
rieurs ; le postérieur répond à la partie postérieure et inférieure du cervelet, l'antérieur est placé sous le troisième
ventricule.

Déjà M. Magendie avait divisé les cavités sous-arachnoïdiennes, qu'il appelait confluents du liquide céphalo-rachidien, en quatre. Le premier ou supérieur, le deuxième ou
inférieur, sont les précédents ; le troisième ou postérieur
est situé derrière, sur les côtés et au dessus de la glande
pinéale ; le quatrième ou l'antérieur au dessous du chiasma
et de la lamelle du troisième ventricule. Le liquide susnommé
remplit tous ces espaces. — Dans la cavité rachidienne,
l'arachnoïde viscérale forme autour de la moelle épinière une
gaine fort large dont les dimensions sont plus grandes qu'il
ne faut pour la contenir. Ce feuillet arachnoïdien n'est pas
revenu sur lui-même, ni plissé durant la vie, mais distendu,
soulevé par le liquide cérébro-spinal, il est donc séparé de la
pie-mère par un espace considérable, estimé à deux centimètres de large ; ainsi la séreuse arachnoïde est éloignée de
l'organe auquel elle correspond. C'est le grand et unique
confluent spinal (Magendie).

L'union des deux membranes se fait, suivant M. Longet, par un tissu cellulaire sans analogue, qui a quelque chose de particulier, il est comme hydropisé, abreuvé
de sérosité, sans aucune trace de graisse, mais marqué de
granulations blanches, raréfié, filamenteux, continu à lui-
même. Ces filaments perpendiculaires aux deux lames membraneuses sont épars çà et là, se rangent particulièrement
en une cloison longitudinale, étendue sur la ligne médiane
et forment une séparation incomplète entre les deux côtés
de la cavité sous-arachnoïdienne du rachis (Magendie). Cette
espèce de médiastin s'étend depuis la hauteur de la troisième
ou de la quatrième vertèbre cervicale jusqu'à l'extrémité inférieure de la moelle. Au delà il n'y a plus qu'une cavité uni-

que, contenant le liquide céphalo-spinal et les nerfs de la queue de cheval engaînés par elle. Si l'on vient à rompre quelques unes de ces gaines, l'air qu'on insuffle dans la grande cavité sous-arachnoïdienne se perd et s'échappe par elles ; si elles sont intactes, l'air s'y conserve. L'insufflation a été le premier procédé employé pour démontrer l'arachnoïde viscérale (Ruysch). « Hæc membrana flatu a subjecta piâ matre innumeris in locis distincta. » On la sépare, dit cet auteur, de la pie-mère et elle se soulève inégalement en ampoules (*bullatim*) : « Vesiculas aut elevationes artificiosas a flatu per tubulum adactas repræsentat, et non solùm a flatu in conspectum prodeuntes, ortumque ducentes verùm etiam a latice aquoso interdictam membranam arachnoïdeam et piam matrem hospitante (Ruyschius). »

Le liquide céphalo-rachidien (*liquor rachidicus, fluidum cerebro-spinale*) est une sérosité normale que l'on rencontre autour des centres nerveux chez l'homme et un certain nombre d'animaux : tels les mammifères domestiques, le chien, le lapin, etc. *Tota medulla spinalis immergitur aquæ*, disait Boerhaave. Cette sérosité n'est ni un phénomène cadavérique, ni un phénomène pathologique ; M. Magendie a surtout bien étudié ce fluide, qu'il ait eu connaissance ou non des travaux qui ont précédé le sien.

On le voit distiller goutte à goutte, ou jaillir avec force par jet saccadé à plusieurs pouces de hauteur, à travers la piqûre que l'on vient à pratiquer aux enveloppes de la moelle mises à nu dans la région sous-occipitale ou lombaire, de même que cela arrive quand on crève la poche des eaux de l'amnios, soit pendant, soit après la contraction utérine. Quand on ne perce que la dure-mère et le feuillet pariétal de l'arachnoïde, son feuillet viscéral vient faire hernie, poussé par le flot du liquide.

On distingue le fluide céphalo-rachidien, pour la commodité de l'étude, en liquide cranien et en liquide spinal, ici il est disséminé en couche légère ou comme infiltré, ailleurs il est collecté en plus grande masse, et les points vers lesquels il s'accumule sont appelés confluents. Il existe à la partie supérieure comme à la partie inférieure de l'encéphale, des cloisons ou tentes, soit fibreuses, soit osseuses de l'intérieur du crâne, qui servent à le soutenir et à l'empêcher de fluer vers les parties déclives, suivant les lois de la pesanteur, ce qui occasionnerait une surcharge, des compressions dangereuses ; il s'insinue entre les circonvolutions, autour de l'origine des nerfs et vaisseaux, de la tige pituitaire ; deux petits réservoirs entourent aussi le ganglion de Gazer (Cotugno), mais ne pénètrent pas, selon M. Longet, dans l'oreille, comme le dit le même auteur. Sur les cadavres, il se réfugie en grande partie de la cavité intracrânienné dans le canal vertébral (Magendie) ; durant la vie, il distend, il remplit le tube membraneux qui le contient, mais semblable aux humeurs de l'œil, il s'évapore, et disparaît graduellement après la mort.

La quantité de ce liquide n'est pas la même aux diverses époques de la vie, différences qui ne sont pas suivies de trouble. Cette quantité est réglée proportionnellement sur le volume des organes nerveux. Terme moyen, on obtient ordinairement 162 grammes de ce liquide. Cotunni en trouvait 120 à 150 grammes sur des chiens. On a pu en recueillir jusqu'à 150 à 180 grammes, selon M. Magendie. Il est deux âges dans la vie où ce fluide est plus abondant, d'abord chez le fœtus et l'enfant, ensuite chez le vieillard, c'est à dire quand les centres nerveux sont en voie d'accroissement, ou en voie d'atrophie sénile ou morbide, comme aussi d'atrophie maladive. Il est facile de comprendre que dans le dépérissement général du corps, le cerveau maigrit et s'amoindrit comme les autres organes, mais les parois du crâne ne peuvent le suivre dans son retrait et demeurer appliquées sur lui ; il faut bien qu'il se sécrète quelque chose d'intermédiaire pour remplir, et c'est de la sérosité (Monier, thèse 1841, Malgaigne, *Anatomie chirurgicale*). Quand j'étais interne à Bicêtre, j'ai souvent été frappé de la fréquence de l'infiltration séreuse sous-arachnoïdienne chez les vieillards, dans les points même où l'on n'en trouve pas ordinairement. Les gens émaciés, épuisés par de longues maladies, les agonisants en ont plus que les autres. Une irritation locale (dans les maladies mentales, etc.), ou une gêne de la respiration ou de circulation, peuvent bien être aussi la cause de cette augmentation de la sérosité cérébrale ; les expériences ont prouvé que sa reproduction était très rapide, sa sécrétion très active, ce qui lui permet de se renouveler très promptement, toutes les fois que par une cause quelconque il a été évacué. En vingt-quatre heures, il est réformé. Citons deux observations très remarquables de M. Ollivier (d'Angers), « chez deux sujets : Une extravasion fit communiquer la superficie du corps avec la cavité rachidienne. Dans l'un et l'autre cas, il se fit un suintement séreux si abondant, que les appareils les plus épais en étaient trempés ; les malades ne tardèrent pas à périr d'épuisement. »

Ce fluide éprouve un flux et reflux remarquable. Il remonte et descend alternativement. — Sur un tube gradué on peut observer ces variations d'abaissement et d'élévation. Ce double mouvement est lié aux mouvements encéphaliques, soit à la circulation, soit à la respiration. — Le flux est, dit-on, spinal au moment de l'inspiration, et cérébral au moment de l'expiration. Ce fait est surtout évident par l'examen d'une tumeur hydrorachitique ; la poche grossit pendant l'inspiration et diminue pendant l'expiration, les efforts, les cris, etc.

La diffusion de ce liquide peut être prouvée de diverses manières : par les injections colorées, l'extension de la coloration, les épanchements sanguins, les fusées purulentes ; une autre expérience est celle-ci : la compression d'une tu-

meur hydrorachitique fait entrer en turgescence les fonta-
nelles du crâne. — De là on peut conclure que le liquide
de la surface et de l'intérieur du cerveau et de la surface de
la moelle est absolument le même selon M. Magendie. —
D'après ce dernier auteur, certaines substances (iodure de
potassium, etc.) introduites par les veines se retrouveraient
assez rapidement dans le liquide céphalo-rachidien.—Ce serait donc par cette voie humide que beaucoup de médicaments
agiraient sur l'économie, par l'intermédiaire des centres nerveux dont elle est si proche.

« Ce fluide change aussi de qualité dans les maladies, dit
M. Longet ; les altérations qu'éprouve la composition du
sang, réagissent également sur la constitution chimique du
liquide céphalo-rachidien, il devient jaune dans l'ictère et la
fièvre jaune, rougeâtre dans le scorbut, et la fièvre typhoï-
de. » Ces divers états ne sont pas particuliers à ce fluide,
toutes les sérosités du corps humain prennent ces mêmes
aspects. — On le trouve parfois plus profondément altéré ;
il est mêlé de sang, de pus, d'exsudations floconneuses ; ou
il est trop abondant, enfin ces altérations dépendent de celles
de la séreuse sous-arachnoïdienne.

Terminons cet aperçu sur le fluide céphalo-rachidien par
la narration de ses usages. — Ceux-ci sont multiples. Ainsi
ce n'est pas seulement un liquide de remplissage ; en bai-
gnant les centres nerveux, il exerce sur eux un degré de
compression vraiment utile et en harmonie avec leurs fonctions. Il réagit équilibriquement chez le fœtus, contre la pression des eaux de l'amnios, elle-même dépendante de celle
des parois utérines contractées. Il réagit contre les efforts
extérieurs, les commotions, etc. ; il maintient la bonne conformation de la tête et le bon état du cerveau.—Sa soustraction jette les animaux dans la torpeur et l'hébêtement, l'a-
gitation rend leurs mouvements faibles et irréguliers, tant
que le liquide n'est pas reproduit. Si sa pression augmente

par son accumulation plus grande, un état apoplectique, paralytique ou comateux, succède chez ces animaux jusqu'à ce qu'elle cesse. Les mêmes phénomènes sont déterminés à volonté, quand on déplace les fragments craniens, que l'on comprime un encéphalocèle ou une tumeur hydro-encéphalique ou hydro-rachitique. — Ce fluide, entourant la moelle comme les eaux de l'amnios entourent le fœtus, protège cette partie nerveuse dans les divers mouvements de la colonne vertébrale, il protège aussi les gros vaisseaux contre le poids de l'encéphale; peut-être aussi, ajoute M. Ollivier (d'Angers), donne-t-il plus de précision aux nerfs, en maintenant leurs racines dans un état d'isolement. Enfin, il agit sur les centres nerveux, non seulement par sa pression, mais par sa température et ses propriétés chimiques selon M. Magendie. Enfin, disons-le, mentionner les fonctions d'un liquide, c'est indiquer celles de la kysto-membrane qui le produit.

Maintenant que nous avons parlé de la disposition du feuillet viscéral de l'arachnoïde par rapport au cerveau et à la moelle épinière, des espaces qu'elle circonscrit entre elle et la pie-mère, du fluide qui y circule, des points de communication plus ou moins prouvés de la cavité sous-arachnoïdienne et de son fluide avec l'intérieur de l'encéphale; nous pouvons nous demander d'où ce fluide vient, qui l'a sécrété, comment il se trouve là et ce qu'est la cavité sous-arachnoïdienne?

Sera-ce une exhalation des artères du névrilemme de la surface externe de la pie-mère (Haller, Magendie, Longet)? mais alors pourquoi la sécrétion n'aurait-elle pas lieu aussi bien au dessous qu'au dessus de lui? et puis voilà une certaine contradiction : comment se fait-il qu'en tant que pie-mère, cette espèce de membrane soit plutôt fibreuse sur la moelle et sur les parties blanches de l'encéphale, précisément dans les points où le fluide est le plus abondant, tandis

qu'elle est celluleuse et plus riche en vaisseaux sur les parties grises du même organe, et là où le fluide est à peine
sensible, si ce n'est nul? — Or le tissu fibreux n'est aucunement sécréteur, et toute partie membraneuse qui est un simple support des vaisseaux, n'a pas davantage cette qualité.
La pie-mère externe ne sécrète pas nécessairement le liquide céphalo-rachidien, pas plus que la pie-mère interne
ou des plexus ne sécrète le liquide ventriculaire.

Sera-ce la surface profonde de l'arachnoïde, et faudra-t-il
s'écrier avec M. Cruveilhier, singulière anomalie! Une séreuse
qui sécrète par ses deux surfaces, et qui enflammée donne
des produits pseudo-membraneux au dessus et au dessous
d'elle! et l'on discute gravement la cause probable, et l'on fait
une loi de cette donnée! Il suit de là, dit M. Cruveilhier,
qu'indépendamment de la sérosité exhalée à la face libre ou
dans la cavité de l'arachnoïde, il existe une certaine quantité
du même fluide qui remplit les mailles du tissu cellulaire
sous-arachnoïdien, et sous ce rapport l'arachnoïde diffère
essentiellement des autres membranes séreuses, qui versent
dans leur cavité propre, et nullement dans le tissu cellulaire
sous-jacent les divers liquides qu'elles sécrètent. Pourquoi
cette différence, ajoute-t-il? Elle dérive uniquement du défaut d'adhérence de l'arachnoïde à la moelle : de là cette loi,
les membranes séreuses exhalent presque indifféremment par
leur surface interne et par leur surface externe, lorsque cette
surface interne n'est pas adhérente; la membrane arachnoïde est donc à la fois perspirable par sa surface libre et
par sa face adhérente. Et l'on bâtit ainsi une loi sur une exception.

Est-il rien de plus incroyable dans l'histoire des kysto-
membranes? Quand nulle autre séreuse n'est capable d'une
double sécrétion en dedans et en dehors d'elle, quand d'autre part il n'existe pas de fluide séreux sans enveloppe
propre qui n'en soit la source, quand on sait tout cela, on

devrait regarder de plus près, et chercher si l'anatomie n'en rend pas compte.

Or, nous ne croyons pas fausser l'analogie en disant : le fluide céphalo-rachidien est sécrété par des kystes sous-arachnoïdiens (cérébro-séreuse, et médullo-séreuse sous-arachnoïdiennes), comme le fluide ventriculaire l'est par l'encéphalo-séreuse des ventricules.

Ce que j'en ai vu suffit pour me convaincre ; qu'on examine chez le cheval, chez l'homme, et l'on affirmera comme moi que tous les vaisseaux et nerfs qui traversent à la manière d'aqueducs suspendus ces cavités sous-arachnoïdiennes, offrent leur surface externe extrêmement lisse, et paraissent revêtus par le prolongement de ces kysto-membranes, comme les ligaments inter-articulaires le sont par la synoviale correspondante, et comme les gros vaisseaux nés de la base du cœur, le sont par la séreuse péricardienne ; l'artère basilaire, les artères du canal de Willis sont séreuses extérieurememt, et cette seconde membrane vasculaire séreuse peut être disséquée, elle leur forme une tunique de plus (une quatrième membrane). On se rappelle aussi que ces mêmes vaisseaux et nerfs sont également invaginés dans leur trajet inter-arachnoïdien vers la dure-mère, mais cette fois par l'arachnoïde elle-même.—L'on remarquera aussi que dans les points où l'arachnoïde au lieu d'être adhérente, est libre, décollée de son côté périphérique, on lui trouve aussi un poli de surface entièrement dû à l'adossement des kystes sous-arachnoïdiens à cette membrane. La sécrétion séreuse sous-arachnoïdienne appartient donc à ceux-ci :

Il y a donc deux sources de sécrétion indépendantes, leur quantité est même inverse l'une de l'autre. Dans le retrait des centres nerveux chez le vieillard, ce n'est pas l'arachnoïde qui s'emplit, c'est le kyste sous-arachnoïdien, parce que c'est sa spécialité ; une lame du grand épiploon est double et

composée entièrement par le péritoine replié sur lui-même;
Si elle sécrète par ses deux surfaces, on le conçoit, puisque
ce sont deux portions du même péritoine. Aussi dans le cas
présent, le prétendu feuillet unique de l'arachnoïde est double,
mais ses deux lames séreuses appartiennent à deux séreuses
différentes. Le fluide arachnoïdien n'est pas le fluide sous-
arachnoïdien, comme l'humeur vitrée n'est pas l'humeur
cristalline. L'accolement des deux séreuses sera-t-il nié ici
parce que la dissection ne peut séparer la duplicature? Mais
le pouvez-vous davantage pour l'épiploon gastro-colique; et
cependant vous ne vous refusez pas à admettre les deux
feuillets péritonéaux intimement unis.

D'autre part, la pie-mère elle-même est lisse comme elle
l'est dans les cavités encéphaliques, tapissée qu'elle est par
l'encéphalo-séreuse multi-ventriculaire.

Toutes ces espèces de filaments ou brides qui vont de l'a-
rachnoïde à la pie-mère sont en partie des vaisseaux entourés
de gaines injectables (Boerhaave) par les kystes sous-arachnoïdiens, et leur grand nombre fait paraître leur cavité intérieure comme aréolaire; ce n'est donc pas un tissu cellulaire.

Valentin disait en 1843 (*Encyclopédie anatomique*) :
« Dans l'anatomie des parties enveloppantes des masses
nerveuses centrales, il règne encore des obscurités, car
on n'explique pas les *lamelles multiples* qu'on observe
à la région située entre les cuisses du cerveau, etc. ; » le
mystère est levé par nous. Car ces lamelles ne sont rien autre
chose que nos kysto-membranes sous-arachnoïdiennes; —leur
capacité est fort inégale, ainsi qu'on a pu le voir : là elle est
très ample et contient plus de liquide, et le nom de confluent
est donné à la collection aussi bien qu'à l'ampoule qui la
renferme; là elle se rétrécit et même semble ne plus exister;
Ce sont les points où l'on voit l'arachnoïde adhérer à la pie-
mère.

Y aurait-il autant de kystes sous-arachnoïdiens que l'on compte de confluents, ou bien communiquent-ils ensemble? D'un autre côté, communiquent-ils avec les cavités encéphaliques et le canal de la moelle épinière, et leur communication est-elle la règle ou l'exception? Ces questions sont assez délicates à résoudre.

D'abord le canal de Bichat qui fait partie de la grande cavité de l'arachnoïde, et est logé dans la couche du plexus choroïde, ne peut livrer aucun passage.

Quant à l'hiatus ou orifice du quatrième ventricule, par lequel M. Magendie fait circuler son liquide de la périphérie de la moelle vers l'intérieur du cerveau et réciproquement, on sait ce que nous en avons pensé. L'ouverture du canal de la moelle épinière est passagère et a dû probablement communiquer dans un temps. On dirait qu'il n'existe qu'une kysto-membrane sous arachnoïdienne dont une portion est cranienne et l'autre pariétale. Les insufflations et les injections de liquide peuvent être poussées de l'une à l'autre, sans qu'il y ait d'obstacles annonçant des kystes isolés, multi-loculaires.

Résumons cet article afin de nous orienter dans nos conclusions.

Je me suis attaché à démontrer que les anciens connaissaient le fluide céphalo-rachidien, la communication des cavités encéphaliques avec la cavité sous-arachnoïdienne, le flux et reflux du liquide spinal au moyen de ces communications, enfin la localisation même du fluide dans la cavité sous-arachnoïdienne. Ces points d'anatomie ont surtout été bien fixés par notre habile physiologiste M. Magendie, et l'on peut dire qu'il a redonné au fluide céphalo-rachidien et à l'ouverture cérébelleuse l'importance, déjà trop oubliée avant lui qui leur était due.

Je me suis aussi attaché à démontrer que M. Magendie, en raison de ses préventions, ne pouvait parvenir à localiser le fluide céphalo-rachidien comme nous, enfin que de tous les publicistes qui m'ont précédé, aucun n'a songé à mes kysto-membranes sous-arachnoïdiennes, bien au contraire ils ont à l'envi l'un de l'autre imaginé les faits les plus contradictoires et les moins conformes à la nature, et cependant ils indiquaient des caractères qui, certes, n'appartiennent qu'à des kysto-membranes d'inclusion. La distance de l'arachnoïde à la pie-mère; la spécialité du tissu cellulaire unitif sous-jacent, sans analogue, composé de filaments espacés et privé de graisse ; l'infiltration de ce prétendu tissu cellulaire sous séreux ; l'inexplication de *lamelles multiples ;* la présence d'un épithélium sur la face externe de la pie-mère, les étuis ou gaines des vaisseaux et nerfs sous-arachnoïdiens ; la rareté des épanchements arachnoïdiens proprement dits, et la fréquence des épanchements sous-arachnoïdiens (le sang, le pus, le liquide de l'hydropisie et de l'inflammation), de plus les adhésions, la matière couenneuse, pseudo-membraneuse, mélanique, tuberculeuse de la cavité sous-arachnoïdienne ; tout cela ne prouve-t-il pas qu'il y a autre chose que du tissu cellulaire, en un mot une kysto-membrane d'inclusion, indépendante de l'arachnoïde, un organe de dépôt et de sécrétion du liquide céphalo-rachidien. Enfin, les auteurs ont étudié exclusivement l'existence et le siège approximatif de ce liquide, l'espace ou la place qu'il occupait, au lieu de savoir quelles étaient sa véritable limite et sa véritable origine.

Il est de fait que, pour acquérir cette donnée, il fallait posséder dans son esprit le principe de relation qui existe entre le contenu et son réceptacle.

Un seul auteur a failli presque découvrir comme nous la kysto-membrane sous-arachnoïdienne ; malheureusement, cet auteur avait en tête de porter la guerre contre les séreuses. Qui ne devine que je fais allusion au chef même de cette croisade. Je lis *Traité des cavités closes :* « Il y a dans la colonne vertébrale deux *cavités* séreuses séparées par une toile qui mérite seule le titre d'arachnoïde vertébrale. Une de ces cavités séreuses se voit entre cette toile et la dure-mère, l'autre existe entre elle et la pie-mère ou la périphérie de la moelle. L'arachoïde n'existe ici qu'à titre de cloison pour séparer les deux cavités précédentes, dont les parois sont par conséquent représentées par la dure-mère pour la cavité externe, et par la pie-mère pour la cavité interne. La disposition de l'arachnoïde spinale mettrait au surplus dans un véritable embarras les partisans de la doctrine de Bichat. Il faudrait, en effet, qu'ils en admissent trois feuillets, l'un pour tapisser la dure-mère, l'autre pour tapisser la pie-mère, et le troisième qui serait libre et flottant entre les deux cavités. Comment refuser, en effet, une arachnoïde à la pie-mère rachidienne, quand on en accorde une à cette membrane dans le crâne, et quand on remarque que c'est précisément entre la pie-mère et la cloison flottante que se rencontre la sérosité rachidienne? D'un autre côté, quel motif pourrait justifier l'existence de l'arachnoïde ou d'une membrane séreuse à la surface interne de la dure-mère, si l'on accorde que la pie-mère en est dépourvue dans le canal vertébral? Là comme dans le crâne, il convient donc de reconnaître des cavités à surfaces séreuses dépourvues d'issue, et non plus des membranes séreuses. »

Que l'on nous permette de retourner cette conclusion, car ce changement est plus conforme au réel état des choses.

Voici pourquoi j'ai transcris ce passage du traité de M. Velpeau ; d'abord parce qu'il est en lui-même un échantillon de ses proclamations anti-kystologiques que je livre à l'appréciation du lecteur, ensuite parce qu'elle cache une véritable idée, la seule bonne et personnelle du livre, et contre laquelle M. Velpeau se débat lui-même en raillant les partisans de l'école de Bichat.

J'ai donc beau jeu pour admettre hardiment les kysto-membranes sous-arachnoïdiennes. La pie-mère n'est, après tout, que leur couche celluleuse. Les kystes décrits dans la pie-mère par Lieutaud, Bonnet, Wepfer, Warthon, en sont des fractions.

Ainsi : 1° *Une cérébro-séreuse sous-arachnoïdienne antérieure et inférieure,* placée sous le ventricule moyen du cerveau; étendue en une espèce de pont depuis les lobes cérébraux antérieurs, le chiasma des nerfs optiques, la tige pituitaire qu'elle engaîne également, jusque vers l'espace interpédonculaire de la protubérance annulaire, tapissant toutes ces parties. La cavité qu'elle circonscrit est considérable, parcourue par des filaments assez nombreux, elle est le réservoir principal, médian de la sérosité cranienne. — Il convient de dire qu'elle ne s'arrête pas au devant de la protubérance annulaire. Elle se prolonge au delà, fournissant des étuis séreux aux artères de la base du cerveau, et on la retrouve dans l'espace sous-arachnoïdien postérieur de M. Cruveilhier, là où l'arachnoïde passe deux hémisphères cérébelleux à l'autre, et du cervelet à la moelle épinière : point qui est le second réservoir de la sérosité cranienne, je dirai même le confluent central de ce fluide extérieur des centres nerveux; confluent assez comparable au pressoir d'Hérophile où se concentre toute la circulation veineuse périphérique et intra-cranienne. On remarque que cette portion encéphalique de la grande kysto-membrane sous-arachnoïdienne générale, semble s'irradier du premier centre (espace antérieur, espace de la base du cerveau) et envoyer des prolongements interlobaires, dans la scissure de Silvius, autour des pédoncules du cerveau, et enfin fait communiquer le premier avec le second centre, dans lesquels s'amasse la sérosité.

J'ai observé une fois, à l'hospice de la Vieillesse (hommes) une hydropisie locale, circonscrite du premier espace sous-arachnoïdien refoulant le cerveau. — Une autre fois, le contraire avait lieu, la paroi inférieure du troisième ventricule, surchargée par une collection hydropique ventriculaire, bombait du côté de la cavité sous-arachnoïdienne correspondante et l'effaçait presque entièrement.

Cette kysteuse a un feuillet appliqué à l'arachnoïde, et l'autre à la pie-mère ; elle revêt les vaisseaux qui se ramifient dans la cavité avant de pénétrer dans la pie-mère, et de là dans la masse cérébrale ; les filaments qui vont d'un feuillet à l'autre, sont ou des brides celluleuses et séreuses, ou des vaisseaux, soit ouverts, soit oblitérés. Les nerfs craniens reçoivent aussi, dans une partie de leur trajet, une enveloppe de cette kysto-membrane.

2° *La médullo-séreuse sous-arachnoïdienne*, continuation de la précédente, contracte les mêmes rapports ; elle forme un étui séreux à toute la moelle épinière, y compris la queue du cheval, de plus à tous les nerfs rachidiens, et gagne ainsi la face externe de l'arachnoïde qu'elle recouvre à son tour ; elle s'interpose et se comporte de la même façon que la précédente, elle limite un espace libre assez large, dont on se donne une bonne idée, à l'aide de l'insufflation et contient un liquide, des filaments, etc. La même constitution enfin est à observer. Nous n'insisterons pas davantage.

Appendice. Nous voulons démontrer maintenant que ces séreuses, l'arachnoïde et les kysto-membranes sous-arachnoïdiennes, sont des organes surnuméraires, ajoutés physiologiquement aux enveloppes du système nerveux, et rendre à la dure-mère sa place et son véritable rôle.

Nous commencerons par avancer que nous croyons que le vrai névrilemme des centres nerveux n'est pas la pie-mère, mais bien la dure-mère. On concevra facilement cette opinion, si l'on considère au point de vue philosophique la signification des tissus superposés et la raison de leur topographie.

Prouvons-le. Il y aurait d'abord beaucoup à dire contre les fonctions de la dure-mère instituée périoste sécréteur des os du crâne, et ensuite contre la sécrétion osseuse elle-même, comme aussi contre la sécrétion des masses nerveuses attribuées à la pie-mère. Les deux membranes dure-mère et pie-mère font partie de l'enceinte enveloppante, et représentent : la première, le névrilemme des centres nerveux, et la seconde, la doublure cellulaire de la séreuse profonde interposée. Leur rôle principal est d'être le support des nombreux vaisseaux qui vont nourrir les organes auxquels elles correspondent l'une et l'autre; et à ce titre, elles sont des membranes nourricières, à l'exemple du tissu cellulaire sous-cutané pour la peau, excepté pour celle du crâne ou du sein, qui contient des artères propres et se suffit à elle-même; elles importent donc à la nutrition de ces parties comme à la leur, puisque les vaisseaux sont communs; aussi, ne peuvent-elles être autre chose.

Nous fournissons encore ici la preuve de la confusion dans laquelle est plongée l'anatomie qui manque souvent de définitions méthodiquement et raisonnablement arrêtées. C'est là l'inconvénient des études qui ne sont pas générales et n'embrassent point tout le sujet en question; il suffit de citer les contradictions pour les réfuter. Ainsi, le tissu fibreux, nous dit-on, est ici organe enveloppant, là organe d'insertion, ailleurs organe de sécrétion osseuse, plus loin organe de sécrétion humorale (humeur de Cotugno), etc. Or, cette multiplicité des fonctions n'est-elle pas incompatible avec l'identité exacte des diverses divisions d'un même système? De là certainement, des doutes sérieux sur quelques unes de ces fonctions assignées au système fibreux; nous qui les avons, nous expliquerons donc les faits et les preuves expérimentales sur lesquelles elles sont appuyées autrement que les auteurs.

La nécrose n'est souvent pour nous que le résultat de la rupture des vaisseaux qui lient le périoste à l'os correspondant, et s'il se fait une régénération de l'os ou un cal sous le périoste, cette reproduction sera le fruit des transformations successives opérées au sein de trois milieux différents. Le médium le plus commun est l'exsudation plastique, et le sang que répandent à la fois la surface de l'os dépouillé, et la face décollée du périoste; la vascularisation, la cartila- ginification sont les degrés par lesquels passe la matière in- termédiaire qui doit s'ossifier. Un autre médium est l'adhé- rence des bourgeons ou végétations charnues de l'os et du pé- rioste; enfin l'autre médium est la lame interne du périoste qui se charge de phosphate calcaire. Tout tissu fibreux, comme chacun le sait, quelque part où il se trouve s'y mon- tre disposé. Si l'ossification s'y fait régulièrement, ce phé- nomène organique est sans doute sous la dépendance de cette force créatrice, localisante qui appelle ici les molécu- les osseuses, là les molécules nerveuses ailleurs les molécules musculaires, etc., ce qui indique probablement la spécificité ou au moins l'élection ou un privilège de matières; le périoste n'est pas seul à appeler le dépôt des molécules qui formeront l'os futur, le tissu cellulaire ambiant, les muscles même concourent également à ce travail, en l'absence du pé- rioste détruit. Ce que nous venons de dire du périoste et de la dure-mère, nous le dirons aussi de la membrane médul- laire des diaphyses. Nous regrettons de ne pouvoir ici insis- ter sur le mécanisme de la végétation et de la consolidation des os. Nous renverrons à l'intéressante thèse de M. Lam- bron (1842), sur le cal interosseux ou interfragmentaire, extra-osseux, et intramédullaire, et à la thèse M. Laugier.

D'un autre côté, le mot sécrétion osseuse est essentielle- ment vicieux; et ce qu'on observe dans la consolidation des fractures, et dans la formation d'un os nouveau au dedans ou en dehors d'un os ancien, n'a rien de semblable à ce qu'on appelle sécrétions perspiratoires et glandulaires; c'est plutôt une réorganisation. Le travail ostéogénique de l'embryon et les ossifications accidentelles de certains tissus sont des transformations pures et simples en vertu d'une force de formation dont l'être est doué depuis le moment où il est en puissance de développement.

Terminons par cette remarque de Bichat : l'union des membranes fibreuses aux organes par des vaisseaux rend leur organisation ou moyens de vie communs; que l'un meurt, l'autre ne tarde pas à périr : et c'est l'histoire du périoste. Il n'y a pas d'autre rapport entre cette membrane et l'os : communauté de vie, mais non génération de.l'os par le périoste. Le périoste est donc un simple support de vaisseaux. Si l'on retranchait tous les vaisseaux qui vont de l'organe enveloppé à la séreuse qui enveloppe, celle-ci vivrait-elle?

D'où il faut conclure, que 1° le mot sécrétion osseuse appliqué à la reconstitution des os malades ou rompus doit être rejeté ; 2° le périoste et la membrane médullaire ou diaphysaire ne forment pas plus l'os que le périchondre le cartilage ; 3° la pie-mère ne forme pas non plus la substance nerveuse ; 4° enfin la *duré-mère est, avant tout, l'enveloppe névrilemmatique des centres nerveux*, ce qui est surtout visible dans le canal rachidien où elle forme une gaîne indépendante du périoste des vertèbres.

Ce dernier fait étant bien établi, l'on comprendra que les *séreuses arachnoïdiennes et sous-arachnoïdïennes* sont des tissus surajoutés et interposés, or, c'est leur présence qui, en isolant séparément la duré-mère des centres nerveux, a fait perdre de vue aux anatomistes le rôle de cette membrane et ses rapports avec le système nerveux. — Déjà nous nous sommes assez expliqué sur l'utilité fonctionnelle des deux espèces de séreuses citées pour qu'il soit nécessaire d'y rappeler nos lecteurs. Nous ajouterons ceci :

Il est assez digne de remarque : 1° que la substance nerveuse soit renfermée dans les mêmes enveloppes au centre comme à ses extrémités périphériques, de même que le sang circule au milieu de canaux dont les parois continues présentent sur toute leur longueur la même conformité constitutionnelle ; 2° que dans les deux appareils nerveux et circulatoires, il apparaisse vers les centres seulement un organe nouveau, physiologiquement voulu, en vertu de l'importance des fonctions des viscères auxquels il s'applique : — le cerveau se meut, le cœur se meut, l'un et l'autre sont creux et contiennent des liquides, il n'est donc pas étonnant que des séreuses s'y montrent et qu'elles soient de deux ordres différents.

La comparaison que nous cherchons à établir entre la constitution de l'organe central de la circulation et celle des vaisseaux, est encore plus facile qu'entre les nerfs et les centres nerveux. A tout prendre, le cœur n'est vraiment, qu'un vaisseau double ; sa tunique celluleuse est son péricarde, tissu fibreux plus prononcé, plus spécialisé ; sa tunique musculeuse est son corps charnu, sorte d'hypertrophie musculaire, normale ou physiologique, c'est à dire innée d'après les intentions de la nature ; tissu musculaire, qui n'est pas précisément celui des muscles volontaires, mais qui en est un degré inférieur. En effet, de la fibre jaune élastique de la vie organique à la fibre rouge contractile de la vie animale, que de nuances, et le cœur est dans l'échelle de ces transitions. La substance charnue abonde et domine en donnant à ce renflement vasculaire central une configuration *sui generis* commandée par des raisons physiologiques. On connaît la formule de Winslow : le cœur se compose de deux muscles adossés, réunis par un troisième ; la tunique séreuse est son endocarde ; ainsi, pour le cœur et les vaisseaux, mêmes tissus plus ou moins modifiés et se continuant plus ou moins directement ; un seul se compte en plus dans le cœur, placé entre les tuniques fibreuse et musculaire, le péricarde séreux, création nouvelle qu'on pouvait préjuger à l'avance en raison de la mobilité de l'organe.

Voici d'ailleurs le résumé final de cet appendice.

SANG.		SUBSTANCE NERVEUSE.	
(Appareil circulatoire.)		(Appareil nerveux.)	
VAISSEAUX.	CŒUR.	NERFS.	CENTRES NERVEUX.
Tunique celluleuse. .	Péricarde (fibreux)	Névrilemme. .	Dure-mère.
. . . . . 0	Péricarde (séreux (.	. . . 0	Arachnoïde
Tunique musculaire.	Substance charnue.	. . . . 0	Kystes surarachnoï-diens.
Tunique séreuse . .	Endocarde.	. . . . ?	Pie-mère
		Nerfs.	Masse nerveuse.
		Kystes	Séreuse intraner-veuse.

Si j'ai ajouté cet appendice, c'était pour montrer en même
temps qu'en beaucoup de choses il faudrait oublier au préalable toute l'anatomie enseignée jusqu'à nous, et procéder
par vérification à de nouvelles études sur les points où l'on
croit voir la perfection.

4° De la médullo-séreuse centrale.

Le canal central de la moelle épinière (*canalis medullæ
spinalis*) est un fait établi en anatomie comparée et en embryogénie. Chez les poissons, la moelle est canaliculée et la
substance grise manque. Chez les reptiles (ophidiens) la
sérosité remplace la substance grise, chaque moitié de la
moelle est creusée d'un canal. Chez les autres, d'après Tiedmann, le canal médullaire est tapissé par une couche mince
de substance grise. Chez les oiseaux, cette même disposition se rencontre, d'après Nicolaï (1811) et Tiedmann. On
connaît le sinus rhomboïdal de Stenon. Chez les mammifères, cette conformation intérieure de la moelle paraît encore
chez les animaux adultes. Chez l'homme, dit Cruvelhier, il
est certain que jusqu'au quatrième mois de la vie intra-utérine, chaque moitié de la moelle est pourvue d'un canal
toutefois semblable à celui des poissons, mais après cette
époque, le liquide gélatiniforme qui remplissait le canal est
remplacé par la substance grise. Cependant il a vu dans un

cas ce canal persister après la naissance. Une section horizontale de la moelle fait voir la cavité. Morgagni et Gall l'avaient également observé.

Le canal creusé au milieu de l'épaisseur de la moelle est aussi le siège d'une espèce d'hydropisie ou *spina bifida* (hydrorachis) (Brunner, Otto, Portal, Meckel). Mandl dit que le canal médullaire est presque oblitéré sur le fœtus de huit mois. Il est rempli ultérieurement par la substance grise ; celle-ci apparaît au cinquième mois selon Tiedmann ; Gall, dans l'intérêt de son système, avait prétendu à tort que la substance grise précédait la substance blanche ; mais les observateurs ont depuis constaté le contraire.

En résumé, la moelle épinière est canaliculée chez les vertébrés, soit pendant toute leur vie normalement ou anormalement, soit pendant les premiers temps de l'âge fœtal.

Le canal central de la moelle épinière, tube médullaire (Baer), ventricule rachidien (Blainville), est plus large au niveau des renflements de la moelle, insufflable (Blainville), étendu depuis le quatrième ventricule jusque vers l'extrémité sacrée de l'axe médullaire. Il est transitoire. Quand on suit le développement de la moelle épinière, on voit le cordon nerveux apparaître sous forme de gouttière, à bords relevés, ouverte en arrière ; c'est là l'origine du trou borgne, du calamus scriptorius (sixième ventricule d'Arantius) et du sillon médian postérieur ; la pie-mère, accompagnée du feuillet viscéral du kyste sous-arachnoïdien le tapisse, s'y plonge, et par un cloisonnement apparent semble disposer la moelle en deux conduits latéraux. Plus tard le canal à substance blanche tend à se fermer du côté tergal en procédant de bas en haut jusqu'au calamus, en même temps que la pie-mère se retire par le même mécanisme que la pie-mère des cavités cérébrales. Une membrane et un liquide occupent alors le centre de la moelle creuse ; la substance grise complète le canal du côté du sillon médian postérieur.

Puis, plus tard, à mesure que cette substance s'accumule, elle refoule excentriquement la membrane intérieure, le liquide se résorbe enfin, la cavité diminue, et puis arrive l'agglutination et la disparition de la membrane ; ce travail d'oblitération du canal de la moelle épinière est, dit-on ascendant, cependant, chez certains animaux, le canal persiste dans son extrémité inférieure (c'est le ventricule de la moelle lombaire). C'est aussi dans ce point que se montrent certaines espèces d'hydro-rachis chez l'homme.

Les Allemands comparent la médullo-séreuse centrale à la cérébro-séreuse ventriculaire (Valentin, 1842), sans cependant savoir si toutes deux sont de nature kysteuse. Ce sont, pourtant, deux kysto-membranes d'inclusion, elles sont distinctes et nullement dépendantes de la pie-mère.

La séreuse médullaire est unique comme le canal, à moins qu'il n'y ait anormalement deux moelles. Son existence est éphémère, elle ne dépasse guère l'âge fœtal : elle n'est pas plus contestable que le canal médullaire qu'elle tapisse. Communique-t-elle avec le confluent central postérieur, et par son intermédiaire avec les séreuses sous-arachnoïdiennes et même avec la séreuse du confluent du quatrième ventricule, lesquelles sont toutes des membranes de même nature et aptes à recevoir mutuellement leurs liquides? C'est un point qu'il ne nous a pas été donné de vérifier encore.

Après cette description on se demandera sans doute comment est produite la substance grise de la moelle, par quelle membrane ? Est-ce avant ou après le retrait de la pie-mère ? Avant de déterminer ce point il faudrait savoir si les deux substances blanche et grise sont deux matières nerveuses différentes, deux productions particulières ou simplement deux colorations différentes. Nous penchons à penser qu'il existe une seule et même espèce de matière nerveuse, colorée diversement et par conséquent identiquement formée (grise dans les corps striés, blanche dans le corps calleux, jaune dans

le cervelet, noire dans le pédoncule cérébral). En un mot,
je ne pense pas avec M. Serres que la matière grise provienne
de la conversion du liquide que le canal contient ; mais avec
Tiedmann et Dumoulin, je crois qu'elle apparaît en se dépo-
sant par couches successives.

5° *Nervo-séreuses centrales.*

Et pour le dire en passant, pourquoi ne trouverions-nous
pas aussi de nouvelles membranes dans les cavités des autres parties du système nerveux ? la doctrine de la canalisation des troncs nerveux tend à s'établir sur des preuves nombreuses. L'encéphale est creux, la moelle épinière est dans le
même cas, le nerf auditif forme une cavité labyrinthique, le
nerf optique ou la rétine une cavité oculaire ; d'autres sec-
tions du système présentent chez quelques animaux également des cavités, exemple : les lobes optiques, les lobes
olfactifs. Ehrenberg et M. Leuret ont aussi parlé de tubes
nerveux creux chez les mollusques et chez les poissons : on
les soupçonne tels chez une foule d'invertébrés. Au bas de
l'échelle zoologique, chez les fœtus, dans les anomalies, on
a encore plus de chance de trouver, de vérifier la canalisation
du système nerveux. Je dois cependant faire une observation, la canalisation a paru être le plus souvent apparente et
n'être qu'une cavité névrilemmatique centrale et non une cavité nerveuse. Le nerf acoustique, disait-on, est dans ce
cas, la rétine également ; leurs fibrilles sont unies ensemble
en membrane, et de plus, des feuillets réellement membraneux dont nous avons eu à déterminer la nature et le caractère, sont encore appliqués aux parois nerveuses et forment déjà par eux-mêmes les prétendus canaux nerveux. On
connaît les objections adressées à Bogros (1813), lorsqu'il
voulut avoir découvert les canaux des nerfs chez l'homme.
On a pensé que le canal était improvisé et le résultat mécanique artificiel du procédé employé pour le démontrer.

Toutefois, là où les anatomistes reconnaîtront dûment un canal nerveux comme il y aura un liquide, il y aura aussi une kysto-membrane ou nervo-séreuse. Nous le disons par avance.

En récapitulant : il existe une cérébro-séreuse multi-ventriculaire, propre à la cavité de tous les ventricules, revêtant extérieurement les plexus choroïdes de la pie-mère, et répondant à la substance nerveuse encéphalique ; elle s'étend même dans la cavité des lobes olfactifs de certains animaux.

Cette membrane kysteuse ne doit pas être confondue avec la pie-mère, ni avec l'arachnoïde, dont elle n'est pas la continuation.

Il y a une arachnoïde choroïdienne à une certaine époque ; il résulte de là que les plexus choroïdiens sont alors compris entre deux séreuses : la séreuse ventriculaire, et la portion rentrée de l'arachnoïde. Cette arrière-cavité de l'arachnoïde s'oblitère, à moins qu'elle ne s'hydropise. Les kystes des plexus choroïdes n'ont pas d'autre origine.

L'arachnoïde ventriculaire et le canal arachnoïdien, comme l'entendait Bichat, n'existent pas. Le vrai canal arachnoïdien n'est distinct que chez l'embryon ; il ne conduit pas dans les ventricules, mais fait communiquer la grande cavité de l'arachnoïde avec le prolongement choroïdien de cette membrane ; c'est l'image de l'arrière-cavité des épiploons et de l'ouverture de Winslow, ou bien, comme le dit M. le professeur Blandin, de la tunique vaginale et de son col. Il n'est que transitoire, et se trouve au centre de la toile choroïdienne.

Les plexus choroïdes font saillie dans l'intérieur des ventricules, comme les franges synoviales dans l'intérieur des articulations. Ils sont le support purement et simplement des vaisseaux.

La pie-mère est par elle-même, absolument parlant, étrangère à la sécrétion des ventricules ; la membrane des cavités ventriculaires est indépendante et se suffit à elle-même.

La toile choroïdienne, qui paraît unique, se compose primitivement de quatre lames superposées, comme le grand épiploon, à l'extérieur de deux feuillets de pie-mère, à l'intérieur de deux feuillets d'arachnoïde.

Ainsi, trois sièges différents de kysto-membranes dans les centres nerveux : l'arachnoïde au dessous de la dure-mère ; la kysto-membrane sous-arachnoïdienne au dessous de l'arachnoïde, entre elle et la pie-mère ; la kysto-membrane ventriculaire au dessous de la pie-mère, entre elle et la masse nerveuse.

L'ouverture arachnoïdienne de M. Magendie est possible sans être nécessaire ; mais, au lieu de communiquer avec du tissu cellulaire, elle aboutit ailleurs, comme nous le dirons dans un instant.

La cérébro-séreuse du cinquième ventricule n'est aucunement douteuse. Il serait difficile de la contester.

D'après les notions que donnent les auteurs sur le liquide céphalo-rachidien et sur les dispositions anatomiques de l'arachnoïde viscérale et de la pie-mère, nous sommes conduits par notre loi à cette conclusion : une paroi kysteuse existe dans tous les espaces, cavités ou confluents sous-arachnoïdiens, d'où nos médullo et encéphalo-séreuses sous-arachnoïdiennes : l'adossement de ces membranes de même espèce rappelle celui des oculo-séreuses.

La sécrétion du liquide cérébro-spinal n'est donc fournie ni par la pie-mère, ni par l'arachnoïde ; mais bien par les kystes sous-arachnoïdiens.

Une séreuse ne sécrète pas par ses deux surfaces.

Les collections aqueuses qu'on rencontre sous les feuillets séreux sont des kystes.

Les vaisseaux et les nerfs, dans leur trajet sous-arachnoïdien, sont tapissées par la membrane des kystes sous-arachnoïdiens. Les artères basilaires et du cercle de Willis ont ainsi une quatrième tunique ; ils sont séreux à l'intérieur et à l'extérieur.

Les altérations du liquide céphalo-rachidien sont dépendantes de celles des kystes sous-arachnoïdiens; ceux-ci deviennent donc un nouveau siège de méningite, etc.

La canalisation de la moelle épinière est une disposition embryonnaire transitoire chez l'homme, et une disposition anatomique permanente chez quelques animaux, ce qui arrive aussi par une anomalie dans l'espèce humaine. Une médullo-séreuse centrale lui est propre.

Toutes les autres parties du système nerveux, qui sont creuses ou tubulées, comme on l'observe en anatomie comparée, doivent très probablement présenter à leur intérieur une kysto-membrane d'inclusion. Les lobes olfactifs, les lobes optiques, le ventricule de la moelle lombaire, les nerfs canaliculés auraient donc des parois kysteuses.

La matière pseudo-membraneuse que l'on voit parfois remplir le tissu cellulaire sous-arachnoïdien est plutôt l'indication de l'inflammation d'une séreuse, telle que nos kystes sous-arachnoïdiens.

Il n'y a qu'une espèce de matière nerveuse, seulement elle est diversement colorée.

La dure-mère est un névrilemme; à titre de périoste ou de membrane fibreuse, elle n'est pas apte à sécréter.

Les os se régénèrent et se consolident autrement que par sécrétion.

Il existe une force créatrice localisante.

Le cœur a les mêmes éléments de composition que les vaisseaux, comme les centres nerveux ont des enveloppes membraneuses semblables à celles des nerfs.

L'arachnoide et les séreuses sous-arachnoïdiennes comme le péricarde séreux sont des tissus surajoutés.

§ 4° APPAREIL DE LA GÉNÉRATION.

L'appareil génital féminin, dans la sphère sexuelle profonde et supérieure, contient des kysto-membranes d'inclusion ; nous les y avons trouvées.

A. *Dans l'ovaire.*

(Ovarico-séreuses.)

L'ovaire chez les mammifères, se compose d'une enveloppe fibro-séreuse (péritoine et capsule fibreuse), d'un parenchyme, espèce de tissu cellulaire et dartoïde (*Stroma* de Baër) , et d'un plus ou moins grand nombre de vésicules closes, éparses dans la substance de l'organe. Cette constitution vésiculeuse se rencontre permanente durant toute la période menstruelle, avant comme après la défloraison ou la conception ; qu'est-elle ?

L'historique de l'ovologie nous montre d'abord Harvey (1651), devinant l'importance ovologique de ces vésicules : tout animal provient d'un œuf, a-t-il dit, dans une admirable formule. De Graaf (1705-71), fixa surtout l'attention des anatomistes et des physiologistes, en les déclarant positivement des œufs (*ova graafiana*), et aptes à devenir des germes organisés et susceptibles de développement, sous l'influence d'un coït fécondant. Toutefois, il y avait méprise ; l'œuf de Graaf, œuf maternel, comme on l'a encore appelé, la vésicule ovarienne en un mot est une cellule purement et simplement intégrante de l'organe. Le véritable œuf des mammifères, c'est l'ovule contenu dans la vésicule de Graaf, y nageant au milieu d'un liquide propre à cette vésicule. Plagge (1823), Prévost et Dumas (1825), Baër, qui paraît l'avoir le mieux compris, Coste (1834), se disputent presque la priorité de ce fait important. Malpighi (1673), aurait, dit-on, déjà entrevu un corps flottant dans les vésicules ovariques ; mais il n'en avait pas donné la signification. L'ovule, selon Plagge et Négrier, préexiste à toute fécondation et se forme sans elle. Cette observation est évidente chez les ovipares, dans les cas de fécondations externes. On connaît également les œufs inféconds des gallinacés, les ovules de la femelle vierge des mammifères. De plus cet ovule, appelé œuf fœtal, *ovisac* (Barry, 1838), reçoit à l'intérieur de la capsule ovarienne, l'action fécondante et procréée. — Les grossesses et les cadavres ovariques des vivipares, les gestations ovariques des poissons ovo-vivipares (les blennies), témoignent, en effet, que l'ovaire est le lieu véritable de la conception, que là est le siège des évolutions génésiques commençantes ; la stérilité qui suit l'ablation de l'ovaire, en est encore une preuve expérimentale. La distinction la plus importante est donc celle-ci : l'œuf de Graaf est une partie complexe ; il se compose d'un contenant, la vésicule ovarique ; d'un contenu, un liquide (l'*embryotrophe*) et l'ovule ; la vésicule fait l'office de simple réservoir, c'est le laboratoire où se forme l'ovule, et celui-ci est l'œuf futur, le germe lui-même.

Ce court résumé historique fixe le rôle de la vésicule ovarique et sa séparation de l'ovule ; cette distinction nous importait.

Or, je dis que jusqu'ici les auteurs se sont plus préoccupés de la signification ovologique de ces parties que de leur signification histologique ; que cependant il est possible de les rapporter à un système organique connu.

Ainsi il est bien établi que chez les êtres supérieurs, où l'ovaire est entièrement centralisé, fermé au monde extérieur, séparé de sa cavité sexuelle évacuative (l'*ovicanal*) et produit au dedans de lui-même, cet organe prend une organisation vésiculaire (ovaires celluleux, creux, receptaculaires de Burdach). La dissection, de son côté, montre la capsule ovarienne de Graaf (thèca de Baer) distincte de l'ovule qu'elle loge, et constituant une membrane parfaitement close, lisse à l'intérieur, probablement avec aspect épithélial, siège d'une sécrétion perspiratoire, isolable du parenchyme ovarique, réunissant tous les attributs des poches séreuses.

Aussi je m'en empare et les réclame pour mon cadre des kysto-membranes d'inclusion ; et dans cette prétention, je ne crois pas aller contre l'ordre des choses.—En effet, quelques différences moléculaires du liquide intérieur, la spécialité du but, la présence d'une production germinative ou ovulaire, ne sont pas des circonstances capables de détruire ma manière de voir. Ne sommes-nous pas accoutumés à observer partout la nature, employant l'homologie des moyens pour arriver à un but hétérologue et réciproquement?

Et puis, voyez la muqueuse génitale, même dans les espèces où elle se continue avec l'ovaire, elle reste étrangère à la formation des vésicules, *à fortiori* des ovules, formation particulière qui s'opère entre la muqueuse simple ou ramifiée et la séreuse ou péritoine de l'organe. La muqueuse est simplement la voie de transmission et d'égestion de l'ovule, un intestinule vecteur; elle ne sécrète que les produits adventifs de l'œuf. Le rôle des parties utérines est encore mieux dessiné là où la séparation de l'ovaire et de la muqueuse sexuelle est plus complète, plus tranchée. Nous avions donc raison de dire, dans un petit passage du livre d'anatomie de M. le professeur Rigaud (1839) : l'ovaire ne remplit pas les conditions d'une glande, n'en est pas une, et sous ce rapport elle diffère profondément de l'organe masculin correspondant ou testicule; les capsules ovariennes sont de formation kysteuse. Que M. Sappey me permette de m'étonner encore de l'opinion contraire et de propager la mienne, bien qu'il dise (Concours d'agrégation à la Faculté de médecine de Paris) : « La constitution glandulaire de l'ovaire n'a rien qui doive surprendre. » — Le contenu (ovarine de M. Blainville) est un liquide séreux, plastique, une espèce d'eau organique (Burdach) : l'ovule y nage et s'en nourrit.

Le liquide et la membrane sont temporaires. En effet, quand à la suite de l'opération génésique, ou même sans elle, la déhiscence de la paroi capsulaire ou séreuse s'est effectuée pour laisser sortir l'ovule, le sac séreux s'oblitère, et la cicatricule qui en marque la seule trace se présente sous forme d'une tache jaune (*corpus luteum* de Haller); elle s'efface ultérieurement.

Le corps jaune est-il le pédotrophe ou le placenta de l'ovule, le hile de la kysto-membrane ovarique? Selon Négrier (1840), Denman, Gendrin, un ovule se détache spontanément à chaque époque menstruelle, chez les vierges même. — Son expulsion s'accompagne-t-elle de celle d'une membrane caduque, comme le pensait Chaussier pour les œufs abortifs? On ne sait. De ces circonstances, il résulte la mutiplicité des corps jaunes, ce qui prouve aussi qu'il n'y a pas que les ovules fécondés qui se séparent de l'ovaire.

Ainsi : les kysto-membranes ovariennes ne durent quelquefois que le temps d'une menstrue à l'autre ; ainsi elles se succèdent, se remplacent : les jeunes remplacent les anciennes flétries, les grosses atrophient les petites.

Que dirons-nous de leur pathologie ? Elle est à peine ébauchée. Le plus communément elles s'hydropisent, deviennent énormes, et constituent alors les kystes ou hydropisies enkystées de l'ovaire. Ces mêmes hydropisies peuvent avoir également leur origine dans un œuf infécondé. Si l'œuf est déjà descendu dans la matrice, ce sont alors des espèces de môles.

Ces ovules de la femelle prêts à s'animer répondent aux animalcules ou entozoaires du sperme du mâle et les représentent. L'Helminthologie nous enseigne de son côté combien la puissance formatrice, en se spécialisant et se localisant, donne lieu à de générations spontanées très comparables : l'hydatide, par exemple, répète la forme sphérique et l'animalité des ovules dans un autre ordre. Sous ce rapport les hydatides sont des oozoaires, et le sol natal de leur développement respectif est le néoplasme des organes où ces productions nouvelles se confinent; un œuf vit comme un animal. — Ainsi un œuf dont la ponte est récente résiste au froid, à la chaleur, à la putréfaction, dans certaines limites, comme les animaux élémentaires.

B. *Dans l'œuf.*
(Ovo-séreuses.)

Des liquides embryotrophes et des kysto-membranes d'inclusion se montrent encore autour de l'embryon et au milieu de ses enveloppes. Nous allons les indiquer et, pour en rendre compte, il me semble nécessaire de présenter succinctement la doctrine ovologique de notre époque, qui a posé avec un talent si remarquable l'important parallèle de l'ovogénie chez les ovipares et chez les vivipares. Voici ce qui existe : nous racontons d'après l'ordre de succession des choses.

L'ovule, gîté dans la vésicule ou kysto-membrane ovarienne, est un tout encore assez complexe; l'analyse anatomique aidée du microscope fait reconnaître en lui,

1° Une première membrane sphérique, résistante, diaphane, c'est le chorion (*cuticula ovi*, zône transparente des auteurs); 2° une seconde membrane qui double à l'intérieur, concentriquement à l'enveloppe choriale; c'est la membrane vitelline (vésicule ombilicale intestinale, sac vitellin); — 3° un fluide jaunâtre plus ou moins obscur, à globules plus ou moins serrés; c'est le jaune ou vitellus, en d'autres termes l'embryotrophe primitif; — 4° une couche ou amas de granulations particulières, formée aux dépens et à la surface du vitellum, apparaissant comme une tache au-dessous de la *cuticula;* c'est le blaste, la base ou la racine de l'embryon ; cette tache embryonnaire ou germinative (*area germinativa*, Wagner 1836) a reçu en totalité ou en partie bien des noms : couche ou membrane granuleuse (*stratum*), la zône (*zona*), le disque (*discus*), le tubercule (*cumulus*), la cicatricule (*cicatricula*), proligères, ou celui de ligament de la vésicule proligère (Serres) ; — 5° une vésicule proligère (*vesicula proligera*, vésicule primaire, sphère animale, vésicule blastodermique de Pander et de Wolf). Celle-ci est très petite, creuse, remplie d'un liquide clair, nichée dans une dépression (*porus*) du tubercule proligère ; elle a été découverte la première fois chez les oiseaux par Purkinje (1825), et ensuite par M. Coste, en France, et par Baer peut-être aussi, chez les mammifères et l'espèce humaine ; c'est elle qui se pénètre du sperme et donne le signal des phases de la conception, et du passage du néant à la vie.

Cet élément ovologique a donc une haute importance. M. Coste, logiquement persuadé qu'en vertu de la règle que l'animal ne diffère quant aux éléments primaires de structure, et que la vésicule de Purkinje devait probablement exister aussi chez les vivipares, l'y a recherchée et l'a trouvée avec beaucoup de bonheur ; il a aussi complété cette idée, que l'œuf des ovipares est fait sur le même plan que l'œuf des mammifères, sauf bien entendu les différences qui résultent du mode de gestation, de nutrition et de respiration. Cette vésicule est de peu de durée ; l'action fécondante la fait éclater et répandre son fluide vivifiant ; de sorte qu'elle n'est plus reconnaissable : l'accord des micrographes sur ce point d'ovologie nous est garant de l'exactitude de tous ces faits. — Nous sommes heureux de le reconnaître ici.

La réunion de la couche et de la vésicule proligères ou germinatives a été désignée sous l'appellation de membrane proligère, blastoderme (*Dœllinger*), embryogène (*Serres*) ; elle est destinée à se convertir en embryon, devenir le siège de toutes les évolutions organiques successives. En élle réside la masse ou substance organique commune, primitive (blastème ou cysto-blaste de Burdach), douée d'une force propre qui résulte du conflit génital. Son centre est plein de vie, d'actes et de matériaux plastiques; c'est le futur tissu cellulaire, l'origine des cellules, noyaux, granules, globules, fibres, membranes, etc.

Quant à l'eau de la capsule ou kysto-membrane ovarique qui baigne l'ovule, plusieurs auteurs pensent qu'elle n'est pas étrangère à l'évolution de ce même ovule; elle passe pour une substance fluide nutritive, accessoire : toutefois elle est à peine sensible chez les oiseaux. — Se transposerait-elle dans le vitellus très promptement? C'est possible.

· La fécondation est la cause des changements qui aboutissent à la formation de l'embryon. Ses premiers effets sont la virtualité de la semence séminale, la rupture de la vésicule proligère, l'épanchement de son fluide, imprégné par l'action zoospermique, sur le vitellum, la transformation du disque blastodermigère, devenu plein de vie et de plasticité, et déjà en puissance de développement des organismes futurs.

L'œuf et l'embryon vont donc croître en se séparant; ce dernier attirera en lui des organes développés hors de lui (ex. : la vésicule ombilicale), et en fera pulluler de lui-même d'autres qui lui seront propres ou communs avec l'œuf (l'amnios). On remarque dans certains cas que l'œuf a une évolution assez indépendante du germe, il croît encore alors que l'embryon est mort. On a trouvé un œuf large de deux à trois centimètres et un embryon long de deux à quatre millimètres. — C'est probablement là l'origine de certaines môles séreuses de l'ovaire, de l'oviducte, ou même de la matrice, pour le dire par anticipation.

Comment s'opère cette séparation de l'œuf et de l'embryon? comment la formation embryonnaire débute-t-elle? Voici ce qu'on observe dans l'incubation : le travail germinateur spécialise d'abord la membrane proligère, l'isole du chorion et de la membrane vitelline ou ombilicale sur laquelle elle est couchée ; premier effort : le champ des formations embryogéniques est préparé, tout y est encore homogène. — Ensuite (nous suivons ici l'exposition de M. le professeur Serres, dont nous soutenons les doctrines centripètes et épigénétiques), on aperçoit une ligne partageant, à la façon d'un méridien, symétriquement en deux le disque proligère. C'est la ligne primitive qu'on a dite organique (zoosperme, Prévost et Dumas ; moelle épinière, Wagner ; corde dorsale, Baer), et dont on a fait le pivot des formations centrifuges, ligne chimérique, représentant le vide de l'intervalle des deux sacs ou renflements germinateurs dont nous allons parler. En même temps que se trace cette ligne, les bords de la circonférence du disque se soulèvent d'abord en dehors, puis en dedans, de manière à produire deux cellules embrygènes ou sacs germinateurs (*sacculi germinativi*), droit et gauche, disposés, selon les lois de la dualité, de chaque côté de l'axe du disque (la ligne primitive), ils portent chacun une moitié égale des *éléments* des organismes du futur embryon, et non des organismes de toutes pièces comme l'annonce le système des préexistences. — Un tout unique devra résulter de leur réunion ou syngénèse. Alors que le germe est encore membraneux et vésiculeux, chacun des deux sacs se compose de trois lames juxtaposées (membranes germinales, feuillets germinateurs fondamentaux), ces trois plans fertiles, rangés dans l'ordre de leur apparition, commandé par celui de leurs métamorphoses ; nommés d'après leur siège, leur aspect, leurs rapports avec tels ou tels linéaments, tissus ou organes de l'embryon, sont comme il suit :

1° Le feuillet séreux (externe, supérieur, animal). Celui-là individualise l'embryon, le sépare de l'œuf, circonscrit son corps ; son aspect est lisse et sa situation est périphérique. Ce feuillet en se développant se prononce en deux portions, l'une excentrique, transitoire (l'amnios), l'autre centrale, interne, permanente (les organes de la vie de relations), il produit le système nerveux, les os, les muscles, le système cutané externe, et les organes sensoriaux.

2° Le feuillet moyen ou vasculaire. Il est le siège du premier sang et des premiers vaisseaux ; placé entre le précédent et le suivant, celui-ci entre en rapport avec eux en fondant le système circulatoire (pulmonaire, branchial du cou, Rathke ; omphalo-mésentérique, omphalo-iliaque ou ombilical) ; il est la condition ultérieure des formations intérieures et de la vie de l'être nouveau.

3° Le feuillet muqueux interne ou végétatif. Celui-ci est appliqué immédiatement contre l'embryotrophe primaire ou vitellus, en repos jusqu'alors ; il n'exécute qu'après les autres feuillets son mouvement. Il ferme la marche des développements ; il produit les lames et cavités viscérales, le système des muqueuses, les organes de la vie plastique. Le jaune est absorbé par eux, et sans doute transformé en matière organisable. Enfin, les différences organiques et les séparations hystologiques se prononcent postérieurement et d'autant plus qu'on se rapproche de la vie intra-utérine.

L'allantoïde : vésicule ovo-urinaire (Dutrochet), vessie externe (Flourens), qui paraît postérieurement, de la troisième à la quatrième semaine, et est la racine transitoire du système uro-génital, n'est pas positivement fixé quant aux rapports de formation avec le feuillet vasculaire ou avec le feuillet muqueux.

En résumé, voilà ce qu'enseigne l'embryogénie qui est surtout la physiologie des forces qui dominent et déterminent toutes ces métamorphoses de la nature organique. — Revenons à l'œuf proprement dit ; car c'est là que j'ai voulu conduire le lecteur pour lui expliquer mes ovo-séreuses.

L'œuf, disons-nous, sort de son berceau ovarique. — Au moment où il quitte la capsule séreuse de l'ovaire, il est tout simplement constitué par le chorion, sa membrane primaire; mais il va gagner, pendant son émigration, d'autres membranes intérieurement et extérieurement à mesure qu'il suit son cours. — En descendant dans un point inférieur du système génital (l'utérus dés vivipares), il s'adjoint bientôt une seconde membrane, la caduque; d'un autre côté, dès que l'embryon sorti de la membrane proligère s'est rendu indépendant de l'œuf et s'en isole, une nouvelle membrane s'interpose entre eux deux, et c'est l'amnios qui forme ainsi, par son feuillet pariétal, la troisième enveloppe de l'œuf. — Il reste à déterminer maintenant s'il n'y aurait pas d'autres membranes intercalées. L'étude des liquides de l'œuf nous guidera en cette recherche. Parlons d'abord de l'amnios.

1° *Amnios.* — L'amnios est le type des kysto-membranes d'inclusion, et si nous la représentons tel, c'est parce qu'elle est plus connue de tous, et en même temps la plus incontes-, table. Les eaux qu'elle contient sont abondantes; le fœtus y balotte plutôt qu'il ne glisse sur sa face interne. — Cette membrane est simple quand la grossesse est simple, double si la grossesse est gemellaire, etc. Elle se multiplie en raison directe du nombre des jumeaux. Il arrive cependant que deux embryons peuvent être renfermés dans une amnios unique. Du reste, voici la formule de ces variétés dans l'es-pèce humaine, selon ma croyance.

Première variété. 2 ovules séparés et adossés; 2 cho-rions, + 2 amnios, + 2 placentas, + 2 cordons ombilicaux.

Deuxième variété. 2 germes réunis dans un même œuf, 1 chorion, + 2 amnios, + 2 placentas, + 2 cordons ombi-licaux.

Troisième variété. 1 chorion, + 1 amnios, + 1 placenta, + 1 cordon ombilical bifurqué.

Quelle que soit d'ailleurs la variété indiquée ci-dessus, la membrane caduque se conserve toujours unique.—L'amnio-génie a beaucoup occupé la sagacité des anatomistes, les uns veulent que cette ovo-séreuse soit la portion excentrique du feuillet séreux de la membrane blastodermique dont elle tire son origine et ses progrès ; elle procéderait du hile de l'embryon, s'étendrait, et irait se clore au dessus de lui, de son côté tergal. — Dans le cas de grossesse multiple il se formerait autant de blastodermes et par conséquent autant de feuillets séreux. — Henle pense que l'amnios est déjà pré-existante dans l'ovaire. — M. Serres (1839) conçoit autrement la formation de l'amnios, et par sa manière de voir il peut expliquer certaines anomalies. Pour lui l'amnios est une vésicule close, complète, primitivement indépendante et distincte de l'embryon et nullement subordonnée à lui. L'arrêt de formation porte tantôt sur l'embryon, tantôt sur la vésicule, c'est ainsi que l'amnios et l'embryon en présence l'un de l'autre dans la cavité du chorion se rencontrent à des degrés très divers de pénétration. On a vu, en effet, l'embryon s'enfoncer dans son sac séreux peu, beaucoup ou pas du tout. Dans la théorie précédente, la séreuse amniotique est dite se continuer par degrés insensibles avec la peau du fœtus ; dans celle-ci elle passe sur l'embryon qui est en dehors d'elle, comme le cœur, les poumons, etc., sont dehors de leurs séreuses respectives, comme l'ovule lui-même est dehors de la membrane caduque (M. Moreau), tout en s'y enfonçant et s'en entourant, excepté du côté de leur pédicule nourricier, qui les y suspend, c'est le même mécanisme d'enveloppement. — MM. Breschet, Oken, Jacquart, sont de ce dernier avis. Mais que devient le feuillet de l'amnios réfléchi sur le fœtus, le couvrant tout entier, bouchant les futures ouvertures naturelles de son corps ? Est-ce lui qui devient la peau ? C'est ce que personne ne saurait dire, quant à la première opinion elle n'a rien d'étrange, car l'anatomie comparée nous montre positivement des exemples de ces continuités graduées entre séreuses et la peau, entre séreuses et les muqueuses, et semble indiquer que le tissu séreux et le tissu dermeux, cutané ou muqueux, ne diffèrent pas aussi profondément qu'on semble le croire. L'élément cellulaire arrangé d'une façon spéciale entre principalement dans leur structure respective. Comme nous l'avons dit, les membranes muqueuses profondes sont quasi-séreuses : telle la bronchique ; quand elle se réduit à n'être plus qu'une surface d'absorption ou d'exhalation, elle est bien près d'être séreuse ; la muqueuse utérine continue au péritoine qui me paraît encore mixte, moitié muqueuse, moitié séreuse, et sa principale fonction est d'être une surface de greffe, l'ovule s'y implante par le placenta, comme il le fait sur le péritoine dans les cas de grossesse abdominale, le tissu séreux étant seul apte à ces greffes animales ; les vraies muqueuses s'y refusent, l'insertion même du placenta dans le vagin est est un fait douteux.

Enfin l'amnios est séreuse par son tissu et par son fluide, celui-ci persiste plus longtemps que celui des autres enveloppes fœtales dont nous allons parler, il ne se perd qu'au moment de l'acouchement.

2° *Ovo-séreuse sous-amniotique.*

Jusqu'au quatrième mois environ l'amnios est séparée du chorion par un espace d'autant plus grand qu'on remonte vers les premières semaines ; cet espace où se rencontrait la vésicule ombilicale et l'allantoïde, est rempli par un liquide limpide qu'on nomme les fausses eaux de l'amnios. Ruysch est le premier qui ait signalé ce liquide : « Inter chorion et amnion quæ membranæ inter se etiam sunt concretissimæ invenit Ruyschius collegi posse medium liquorem qui unam distinguebat ab altera. » Osiander le surnomme embryotrophe. Cette disposition est constante et nullement insolite selon Hunter (1794) ; elle n'est que temporaire ; elle est une condition normale dans l'arrangement des membranes de l'œuf d'après M. Velpeau (1835) ; cet auteur l'a toujours observée dans des jeunes œufs bien conservés. Ce liquide diminue à mesure que l'amnios s'emplit elle-même des vraies eaux, et bientôt le feuillet pariétal de l'amnios et le chorion primitivement séparés se rapprochent, arrivent au point de contact, et finissent par adhérer ensemble. L'espace mentionné disparaît et en même temps la membrane qui, selon nous, en constituait les parois ; dans certains cas il persiste, la poche a pu se vider brusquement quelques jours avant l'accouchement et donner à penser à l'évacuation des véritables eaux de l'amnios (Dugès). — Mais d'où proviennent donc ces eaux de l'espace sous-amniotique? Ce n'est pas une extravasion du liquide de la membrane amnios à la suite d'une perforation, car l'observation a démontré que la cavité sous-amniotique n'était pas accidentelle. Ce n'est pas non plus le fluide de l'allantoïde, car il persiste bien après que la vésicule allantoïdienne s'est atrophiée, et entièrement oblitérée, d'ailleurs on ne lui a trouvé aucun des caractères de l'urine chimiquement parlant. Nous ne croyons pas davantage que ce fluide soit sécrété par l'utérus et transsudé par imbibition ou endosmose à travers les membranes fœtales, car pourquoi la transsudation s'arrêterait-elle en ce point, et ne continuerait-elle pas tout le temps de la grossesse. J'imagine au contraire que ce fluide est formé à cette place comme les eaux de l'amnios à la leur. J'espère aussi que personne ne supposera que le même fluide soit exhalé par la face externe de l'amnios. On sait ce que nous avons pensé sur l'exhalation par la double face des séreuses à l'article arachnoïde. — Aussi suis-je persuadé, bien que je n'aie pu encore vérifier ma prévision à ce sujet, de tomber juste en faisant ici l'application de ma loi de la localisation des fluides séreux au sein de kysto-membranes d'inclusion qui les préparent et les exhalent. Je me sens donc autorisé à indiquer une kysteuse sous-amniotique normale. Je lis à l'instant dans Bischoff une description bien vague, mais qui se rapporte de très loin à mon ovo-séreuse sous-amniotique. Cet auteur décrit une membrane moyenne de l'œuf dont, du reste, il ne caractérise ni la structure, ni la fonction (*membrana media*), et il la dit propre à cet espace intermédiaire au chorion et à l'amnios. Voilà donc une célébrité allemande qui, bien indirectement, vient donner l'appui de son nom à une des applications de ma doctrine kystologique. Je me demande maintenant si une portion de cette ovo-séreuse sous-amniotique n'irait pas constituer le péritoine en restant appliquée à la vésicule ombilicale et en rentrant avec elle dans l'intérieur de l'abdomen.

3° *Ovo-séreuse de la membrane caduque.*

(Membrane nidulante, nidamentum ovi.)

Serai-je aussi fondé à donner une kysto-membrane d'inclusion au liquide de cette membrane? Je ne sais *de visu*, mais au moins ma supposition tant de fois vérifiée ailleurs, pourrait bien être encore ici la réalité. La membrane caduque (*membrana decidua*) est, dit-on, de nature pseudo-membraneuse, sacciforme, de durée passagère et d'origine contemporaine du commencement de la conception ; elle est due à l'exsudation de la muco-séreuse utérine, elle préexiste à la descente de l'ovule qu'elle reçoit en se laissant décoller et déprimer par lui de manière à lui former un nid par sa face extérieure. Cette portion appliquée à l'ovule a été appelée caduque réfléchie. Ce point d'anatomie ovologique a surtout bien été exposé en France (1814); par M. le professeur Moreau, qui avec beaucoup de justesse a comparé le mécanisme de l'enveloppement de l'œuf, par la membrane caduque, à celui de l'enveloppement de la plupart des viscères, par les séreuses qui leur sont annexées. Les anatomistes de tous les pays ont adopté et répété, dans leurs ouvrages, l'opinion de l'habile accoucheur français. Un liquide remplit la cavité de la caduque (hydropérione de M. Breschet, 1833). Les villosités branchiales du chorion y baignent (M. Serres). Le liquide est albumineux; espèce de lymphe coagulable, visqueuse, rosée, formée avant l'arrivée de l'œuf, et disparaissant avec la cavité où il réside vers le quatrième mois. Vu toutes ces dispositions, qu'y aurait-il de surprenant à penser que la pseudo-membrane caduque renfermât une séreuse, ou même se soit changée elle-même en séreuse pour un temps limité par les lois de la nature? Je dis plus, l'hydropisie de cette ovo-séreuse des eaux de la caduque a été confondue avec certaines espèces d'hydrométrie, avec des hydatides, des faux germes, des môles de l'utérus.

§ *Appendice.*

Les Allemands admettent encore une deuxième membrane caduque au point de décollement de la première. Celle-ci deviendrait-elle la membrane utéro-placentaire?

Si nous examinons un œuf d'ovipare, nous voyons à l'intérieur de la coquille calcaire une réunion de membranes dont on n'a pas indiqué le classement dans l'échelle histologique. Y aurait-il une ovo-séreuse du blanc, à feuillet pariétal appliquée à la membrane fibreuse qui revêt la face interne de la coque, et à feuillet appliqué à la membrane du jaune, qui elle-même semble présenter tous les caractères des kysto-membranes d'inclusion?

Quant à la vésicule ombilicale, et à la vésicule allantoïde, les connexions organo-génétiques de la première avec l'intestin, de la deuxième avec la vessie, et leur structure anatomique, prouvent que ce sont des organes transitoires de constitution muqueuse. Nous ne dirons rien de la vésicule érythroïde de Pokels qui est généralement rejetée.

Dans les organes génitaux mâles, si l'on examine la face interne de la tunique albuginée et la surface externe des vaisseaux séminifères à l'état normal, on remarque encore quelque chose de séreux. Les kystes des testicules n'ont-ils pas le plus souvent leur siège en ce point?

Après cet essai de détermination des éléments ovologiques dont l'anatomie générale était fort confuse jusqu'alors nous revenons à leur pathologie. Tout œuf animal, à part le degré de faiblesse ou de résistance de ses membranes, les hydropisies de celles-ci, les altérations de leurs liquides, leurs adhérences (telles que celle de l'amnios à la peau), sa coloration jaune ictérique ou safranée (kirrhonose de Lobstein) donne encore lieu à certaines détériorations appelées môles. J'excepte encore les kystes du placenta, du cordon ombilical, pour ne parler que des vésicules kysteuses plus ou moins volumineuses, oviformes que madame Boivin a distinguées en trois catégories : 1° La môle embryonnée, facilement reconnue à certains débris de fœtus, produit détérioré d'une conception réelle, elle est légitime ; 2° la môle creuse qui peut être la précédente, avec cette différence que de très bonne heure l'embryon est détruit, mort, et a disparu par dissolution ; ou bien c'est une amnios rendue sans embryon, ou un kyste purement et simplement, ou la membrane caduque, et même plutôt son ovo-séreuse ; 3° la môle hydatique ; la grappe des hydatides la caractérise, elle co-existe quelquefois avec un embryon, le gêne dans son développement, l'empêche même de vivre, ou au contraire le laisse à l'aise de se former. On a constaté même des môles chez des femmes sages, ou qui ont passé l'âge de la fécondité. Était-ce dans ces cas des germes avortés ? c'est douteux ; ce sont plutôt des ovules hydropisés. Les oiseaux, comme on le sait, rendent aussi de faux germes (clairs, incomplets, non fécondés). Ordinairement des monstruosités accompagnent ces déviations de l'ordre naturel dans le développement des ovules qui paraissent être l'origine du plus grand nombre des môles vésiculaires.

En résumé, l'ovaire n'est point une glande.

Les vésicules ovariennes sont des séreuses ou kysto-membranes d'inclusion spéciales, transitoires, formant la chambre de l'ovule, c'est à dire le véritable œuf, lequel y reçoit, chez les vivipares, l'impulsion de la vie de l'espèce : ce sont nos ovarico-séreuses. Ces véritables sacs à œufs sont développés en dehors de toute muqueuse, que celle-ci se continue ou non avec l'organe qui en est le réceptacle commun. — En conséquence, l'importance que mettaient les anciens auteurs à rechercher, dans leur préoccupation de leur théorie de la génération, un canal central à l'intérieur du ligament utéro-ovarique qui relie l'ovaire à la matrice, me paraît singulièrement diminuée.

Le liquide de la kysto-membrane est à la fois nutritif ou plastique, un moyen de remplissage, de détachement ou d'égestion de l'ovule.

C'est là le type des générations spontanées, à la façon des hydatides emboîtées et engendrées les unes dans les autres, et cohabitant quelquefois ensemble dans certains cas pathologiques ; comme aussi on observe deux ovules conjointement réunis dans la même cavité. C'est un système de greffe de cellules ou vésicules les unes sur les autres.

L'ovule lui-même, qu'est-il histologiquement parlant? Peut-on le supposer kysteux? Il n'est encore aucune décision à cet égard.

Il y a trois liquides ou embryotrophes, il y aura trois ovo-séreuses correspondantes.

L'ovogénie est de date récente, ses progrès sont déjà très grands ; la comparaison de l'œuf des mammifères et de l'homme avec celui des ovipares est presque achevée.

L'amnios est étrangère au développement des autres séreuses, ou elle dérive du feuillet séreux du blastoderme, ou bien elle est une vésicule close, dans laquelle plonge l'embryon ; je n'ai pas les éléments de jugement pour décider entre ces deux opinions. L'ovo-séreuse amniotique se multiplie comme les germes eux-mêmes ; le plus souvent son liquide dure toute la grossesse et aidera l'accouchement.

La muqueuse des trompes et de l'utérus des mammifères est une membrane mixte, et doit faire partie de ce tissu que M. Blainville appelle séro-muqueux, pour indiquer qu'il tient des deux tissus, sans être l'un plutôt que l'autre. Cette membrane séro-muqueuse est justifiée sous le rapport pathologique; son état séreux en particulier est le *sine quâ non* de la greffe ovulaire. L'ovule se développerait-il dans une autre muqueuse? j'en doute, mais il semble le pouvoir dans une autre séreuse, telle que le péritoine.

L'ovo-séreuse sous-amniotique, enfermant et sécrétant les fausses eaux de l'amnios, dure trois mois, et passe.

Une ovo-séreuse de la caduque, circonscrivant et recélant les eaux de la caduque, a une durée à peu près égale.

Les môles sont fréquemment embryonées.

Les ovarico et les ovo-séreuses sont susceptibles de maladies, comme toutes les autres séreuses et les autres tissus du fœtus; leurs affections font souvent périr les germes, les embryons ou les fœtus, suivant l'époque où elles se manifestent, et l'on a des avortements ovulaire, embryonnaire et fœtal, dépendant de cette cause.

L'œuf des ovipares, comme l'œuf des vivipares, contient des kysto-membranes d'inclusion.

§ 5° APPAREIL DE LA DENTITION.

(Odonto-séreuses.)

Je fais volontiers remonter à Bonn (1763) la plupart des principales vues modernes sur l'odontogénie des vertébrés. Telle est, en effet, la fécondité d'un bon principe que l'homme qui le possède est poussé sans cesse à la découverte réelle de faits nouveaux. Il n'a pas besoin d'inventer, il trouve. Bonn publie dans sa thèse inaugurale le principe de la continuité des membranes, et il est de suite con-

duit à signaler le *gubernaculum dentis* (M. Serres, 1817),
l'*iter et le ductus dentis* (M. Delabarre, 1818), déjà entrevu
par Fallope (*cauda dentis*) et par Ungebaur; le prolongement de la muqueuse buccale dans l'alvéole pour y former
ce qu'on appelle le sac, le follicule, la capsule, la matrice
dentaire; l'indépendance de la formation du système dentaire de celle des os maxillaires et incisifs; la nutrition du
germe ou bulbe dentaire, par les vaisseaux de la fibro et
séro-muqueuse des alvéoles; le phanère muqueux qui sécrète la dent, comme dans les autres loges de la peau il sécrète les ongles, les cornes, les plumes, les écailles, qui sont
au rang des produits épidermiques; toutes choses, que nous
ont apprises en termes plus précis et mieux formulés, les
écrivains postérieurs à Bonn, tels que les Cuvier, les Geoffroy St-Hilaire, Blanville, Serres, Carus. — Sans doute,
quelques auteurs célèbres, Fallope, Eustachi, Albinus, s'é-
taient déjà exprimés sur quelques dispositions du follicule
dentaire. Ils avaient vu les canaux osseux des os maxillaires
dans les points où le follicule adhère à lamuqueuse gingivale;
mais ils n'avaient pas remarqué que le pédicule de cette adhérence était creux, qu'il était le goulot de la cavité folliculaire de la muqueuse qui communique par lui au dehors. Bonn
a jeté vraiment la lumière sur les principales questions
d'odontogénie. Voici le passage qui lui assure l'honneur de
la priorité; on a feint de l'oublier. — Nous le reproduisons
parce qu'autant qu'il est en notre pouvoir, nous tenons à la
vérité historique; nous le reproduisons parce qu'il est important, et qu'il sort de la thèse d'un jeune homme et qu'on
est assez disposé à ne pas ébruiter l'œuvre consciencieuse
et remarquable d'un débutant.

« Nuperrime hic aliquid inveni : Contemplando limbum
dentium alveolos integentem in utraque infantes recens nati
maxilla, quæ jam per aliquot dies liquori spirituoso conditæ
fuerant, *limbum illum innumeris parvis foraminulis per-*

tusum esse vidi, horum alia vix, alia facile pilum, vel tenuem setam admittebant; penetrabant hæc aliquousque, secando tamen non pótui, contractis jam spiritu partibus.

Toto limbo dissecto, mox sub illo apparebant alveoli dentium. In quoque autem alveolo folliculus membranaceus, superius firmiter cum cute cohærens, intra alveolos laxius per vascula periostei, ossi adhærebat; aperto folliculo intus erat dens futurus in fundo proeminens, reliqua interna folliculi superficie lævissima ut vera membrana.

« *Exemi tale folliculum integrum ex suo alveolo cum intus contento dente qui nullo modo cum reliquo osse maxillæ communicabat*, aperui et prudenter inversi sicque plures. In iis qui lentius erumpunt dentes, uti molares testulæ molles erant, membranaceæ, continuatæ cum reliquâ interna superficie folliculi ; in incisoribus et caninis testæ erant duriores; flexiles tamen instar unguium ejusdem infantis, similiter parte sua inferiore extenuata quisque cum ipso folliculo continuabatur. Uti talem testulam tenaculis præhendebam, soluta cohæsione radicis cum ipso folliculo, *testulam protrahebam excavatam, sicque separabam a subjecta pulposa substantia, molli, habitu cutis fere sub ungue, quæ totam excavatam testam repleverat, transversim hac pulpa dissecta cutem satis æmulabatur.*

« *An ergo membranula hæc folliculum constituens cutis oris propago est, per foraminula limbi producta ? An testula quæ dein crusta vitrea vocatur continuatio ejus epidermidis et naturæ unguium quodam modo sed magis induratæ.* » Bonn a donc bien vu.

La discussion que j'appelle sur les odonto-séreuses, exige au préalable des explications touchant l'odontographie. Les voici : Le système dentaire appartient aux membranes tégumentaires internes ou muqueuses (*splanchnodents* de Carus). Le siège d'élection qu'il affecte généralement en raison de ses fonctions, est à l'entrée des voies digestives. Il est très répandu dans la série animale. La formule dentaire, c'est à dire l'expression algébrique du nombre et répartition des dents selon leurs différentes sortes (*Dictionnaire d'Histoire naturelle*, d'Orbigny), varie d'une espèce à l'autre ; elle est, d'après M. de Blainville, la suivante dans l'espèce humaine. La série étant de 32 dents. Distribuée d'une manière semblable et égale à chaque mâchoire supérieure et inférieure, composée, par conséquent pour chaque maxillaire de 16 : 2 incisives, 2 canines, 5 molaires, dont les 2 premières sont les petites ou avant-molaires ; la 3e est la principale, ainsi surnommée parce que cette première grosse molaire apparaît à cinq ans, avant la chute des dents de lait, et persiste durant la 2e dentition. Dont les 2 autres sont les 2 arrière-grosses molaires : disposition qui s'exprime ainsi :

$$32 = \frac{2^{i.}}{2} + \frac{1^{c.}}{1} + \frac{5^{m}}{5} \left(\frac{2^{av.m.}}{2} \quad \frac{1^{pr.}}{1} \quad \frac{2^{ar.m.}}{2} \right.$$

La signification des dents a été parfaitement comprise ; leurs rapports avec l'organisation, l'alimentation, et l'instinct de l'animal qui les porte, ont été également bien sentis ; l'application de leur connaissance à la classification zoologique, d'après l'emploi méthodique du système linnéen est devenue très heureuse entre les mains des naturalistes ; de même aussi à la détermination des espèces fossiles, à la géologie et à la phrénologie (G. Cuvier, *Anatomie comparée*. — F. Cuvier, *Dents de mammifères considerées comme caractères zoologiques*. — Voisin, *L'homme animal*.) La recherche de leurs anomalies, de leur contexture chez les animaux inférieurs et supérieurs, leur microscopie, exercent encore le zèle incessant des observateurs. Leur développement a fixé particulièrement l'attention et a donné lieu à des interprétations bien différentes ; il conviendrait également de créer les formules suivantes, pour indiquer la composition des substances constituantes et principales de la dent des mammifères, laquelle varie beaucoup.

Dents = ivoire.

   = ivoire + cément (ex. : molaires de cachalots).

   = ivoire + émail.

   = ivoire + émail + cément.

Arrêtons-nous là surtout, l'histoire de cette constitution dentaire nous intéresse à notre point de vue. Deux opinions ont cours.

La première (Blainville, G. Saint-Hilaire, Cuvier, Blandin), considère les dents comme des produits solidifiés des phanères muqueux de l'intérieur de la bouche, qn'on voit renfermés dans un vide correspondant des os maxillaires et incisifs chez les vertébrés supérieurs. Elles se composent de deux parties essentielles, d'un organe sécréteur et vivant, et d'une matière sécrétée ou minéralisée. Cette dernière elle-même se compose de deux ou trois substances : l'ivoire, l'émail et le cément (le cortical, l'ivoire extérieur). La diversité de ces substances, leur ordre d'apparition, leur siège relatif, indiquent la multiplicité des sources dont elles dérivent. Desmoulins, Bertin, Em. Rousseau, ont voulu faire admettre une espèce de cément intérieur, une quatrième substance, appelée poudingoïde; mais l'on croit que cette matière n'est que de l'ivoire altéré. C'est précisément le moment où il s'agit de savoir s'il y a lieu d'admettre une odonto-séreuse spéciale ou kysto-membrane d'inclusion, dans la constitution de follicule dentaire. Chaquél alvéole est tapissée d'un périoste (capsule fibreuse du follicule), la muqueuse buccale s'y enfonce, tapisse le périoste de l'alvéole comme la membrane pituitaire tapisse le périoste des anfractuosités nasales et, comme elle, elle peut être rangée dans la classe des membranes fibro-muqueuses de Bichat : sa dépression ou prolongement intestinulaire, est rempli d'un liquide (Meisner). Elle

représente assez l'image d'un godet, renflée qu'elle est
dans son fond du centre duquel s'élève une pulpe ou papille
pédiculée (phanère, bulbe, matrice dentaire), et rétrécie à
son goulot ouvert dans la bouche (foramen, iter et gubernaculum dentis). Cette rentrée tégumentaire dans l'alvéole
est le vrai follicule dentaire (bulbe extérieur de F. Cuvier),
ses parois sont lisses et ont l'aspect séreux, aussi peut-on
l'accepter comme étant une séro-muqueuse selon l'expression
de M. Blainville.—Hérissant (1774) la croit glanduleuse. Dans
cette théorie, le phanère donne l'ivoire par cornets successifs,
et emboîtés les uns dans les autres jusqu'à formation complète
des racines, fin de l'éburnification. Pendant que les couches
superficielles de la couronne se déposent, un autre produit
de sécrétion issu des glandes d'Hérissant, vient encroûter extérieurement leur surface, et le liquide primitif du follicule se
résorbe en même temps. Ce dépôt de l'émail se fait selon
Hunter, à l'instar de celui des sels de l'urine sur les corps
étrangers introduits dans la vessie ; ou bien à l'instar des
otolithes ; il s'arrête quand la dent comble l'alvéole et s'élève
au dessus de son niveau.

Une autre théorie, si j'ai bien compris, car les termes
dont les auteurs se sont servis sont assez ambigus, désignant
plutôt les membranes par leur superposition (interne, externe), que par leur nature propre, admet une composition
du follicule plus complexe. A l'intérieur de l'intestinule dentaire de la muqueuse buccale se place un organe de plus
(la membrane caduque de Blacke d'Edimbourg (1780), la
membrane émaillante de Cuvier, *l'organon vel membrana
adamantinæ* de Purkinje). Les auteurs semblent la différentier de la muqueuse. Cette membrane mince, luisante
forme, selon eux, un sac sans ouverture, d'apparence séreuse, à feuillet pariétal et à feuillet réfléchi, ou bulbaire,
recouvrant le phanère ou organe producteur qui la soulève
et s'en coiffe comme d'un capuchon ; elle contient le fluide

22

dentaire aux dépens duquel serait formé , au dire des cris-
tallographes, l'émail des dents; l'ivoire serait sécrété au
dessous de cette membrane, par le phanère , tandis que l'é-
mail se déposerait au dessus d'elle. Cette portion membraneuse intermédiaire aux deux substances dentaires disparaît
ensuite, et laisse à sa place sur la dent mure , ou même sur
la dent fossile une ligne grisâtre dont la conservation atteste
cette disjonction primaire (Cuvier). Ce feuillet, serré qu'il a
été entre deux corps solides tendant à se souder ensemble, a
changé nécessairement de nature.

La notion du passage d'un feuillet séreux sécrétant l'é-
mail sur le bulbe sécrétant l'ivoire, a donné à penser à
M. Blandin qu'une disposition semblable existait par rapport à la synoviale, au cartilage diarthrodial et à l'os; le cartilage représentait l'émail , la synoviale souschondrale le
feuillet bulbaire de l'odonto-séreuse , et l'os était le support
de la membrane. Nous avons déjà réfuté cette manière de
voir : d'abord, parce que l'odonto-séreuse n'est pas encore
bien déterminée, comme nous le dirons plus loin ; et puis la
synoviale souschondrale visible seulement, dit-on , dans l'é-
tat pathologique, est un autre tissu , une sorte de pseudo-
muqueuse, et non une synoviale.

Cette odonto-séreuse est toujours unique pour un même
follicule dentaire , tandis que le germe peut être multiple
dans le même follicule, ex. : celui des dents molaires. On ne
peut pas, en effet, comprendre la formation de plusieurs
racines sans l'existence préalable de plusieurs papilles réunies par leurs corps, et séparés par leurs pédicules. Disposition qui rappelle les pieds multiples de certains polypes des
membranes muqueuses. Il est difficile d'expliquer autrement l'unité de la couronne , et la pluralité des racines. L'o-
donto-séreuse préexiste nécessairement à la sécrétion de l'é-
mail comme tout le reste du follicule préexiste à son produit
particulier. Le collet de la dent future commence précisé-

ment au niveau de sa réflexion sur le bulbe. A la naissance, elle existe dans les follicules des deux dentitions qui sont déjà arrivés à leur nombre complet, nourris qu'ils sont par leurs deux artères dentaires de la première et de la deuxième dentition, et animés par leurs deux nerfs de la cinquième paire (Serres). Les sécrétions de l'émail et de l'ivoire se font presque en même temps. Enfin, le cément, dans cette théorie, proviendrait de la muqueuse sous-jacente. L'odonto-séreuse postérieure en formation au follicule muqueux a une durée plus courte encore, elle est caduque. Son temps est limité à celui du dépôt émaillant, lequel ne va pas au delà de la couronne de la dent; elle s'organise sans doute aux dépens du plasma versé primitivement par la muqueuse dentaire, et devient à son tour un organe de sécrétion. Elle a un aspect épithélial à cylindres. Son sac sans ouverture ferme l'iter et le foramen dentaires. Elle est la troisième membrane superposée du follicule la plus interne de toutes. C'est le périoste qui enveloppe toute la vésicule placée sous la gencive provisoire, ou cartilage dentaire d'Hérissant. L'émail est d'abord mou, facile à couper, et adhère peu à l'ivoire dans le principe. La partie du liquide intérieur qui reste fluide fait presque l'office des eaux de l'amnios, et prépare l'accouchement de la dent.

Telle est la description de l'odonto-séreuse des auteurs. Existe-t-elle réellement? D'abord il y a quelque chose d'étrange, quelque chose qui étonne dans cette supposition de la superposition de deux membranes, l'une muqueuse et l'autre séreuse; un seul exemple existe cependant en sa faveur. C'est l'application de la membrane caduque et de son ovoséreuse, ou celle de l'œuf sur la muqueuse utérine. Ensuite il y a positivement chez quelques animaux trois substances dentaires qui annoncent trois organes sécréteurs; Tenon les connaissait déjà bien. La muqueuse bulbaire (membrane préformative des Allemands) donne l'ivoire, la membrane émaillante l'émail, et la séro-muqueuse avec ses cryptes le cément. Cette dernière substance est une espèce de tartre interne. M. Serres a décrit aussi des glandules tartrigènes (tartre externe). On conçoit que lorsqu'il n'y a qu'un seul ou les deux ou les trois produits, il doit s'introduire dans la composition du follicule des modifications de structure en rapport avec la composition de la dent elle-même, le corps sécrété. Plus d'une obscurité règne encore sur le champ de l'odontogénie. MM. Flourens et Nasmyth sont venus ensuite publier une observation assez singulière; c'est que les dents naissent coiffées; leur couronne tout entière est enveloppée d'une capsule membraneuse, ce serait sans doute pour eux le feuillet pariétal de l'odonto-séreuse. L'acide hydrochlorique, disent-ils, la met en évidence sur les dents nouvellement formées. Je ne sais si le fait est exact, mais il y a lieu d'en être surpris.

Passons à l'autre opinion (les anciens, Bichat, et les micrographes modernes). Telle est toujours la versatilité des opinions humaines, que le règne de l'une est bientôt remplacé par celui de sa rivale en attendant que la première reçoive sa restauration. L'histoire odontologique en est un exemple; ainsi pendant longtemps l'on a rangé les dents parmi les os, et les connexions de ces corps avec les mâchoires ont été considérées comme des articulations d'un type particulier que les Grecs ont surnommées gomphoses. Ce n'est guère qu'au commencement de ce siècle que la signification de dents, leur nature, leur mode de développement, leurs rapports avec le tégument et ses autres produits phanériques, mieux compris, ont permis aux médecins naturalistes français de ranger au nombre des sécrétions dermatosquelettiques toutes les dents, quel que soit le siège affecté par elles dans la série animale (palais, pharynx, etc.). Cette voie d'anatomie si remarquable, déjà entrevue par Bunon dès 1743, puisqu'il les comparait aux coquilles, a beaucoup de partisans. L'excellente thèse de mon honorable maître M. Blandin (concours du professorat, 1836), nous montre qu'elle avait pénétré à pleines voiles dans notre école de médecine. On peut y voir un bon résumé des faits anatomiques, physiologiques et pathologiques, qui établissent que les dents sont des produits de sécrétion et non des os.

Néanmoins une réaction s'est manifestée contre ces idées nouvelles, elle s'opère sous l'influence des études microscopiques, et le retour vers l'opinion ancienne est prêché. La dent est une ossification ; voici ce que deviennent les parties membraneuses ou molles du follicule dentaire, d'après les partisans de cette doctrine : le cément ou cortical osseux de Ténon (crusta petrosa de Blake) est l'ossification du follicule (périoste et muqueuse, Mandl), l'ivoire (substance osseuse, principale de Duvernoy, tubulaire de Leuwenhoeck, Muller, Purkinje, Retzius, Dujardin, Nasmyth, substance à tubes calcigères ou médullaires d'Owen) est l'ossification du bulbe. La ligne de Georges Cuvier est celle de la membrane préformative d'après Henle, et l'émail est celle de la membrane adamantine (Mandl) ; des corpuscules osseux accompagnés d'aréoles, de canalicules, de fibres, de sels calcaires, déterminent ces auteurs à penser ainsi. Les couches de ces substances, disent-ils, sont transformées dans leurs éléments comme le cartilage développé entre l'os et le périoste.

Voici notre résumé en réponse.

Il existe une sécrétion dentaire, une exsudation inorganisée, morte, à rôle passif, formée par calottes ou cornets emboîtés, résultant de la sécrétion successive du bulbe, solidifiée, propre à devenir des armes de défense ou des instrumens de mastication. C'est là la dent ; elle doit être mise au rang des sécrétions analogues, telles les fanons, les bois, les poils, etc. Les dents cornées sont une formation inférieure à celle des dents calcaires. La continuité de la membrane muqueuse et l'existence d'une papille ou d'un follicule, sont le ca-

ractère fondamental de ces productions, qui en dérivent : autant de substances dentaires, autant d'organes sécréteurs.
Ce copeau de dent, vu au microscope, rayé, tubulaire, injectable par capillarité, prouve-t-il contre la composition et le
mode de formation des dents, comme nous le concevons. —
Ces canaux, dites-vous, véhicules de phosphate calcaire,
sont incapables d'accepter des globules sanguins, en raison
de leur petitesse, et ne sont pas des vaisseaux ; voilà déjà
un point en notre faveur et l'argumentation de M. Blandin
vous répondra, du reste, car ce n'est point notre objet en ce
moment ; nous voulions seulement discuter l'odonto-séreuse.
— Quant à elle nous dirons.

A tout bien considérer, l'odonto-séreuse ou membrane
émaillante de Cuvier est très sujette à contestation, c'est mon
dernier avis : je la cite, parce que plusieurs anatomistes ont
l'air d'y croire.

Quant aux autres détails nous dirons : la dent multicus-
pidée à plusieurs racines, est le produit de plusieurs germes
continus dans le même follicule dentaire. La formation des
racines se fait autour de chacun des pédicules de ces germes
réunis par leur tête ; les parois folliculaires dégénèrent en
périoste autour de chaque racine, et ce périoste s'ossifiant
parfois, semble accoler la dent au maxillaire, disposition qui
simule l'ankylose et fait paraître la dent comme une épiphyse
de la mâchoire. Les maladies du germe dentaire influent sur
la beauté du produit qu'il sécrète ; les dents apparaissent
altérées dans quelques unes de leurs couches, et l'on peut
affirmer qu'autant de couches irrégulières, confusément
cristallisées et altérées, autant de périodes d'affection du
germe dentaire ou organe producteur. Chaussier avait déjà
fait cette remarque. L'ivoire, l'émail, le cément et la ligne
intermédiaire à l'émail et à l'ivoire, ne sont pas des ossifications, en aucune façon, car les dents ne tiennent à l'organisation ni par nerf, ni par vaisseau (Oudet) ; elles ne vivent

pas plus que la coque de l'œuf des ovipares. La greffe d'une
dent, dans une incision de la crête d'un gallinacé est un genre
d'autoplastie qu'il faudrait répéter pour échapper à l'incrédulité. Le nom même d'Hunter (1771) ne me suffit pas pour
me garantir de l'authenticité du fait.

§ 6°. APPAREIL DE LOCOMOTION.

Amphiarthro-séreuses.

Nous avons déjà dit, plus les articulations sont distinctes,
plus le mouvement dont elles jouissent leur est propre,
étendu et exercé, et plus les synoviales sont développées,
c'est le cas des synoviales de glissement des diarthroses. —
Lorsqu'au contraire le mouvement est moindre, qu'il consiste
plutôt dans une vacillation obscure, une torsion des liens, que
dans un véritable changement de rapports des surfaces articulaires, lorsqu'enfin pour quelques unes il s'opère un certain
travail organique à certaines époques, et c'est le cas des am-
phiarthrosespelviennes, la synoviale, quand elle se forme, est
alors plutôt une kysto-membrane d'inclusion transformable
cependant en kysto-membrane de glissement. Le centre ou
milieu présente, en effet, parfois chez l'espèce humaine une
cavité de 8 à 10 millimètres de large, à parois lisses, et à
liquide synovial (Tenon, Sœmmering, Pailloux, J. Cloquet,
Ph. Bérard). M. Velpeau pense que cette cavité synoviale
se trouve très tard et en quelque sorte accidentellement. La
cavité kysteuse et son liquide disparaissent quelquefois,
comme aussi ils reparaissent dans certaines conditions. —
L'amphiarthrose est alors caractérisée par l'état suivant:
surface plane ou presque plane, en partie contiguë, quasi-
arthrodiale, en partie continue, quasi synarthrodiale, réunie à l'aide de tissu cartilagineux chondroïde oul fibro-
cartilagineux; ou même de tissu fibreux, ligamenteux.
— Enfin, l'âge avancé tend à rendre l'amphiarthrose pres-

qu'une synarthrose, car à cette époque les moyens d'union ne sont plus seulement périphériques, ils sont encore inter-osseux.

§ 1° *Amphiarthrose séreuse des corps vertébraux.* — Les disques intervertébraux présentent chez les fœtus, vers leur centre, un ramollissement très humide, une espèce de substance pulpeuse floconneuse. analogue à de la syno-vie, concrète, pénétrée d'un liquide visqueux. Suivant M. Pailloux, elle est sécrétée par une petite membrane syno-viale, disposition d'ailleurs transitoire, qui rend la colonne vertébrale très souple au temps où elle existe. — Dans la jeu-nesse on développe encore au même point par l'insufflation une cavité irrégulière qui est le rudiment de la synoviale antérieure (Cruveilhier). C'est au déplacement de cette substance molle, dans les divers mouvements que Monro attribue l'élasticité dont jouit la colonne vertébrale. C'est sur elle comme sur un pivot mobile, sur un point d'appui liquide que se passent, suivant sa théorie, les mouvements des corps vertébraux (Cruveilhier). Chez les poissons, les vertèbres sont mobiles, sans surface articulaire à propre-ment dire, sans mouvement de glissement l'une sur l'autre ; Mais leurs intervalles biconiques sont distants et gorgés d'un liquide, entouré lui-même d'une synoviale d'inclusion; ces vertèbres, comme on le sait, n'ont de locomotion sen-sible que vers la queue. — Chez les oiseaux, particulière-ment au cou, partie très libre et mobile chez quelques reptiles, les corps vertébraux s'articulent particulièrement les uns avec les autres, ils sont pourvus, entre chaque vertèbre, d'une synoviale de glissement. — Les animaux mammifères tiennent donc le milieu, quant à ces deux dis-positions articulaires des corps vertébraux.

§ 2° *Amphiarthro-séreuse pubienne.* — L'étendue res-pective de la partie contiguë et de la partie continue des surfaces articulaires varie beaucoup, c'est quelquefois toute l'une ou tout l'autre. Pendant la grossesse et au jeune âge, des mouvements plus grands s'y passent; aussi, la disposition arthrologique dont je parle est-elle plus apparente; elle se rapproche de l'arthrodie, mais elle en diffère par l'existence d'un liquide central; et par le jeu des pièces mobiles qui se passe aussi au niveau des liens interosseux, qu'au niveau de la cavité elle-même. La grossesse, dans un but d'élargissement des voies génitales, détermine un travail puerpéral naturel dans chaque symphyse pelvienne. A chaque parturition, les femelles des animaux vivipares éprouvent le même ramollissement de leur cartilage interpelvien, l'observation de ce mécanisme de la dilatation du bassin, a donné l'idée d'une opération (la symphysotomie, Sigault 1768) qui consiste à écarter le bassin au moyen d'une section pratiquée dans la symphyse, à travers l'amphiarthroséreuse pelvienne.

§ 3° *Amphiarthro-séreuse sacro-iliaque.*—Chez le fœtus et l'enfant nouveau né les différentes pièces squelettiques du bassin ne sont pas encore très fixées, de même chez la femme enceinte la symphyse sacro-iliaque se ramollit comme les autres symphyses pelviennes; de sorte qu'une synoviale d'inclusion y apparaît manifestement. Mais chez l'adulte et le vieillard celle-ci est plus difficile à reconnaître. (H. Cloquet, Cruveilhier). Elle persiste plus longtemps dans le sexe féminin, vu la période de fécondité des femmes. Elle ne se forme pas toujours à chaque gestation, mais elle s'agrandit. Le mouvement qui se passe à cette époque dans les articulations amphiarthrodiales du bassin, est tel qu'il en résulte une claudication. Après l'accouchement, l'emploi d'une ceinture est même souvent nécessaire, la compression fait alors résorber le liquide infiltré ou collecté, les parois de la synoviale se resserrent l'une contre l'autre, et peuvent s'agglutiner jusqu'à nouvelle occasion de reproduction ou réapparition.

Quant à l'articulation sacro-coccygienne elle est une arthrodie franche, nous ne nous y arrêterons pas.

Résumé. Il existe ainsi des synoviales de glissement et des synoviales d'inclusion. Les amphiarthro-séreuses forment l'échantillon de cette dernière classe. On les rencontre entre les corps vertébraux, entre les os pubis, entre le sacrum et les os coxaux. L'anatomie comparée nous enseigne plus à cet égard que l'anatomie humaine elle-même.

Les amphiarthrites pelviennes et sacro-iliaques des femmes nouvellement accouchées me paraissent avoir leur siège dans ces tissus kysteux, dont la susceptibilité inflammatoire est bien plus excitable que celle des tissus fibreux ou fibro-cartilagineux environnants.

§ 7° DANS L'ORGANE CELLULAIRE ET ADIPEUX.

(*Adipo-séreuses.*)

Je n'ose avancer que les vésicules adipeuses sont des kystes, contenant un produit graisseux. Certains auteurs en font un tissu à part ; d'autres avouent qu'elles deviennent souvent hydropiques, et l'origine de kystes, à proprement dire séreux, ni plus ni moins.

Les vésicules adipeuses seraient-elles les analogues des synoviales? Leur rapprochement leur donne l'air d'être multiloculaires ; leur constitution en grappe a surtout bien été étudiée par M. Raspail qui a fondé sur elle sa théorie cellulaire des membranes mères. — La sérosité des œdèmes les pénètre ; le fluide graisseux paraît être également une réserve pour les besoins du corps, car il diminue ou augmente suivant l'état de santé du sujet, et la quantité et la qualité des aliments. Chez certains animaux, à la place des bourses sous-cutanées, l'on trouve des pelotes graisseuses, élastiques, modification de tissu subie pour obvier aux inconvénients d'une pression habituelle et pour favoriser le passage des vaisseaux et des nerfs qui doivent être à l'abri de toute compression (Blainville, 1829). Cette substitution serait en faveur de l'opinion d'une disposition kystologique, d'autant plus qu'on remarque que le système celluleux est dans la série d'autant plus mince et celluleux qu'il est surtout employé à l'exhalation et à l'absorption. Les cellules de l'organe cellulaire sont alors les analogues des séreuses plus grandes.

II. KYSTO-MEMBRANES D'INCLUSION ANORMALES.

Les kystes séreux sont de ce nombre ; ils sont aux autres kysto-membranes d'inclusion naturelles, ce que sont les bourses sous-cutanées accidentelles aux kysto-membranes de glissement naturelles : c'est là leur place histologique.

(Je renvoie aux caractères pathologiques des kysto-membranes. *Voyez* l'ouvrage.)

III. KYSTO-MEMBANES MIXTES.

Appareil de la circulation.

(Angéio-séreuses.)

La membrane commune ou séreuse des voies circulatoires que Henle a faite si complexe, est tubuleuse. Elle doit être classée à part ; ce sera, si l'on veut me permettre de l'appeler ainsi, une kysto-membrane mixte, car elle sert de passage entre nos deux classes de kysto-membranes de glissement et d'inclusion ; elle tient de l'une et de l'autre. Cette membrane angéiocardiaque (endocarde et membrane interne des vaisseaux), vaste comme le corps, répandue comme le tissu cellulaire dont elle dérive, partout présente comme le sang, est en effet tout à la fois un contenant et une surface de glissement ; le sang, cette chair coulante, selon l'heureuse expression de Bordeu, y circule continuellement. Jamais personne n'a douté de sa nature kysteuse, seulement

Bichat, au lieu de la décrire dans le rang des séreuses, en la réunissant aux autres membranes des vaisseaux, en a fait un tout, une sorte de tissu angéial. Sur ce point, son histologie est défectueuse : il n'y a pas plus de tissu angéieux qu'il n'y a de tissu digestif ; le vaisseau le plus simple est le vaisseau réduit à sa membrane séreuse ; le vaisseau le plus compliqué, tel que le cœur des mammifères, est l'association de plusieurs couches membraneuses de nature différente, aussi ce dernier tient par sa composition histologique au tissu séreux, au tissu musculaire et au tissu cellulaire lamellé ; ajoutez encore les vasa vasorum sanguins et lymphatiques, les nerfs ; je ne compte pas ici les gaines celluleuses immédiates, ni leurs tutamina ou canaux aponévrotiques des vaisseaux, ce sont là des parois vasculaires accessoires et éloignées, tandis que l'angéio-séreuse est la membrane primaire, membrana intima ; car il faut bien se convaincre d'une chose, c'est que tout l'appareil circulatoire est fondamentalement constitué par la séreuse ; elle seule suffit en se tubulant et se ramifiant et s'anastomosant pour servir d'aquéduc au sang ; les vaisseaux primitifs de l'embryon sont séreux, les vaisseaux capillaires de l'adulte conservant cet état primordial ; chez les animaux inférieurs, ils le sont encore ; enfin les vaisseaux de nouvelle formation n'ont pas d'autre membrane, qui est une vaste cellule ramifiée. Ce n'est que dans l'intérêt d'une circulation plus active que l'on voit la structure du vaisseau se modifier et se compliquer ; des tissus nouveaux s'ajoutent alors ; ici, du tissu cellulo-vasculaire ou dartoïde, comme l'appelle M. Cruveilhier, lequel se montre autour des veines pour soutenir les colonnes de sang et réagir sur elles ; là, entre la tunique-séreuse et la tunique celluleuse s'interpose une tunique musculaire contractile, destinée à accélérer la circulation, ce sont les artères qui sont ainsi organisées en vue de leurs fonctions de vaisseaux centrifuges ; dans le cœur cette organisation est plus forte encore, car à lui la puissance motrice et régulatrice par excellence de notre machine à sang selon les lois hydrauliques. Il n'y a donc pas au fond de différence entre les vaisseaux ; les espèces admises ne l'ont été qu'en raison de ces additions de tissus et de la qualité du sang qui les parcourt.

Là où le vaisseau n'a plus pour paroi que la membrane séreuse, soyez sûrs que là il n'est pas seulement un vaisseau conducteur du sang, il est devenu le siège des fonctions pour lesquelles la circulation existe. Il exhale et absorbe près des surfaces des cavités où sont des réserves de liquides ; il exhale et absorbe dans l'intimité, la profondeur des organes où il donne les éléments de la nutrition, et où il reprend le résidu des matériaux plastiques, je veux parler des systèmes capillaires où les phénomènes de la vie, de la plasticité, de la caloricité, de l'inflammation même, se manifestent. Ces échanges qui se font de dedans en dehors et de dehors en dedans du vaisseau, ont des lois mystérieuses et paraissent avoir lieu à travers les porosités interorganiques et dans un médium où la matière échangée nutritive est élaborée.

Nous nous sommes déjà expliqué sur le rôle des absorbants et des exhalants de Bichat et de l'école Boerhaavienne (*voy.* Physiologie des séreuses), sur leur sensibilité spéciale et leur préscience instinctive ; — ils ne diffèrent pas des autres vaisseaux.

L'angéio-séreuse est mince, transparente, libre, lisse du côté du sang, unique, en continuité avec elle-même, close, canaliculaire, commune aux artères, veines, lymphatiques, capillaires et aux vaisseaux de nouvelle formation, adhérente à la couche sousposée. Elle forme une cavité dont la surface est singulièrement multipliée par les tours et détours de ses embranchements. Vivante qu'elle est, elle se lubrifie elle-même, elle contribue le long des vaisseaux à augmenter la masse du sang et particulièrement sa quantité aqueuse ou sérum ; elle forme à l'intérieur des replis ou valvules. Les dispositions de ces demi-diaphragmes flottants sont réglées manifestement, la loi de leur direction sentie par le génie d'Harvey a conduit ce célèbre physiologiste à la découverte de la circulation du sang (1619-1628 *De circuitu sanguinis*). De là la profonde révolution en médecine qui suivit. — Cette vaste membrane présente au microscope un aspect épithélial pavimenteux. A l'article épithélium des séreuses nous avons déjà dit ce qu'il résulterait des débris de l'épiderme angéial.—Au début, le sang paraît être sans parois, puis il se met en mouvement par le blastème et se fraye un passage. On imagine que la génèse des vaisseaux s'opère par l'ouverture des cellules du tissu cellulaire, l'une dans l'autre, bout à bout. — L'angéio-séreuse n'est pas très extensible et se rompt comme nous l'avons rapporté dans les diverses opérations dont les vaisseaux sont le support ; elle se cicatrise assez vite, exemple : après les saignées, etc. ; elle s'oblitère dans les vaisseaux fœtaux qui se ferment à la circulation après la naissance, etc. En vérité notre but est dépassé et nous nous arrêtons, car notre objet était d'insister sur le classement mixte de l'angéio-séreuse.

Nous désignons ainsi une membrane séreuse servant de passage entre les kysto-membranes d'inclusion et de glissement, puisqu'elle en partage la finalité physiologique ; elle est en effet tout à la fois contenant et surface de glissement : telle est la séreuse des voies circulatoires.

Par elle, tous les vaisseaux quels qu'ils soient sont semblables ; elle préexiste aux autres tuniques vasculaires.

Nous terminerons ici notre revue. Telle est l'histoire générale des kysto-membranes d'inclusion ou hydrectasées et celle de leurs contenus (liquides immobiles et interposés du corps humain). Il reste à l'étendre au moyen des études d'anatomie comparée. Nul doute que les naturalistes n'accomplissent ce que j'ai commencé. — Je crois être le premier qui ait deviné et casé les kysto-membranes en un groupe à part, qui les ait multipliées au delà du nombre connu, qui en ait saisi les liens de parenté qui les unissaient, comme Bichat l'avait fait pour les kysto-membranes de l'autre groupe, les kysto-membranes hypohydratées ou de glissement. — Pour cela nous avons déterminé beaucoup de membranes non classées, et nous en avons ajouté beaucoup, huit à dix, nullement entrevues, autant enfin que de liquides localisés, et nous les avons comparées entre elles et avec les autres kysteuses de Bichat. On jugera de la valeur de la loi que nous avons formulée. En tout cas, nous avons défendu la doctrine de la membranisation du tissu kysteux, comme l'on défend son fils, renversant tous les obstacles qui barraient le passage, et dans cette défense, j'ai montré ce que pouvaient l'autorité des faits, le raisonnement, et la tradition des hommes réunis à l'observation personnelle, pour établir définitivement les questions ; car rien ne prouve autant que la démonstration directe et la démonstration rationnelle combinées ensemble : c'est la meilleure manière de clore les discussions et de se former une conviction. L'épreuve de la dissection, ou la pièce anatomique prise sur les fœtus humains, sur des animaux, etc., le *de visu*, en un mot ; les recherches historiques et la raison en anatomie, autre autorité qui s'agrandit surtout par son alliance avec celle de l'observation, l'appréciation des caractères propres et différentiels de l'organe nouveau qu'on veut déterminer, nous avons fait tout valoir. Serons-nous entendu ? nous l'espérons. — Un tableau synoptique placé sous les yeux de nos lecteurs va leur faire apercevoir tout l'ensemble de notre microcosme kystologique. Ce tableau sera en quelque sorte le résumé et la fin de notre travail présent.

Enfin, qui croira devoir nous réfuter devra lire ce livre tout entier. — Nous l'attendrons.

TABLEAU SYNOPTIQUE DE MA DOCTRINE KYSTOLOGIQUE

ET DE LA NOSOLOGIE DES NOUVELLES VARIÉTÉS DU SYSTÈME KYSTEUX.

Iʳᵉ CLASSE. — *Kysto-membranes de glissement ou hypohydratées* (Bichat) : *Normales et accidentelles.*

Séreuses viscérales		
	Arachnoïde.	
	Plèvre	Bourses synoviales sous-cutanées : du genou, etc. (*Voy.* tableau de M. Padieu et Nélaton.)
	Péricarde.	
	Péritoine.	Bourses synoviales tendineuses : des doigts, etc.
	Séreuse du scrotum et de la vulve	Bourses synoviales inter-organiques, entre l'angle de la mâchoire et
Synoviales articulaires.	De toutes les articulations diarthrodiales.	la parotide, etc. (*Voy.* tableau de M. Marchal.)

IIᵉ CLASSE. — *Kysto-membranes d'inclusion ou hyperhydratées* (l'Auteur) : *Normales et accidentelles* (kystes).

MEMBRANES		AUTEURS.	LIQUIDES.	MALADIES.
Oculo-séreuses.	De la chambre antérieure de l'œil.	Demours	Humeur aqueuse des deux chambres.	Sa phlegmasie.
	De la chambre postérieure de l'œil.	L'Auteur	Idem.	Son hydrophthalmie.
	Cristalline.		Cristallin et humeur de Morgagni.	Sa cataracte.
	Vitrée ou hyaloïde		Vitrine ou corps vitré	Ses adhérences.
	Sous-choroïdienne.	Jacob.	Humeur de Jacob.	Son staphylôme postérieur ; amaurose.
	Sous-sclérolicale.	Arnold	Humeur d'Arnold.	Son ophthalmite interne. Idem.
Oto-séreuses.	Labyrinthique.	L'auteur	Humeur de Cotugno.	Otites internes, épanchements, adhérences, hyropisies, tubercules, surdités.
	Ventriculaire.	Idem.	Humeur de Scarpa et otoconie.	
Cérébro-séreuses.	Multi-ventriculaire.	Bichat		Toutes les altérations de quantité et de qualité du fluide céphalo-rachidien : méningite interne et externe, hydropisies, convulsions, tubercules, etc.
	Du 5ᵉ ventricule.		Liquides inommés.	
	Des lobes olfactifs, etc.	L'Auteur		
	Sous-arachnoïdienne.	Idem.	Liquide cérébral sous-arachnoïdien.	
Médullo-séreuses.	Centrale.	Idem.	Liquide innominé	
	Sous-arachnoïdienne.	Idem.	Liquide spinal sous-archnoïdien	
Amphiarthro-séreuses.	Pubienne.	Pailloux et Jules Cloquet.	Synovie.	Phlegmasies chez les femmes en couches, maladies de Pott.
	Sacro-iliaque.			
	Inter-vertébrales.			
Ovarico-séreuses.		L'Auteur	Eau ovarique, ovarine de Blainville.	Hydropisie de l'ovaire.
Ovo-séreuses.	Amnios		Eaux de l'amnios	Môles.
	Sous-amniotique	Idem.	Fausses eaux de l'amnios	
	De la caduque.	Idem.	Eau de la caduque.	
Odonto-séreuses	(?)	Fr. Cuvier.	Eau de l'émail.	Les altérations de l'émail.
Adipo-séreuses	(?)		Graisse.	Maladies du tissu adipeux.

IIIᵉ CLASSE. — *Kysto-membranes mixtes.*

Angéio-séreuses			
	Endocarde.		
	Membrane interne des vaisseaux	artériels.	Sang.
		veineux.	Chyle,
		capillaires et érectiles	Lymphe.
		lymphatiques et chylifères	

TABLE

DES MATIERES.

CHAPITRE III.

CHAPITRE IV.

DEUXIÈME PARTIE.

FIN.

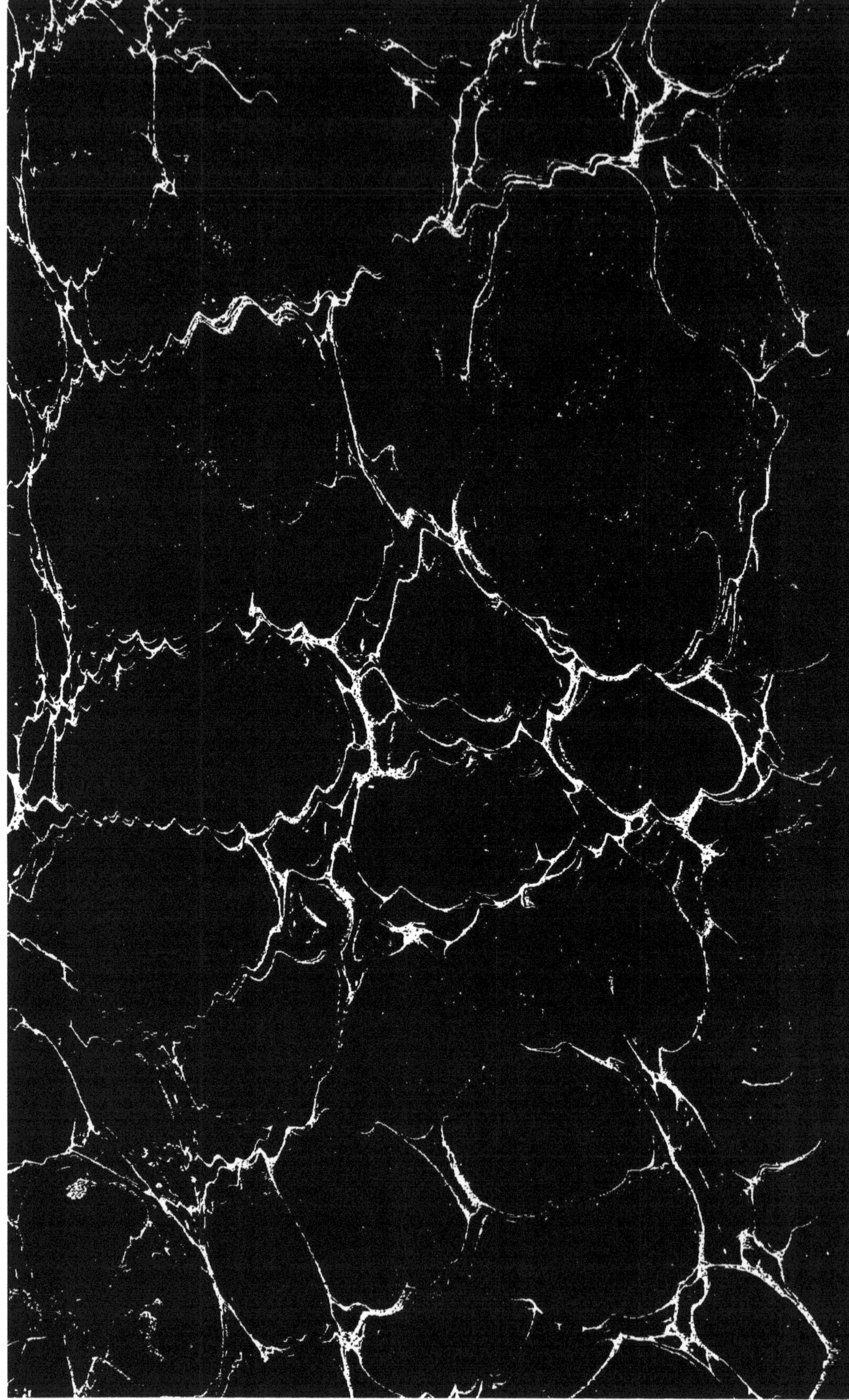

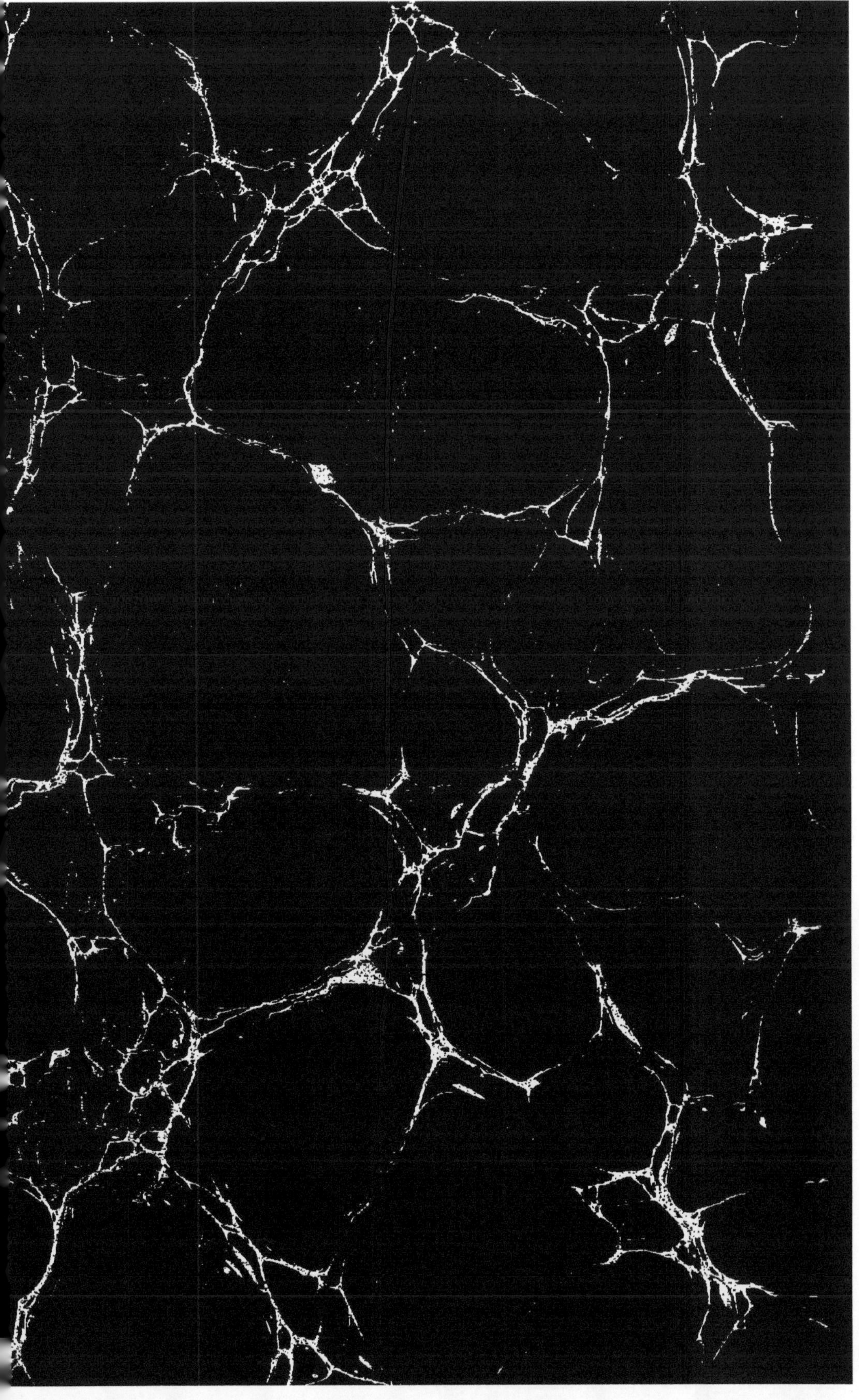